隋 亮 / 著

1978年以来
中国职业教育法制现代化
研究

1978 NIAN YILAI
ZHONGGUO ZHIYE JIAOYU FAZHI XIANDAIHUA YANJIU

中国社会科学出版社

图书在版编目(CIP)数据

1978年以来中国职业教育法制现代化研究/隋亮著.—北京：中国社会科学出版社，2015.3
ISBN 978-7-5161-5811-1

Ⅰ.①1… Ⅱ.①隋… Ⅲ.①职业教育—教育法—研究—中国 Ⅳ.①D922.164

中国版本图书馆 CIP 数据核字(2015)第 063910 号

出 版 人	赵剑英	
责任编辑	孙　萍	
特约编辑	胡新芳	
责任校对	任晓晓	
责任印制	王　超	

出　　版	中国社会科学出版社	
社　　址	北京鼓楼西大街甲158号（邮编100720）	
网　　址	http://www.csspw.cn	
	中文域名：中国社科网　010-64070619	
发 行 部	010-84083685	
门 市 部	010-84029450	
经　　销	新华书店及其他书店	
印　　刷	北京君升印刷有限公司	
装　　订	廊坊市广阳区广增装订厂	
版　　次	2015年3月第1版	
印　　次	2015年3月第1次印刷	
开　　本	710×1000　1/16	
印　　张	17	
插　　页	2	
字　　数	270千字	
定　　价	55.00元	

凡购买中国社会科学出版社图书，如有质量问题请与本社联系调换
电话：010-84083683
版权所有　侵权必究

序

中国的职业教育是一种舶来品，是在近代以来受到西方世界的冲击而被迫"师夷长技"的背景下开始起步的。电报学堂、船政学堂、路矿学堂等，即为我国职业教育的开端。职业教育是使学生通过学习和训练，掌握一门专业知识和实用的工作技能。现今社会，职业教育是与基础教育、高等教育和成人教育平行的教育类型之一。大力发展职业教育，加快培养技能型、实用性人才，以切实提高劳动者的素质，对于适应我国新型工业化的发展具有重要意义。

职业教育在中国已走过100多年的发展历程，但长期以来，人们对于职业教育始终是低看一眼。中国传统，受教育的一个代名词是"读书"，直到今日，人们还在说"读小学"、"读中学"……"读博士"。而"读"的背后、"读"的结果，是做官，是谋取功名利禄。上了职业学校，学习实用技术，毕业出来是生产一线的工人、是蓝领，国人的观念难以接受。加之一线工人物质待遇与社会地位等方面存在的问题，职业教育的发展仍面临不少困难。近些年经过各方的努力，情况有了一定的转变，中国的职业教育有了长足发展。这其中一个很重要的原因，就是国家根据我国的现实情况，制定了一系列促进、鼓励职业教育发展的法律、法规，给予职业教育的发展以法律上的保障。

隋亮博士的这本著作，选取1978年改革开放以来中国职业教育法制现代化进程作为主要研究对象，对于改革开放之后中国职业教育法制建设的展开和不断完善的历史过程，进行了全面、细致的梳理，并对改革开放以前、20世纪80年代、90年代以及2000年代等不同历史时期中国职业教育法制现代化的主要特点，做了深入的分析。为我们认识中国职业教育的发展历程，特别是近几十年的发展状况提供了一个重要的侧面。

  隋亮博士的这部著作是在其博士论文的基础上修改、充实而成的。作为他的导师，深知其数年中在这个问题的研究上所付出的艰苦努力。隋亮博士正当盛年，希望他谦虚谨慎，一如既往地勤于耕耘，为学术事业做出更多的贡献。

天津师范大学 李学智

前　言

在近代中国逾百年现代化的进程之中，中国逐步由传统的农业社会向现代化工业社会转型，其中最具有推进性作用的无疑是人的素质的提振和劳动技能的不断提升。教育现代化的转型在整体现代化的进程中起到了基础性的作用，其中职业教育在整体教育中占到了十分重要的地位。以法制的手段推动职业教育的发展是近代以来世界各国发展职业教育的主要手段。中国职业教育法制现代化的进程，可以追溯到清末引入西方的职业教育制度，历经民国各个历史时期和新中国成立之后的各个历史阶段。新中国成立之前，中国职业教育法制发展主要模仿日本和欧美的职业教育法制体系，在半封建半殖民地的社会状况下，中国职业教育法制现代化进程虽有几次大的发展高潮，也形成了一定的职业教育法制建设结果，但总体上来讲，由于实施职业教育社会条件和政治条件薄弱，中国的职业教育法制现代化进程步履维艰，最终也没有形成有效推动中国职业教育发展的客观条件。

新中国成立之后，职业教育一直备受中共中央和中央政府的高度重视，也通过大量的职业教育法制建设推进中国职业教育的发展，中国职业教育法制现代化进程不断加强和提升。经过60多年的不断努力，中国职业教育法制现代化建设取得了巨大的成就，逐步建立起具有中国特色的社会主义职业教育法制体系，极大地推动了中国职业教育的发展。但是由于长期以来社会习俗和用人机制、历史传统、用人观念等因素的影响，职业教育还是处于整体教育的"边缘"，职业教育法制建设还有很多不能适应中国职业教育发展的情况。进入21世纪第二个十年以后，随着中国现代化建设进程的深入，中国职业教育的发展也面临着历史的机遇和挑战。为了进一步提升职业教育的办学水平和质量，提高社会劳动者的整体素质，满足未来中国现代化发展的客观需求，修订1996年版的《职业教育法》，推动中国职业教育法制建设已经成为社会关注的热点问题之一。及时总结中国职业教育法制发展的规律，为未来中国职业教育法制建设提供参考成为本书的出发点和落脚点。

  本书选择1978年改革开放以来中国职业教育法制现代化进程不断完善的历史阶段为主要研究对象，从改革开放之后中国职业教育法制建设不断展开这一视角入手，在厘清这一时期中国职业教育法制现代化进程主要脉络的基础之上，条分缕析，总结改革开放以前、20世纪80年代、90年代以及2000年代等不同历史时期中国职业教育法制现代化的主要特点，并对今后中国职业教育法制现代化的进程做出展望。

目 录

绪 论 ·· (1)
  一 选题的缘由及意义 ·· (2)
  二 研究现状述评 ··· (7)
  三 选题内容及结构设计 ··· (16)

第一章 改革开放前中国职业教育法制现代化历程回顾 ········· (25)
  第一节 中国职业教育法制现代化进程的起步 ············ (25)
    一 新中国职业教育法制的初创 ···························· (25)
    二 "一五"期间职业教育法制的发展 ····················· (30)
  第二节 中国职业教育法制现代化进程的曲折 ············ (38)
    一 教育大革命的开展和职业教育管理权限的下放 ········· (39)
    二 职业教育的整顿和职业教育管理权限的回收 ············ (44)
    三 职业教育的"正名"和"两种教育制度、两种
       劳动制度"的再次提出 ····································· (48)
  第三节 中国职业教育法制现代化进程的停滞 ············ (56)
    一 极"左"职业教育方针的形成 ························· (56)
    二 "文革"时期职业教育政策的混乱 ····················· (57)
  小结 改革开放前中国职业教育法制状况分析 ············ (59)

第二章 中国职业教育法制现代化进程的恢复与启动 ········· (64)
  第一节 中国职业教育法制现代化进程的恢复 ············ (64)
    一 中等职业教育和工农职业教育的恢复 ················· (65)
    二 改革中等教育结构和工农职业教育的加强 ············ (70)

第二节　中国职业教育法制现代化进程的启动 …………… (80)
　一　中共中央《关于教育体制改革的决定》的颁布 ………… (80)
　二　高等职业教育办学体制的探索和职工、农村职业
　　　技术培训的开展 …………………………………………… (82)
小结　20世纪80年代中国职业教育法制状况分析 …………… (95)

第三章　中国职业教育法制现代化进程的全面展开 ………… (104)
第一节　中国职业教育法制全面建设的前奏 …………………… (104)
　一　第二次全国职业教育会议的召开和国务院《关于
　　　大力发展职业技术教育的决定》的颁布 ………………… (104)
　二　《中国教育改革和发展纲要》的实施 …………………… (113)
第二节　《职业教育法》和《高等教育法》的颁布 …………… (127)
　一　《职业教育法》的颁布 …………………………………… (128)
　二　《高等教育法》的颁布和教育法制建设目标的确立 … (130)
　三　各类职业教育规章建设的展开 …………………………… (132)
小结　20世纪90年代中国职业教育法制状况分析 …………… (145)

第四章　中国职业教育法制现代化进程的推进与深化 ……… (153)
第一节　中国职业教育法制现代化的推进 ……………………… (153)
　一　第四次全国职业教育会议的召开和国务院《关于
　　　大力推进职业教育改革与发展的决定》的颁布 ………… (154)
　二　第五次全国职业教育会议的召开和《关于进一步
　　　加强职业教育工作的若干意见》的颁布 ………………… (156)
　三　各类职业教育规章建设的推进 …………………………… (158)
第二节　中国职业教育法制现代化的深化 ……………………… (168)
　一　第六次全国职业教育会议的召开和《就业促进法》的
　　　颁布 ………………………………………………………… (169)
　二　各类职业教育规章建设的深化 …………………………… (171)
小结　2000年代中国职业教育法制状况分析 ………………… (180)

第五章　中国职业教育法制现代化新阶段的开启与展望 ……（186）
　第一节　中国职业教育法制现代化新阶段的开启 …………（186）
　　一　《职业教育法》的修法 …………………………………（187）
　　二　新版《职业教育法》基本内容及完善建议 ……………（193）
　第二节　中国职业教育法制现代化的展望 …………………（197）
　　一　中国职业教育法制体系的重构 …………………………（197）
　　二　新版《职业教育法》的实施构想 ………………………（204）

结　论 ……………………………………………………………（212）

附录　中国职业教育法制现代化进程大事记 ………………（215）

参考文献 ………………………………………………………（240）

后　记 …………………………………………………………（260）

绪 论

自20世纪初清末新政开始大量引入西方的法律思想和法律制度以来，中国法制现代化的过程已经历了100余年的时间。封建社会形态下的中华传统法系伴随中国近代社会历史的变迁逐渐转化为具有中国特色的社会主义法制体系。在这100多年中，中国法制现代化经历了三次大的立法高峰时期：晚清修律的移植时期；民国南京政府集中立法时期；改革开放以后的依法治国、逐渐完善社会主义法制时期。纵观整个近代以来中国法制变迁的历史，有关教育法律、法规的创制一直是各个历史时期立法的重要内容之一，由于职业教育有着其他教育领域无法替代的重要作用，职业教育的立法也一直是各个时期教育立法的重点。

20世纪70年代末中国改革开放以来，中国的教育才真正开始了现代法制化的进程，职业教育也走上了法制化的轨道。改革开放30多年来，中国的职业教育法制从零碎、细小到逐步完善，1996年《职业教育法》的颁布和实施成为当代中国职业教育法制现代化初步实现的主要标志，到2008年《就业促进法》的正式实施，中国的职业教育法制现代化体系也已经基本确立。从2008年下半年开始，由于1996年版的《职业教育法》在实践中出现的种种不适应和问题，修订《职业教育法》的工作便开始了，至2011年3月，《职业教育法（审议稿）》已经提交国务院办公会议审议。改革开放以来中国职业教育的不断发展和社会结构的不断变化，总结职业教育法制建设的经验、不断完善职业教育法制成为现代化建设的课题之一。

一 选题的缘由及意义

（一）选题的缘由

本书将改革开放以来中国的职业教育法制现代化作为主要的研究对象，主要基于以下三个方面的考虑，并围绕着三个方面的问题逐一展开：为什么以职业教育为问题进行研究？为什么以改革开放以来中国职业教育现代化的问题进行研究？为什么以改革开放以来的中国职业教育法制现代化进程及如何进一步推动中国职业教育法制建设作为主要研究方向进行探讨？

1. 源于对改革开放以来中国现代化进程中现实问题的关注

以职业教育法制现代化为题进行研究，首先是源于改革开放以来对中国现代化进程中现实问题的关注。中国高级技能人才的短缺已经成为中国经济社会发展的制约"瓶颈"。以曾经是中国改革开放桥头堡的深圳市为例，进入21世纪后，深圳市高技能人才出现了很大的结构性缺乏，每年深圳市急需各类高技能人才为7000—8000人左右，而深圳市每年只能培养1000多人，缺口达到近6000人。就全国劳动力现状来讲，据国家有关部门2004年的统计情况显示，中国现有劳动力中技术工人已达7000多万，大多仍为初级工、半熟练工，高技能、综合素质强的高级工只占总数的4%，而发达国家劳动力中高技工的比重接近40%，高素质劳动者的缺乏已经成为中国经济发展中不可回避的突出问题。而中国教育领域中，却面临着另外一种尴尬的局面：一边是高素质技能型人才的缺乏；另一边却是大量的大学毕业生甚至是研究生得不到充分就业，不仅造成了教育资源的浪费，也使中国在较长时间内不得不面对重文凭、轻技术的所谓"精英"教育所带来的严重影响。学校培养的人用不上，而社会急需的人才又培养不足。有关教育专家分析认为中国普通教育，特别是大学教育一律片面追求所谓的英才教育，学生毕业要求吃皇粮、进机关，再就是拿高薪、做白领，学校教育中普遍轻视职业教育，学校专业设置不合理，培养的毕业生严重同化，很难满足社会对各层次、多类型人才的需求。[①]

[①] 胡谋、赵俊宏：《一边毕业生就业压力巨大 一边高技能人才紧缺》，2011年4月4日，中国教育在线（http://www.eol.cn/kuai_xun_4343/20060323/t20060323_113825.shtml）。

如何解决中国现代化发展中面临的高级技能人才短缺的这一客观事实，已经成为中国实现现代化和促进经济社会和谐进步的重大历史课题。2004年国务院颁布的《关于大力发展职业教育的决定》中指出，从落实科学发展观的角度出发，推动中国的进一步工业化，解决"三农"问题，积极促进就业和再就业，加快中国经济产业的调整和转型，改变中国过去片面追求的粗放型、外延性经济增长模式，将中国巨大的人口压力转变为人才优势，提升中国的经济实力、改善人民生活等诸多方面都离不开职业教育，可以说职业教育与国家的命运和长久发展息息相关，已经成为经济社会均衡发展、可持续发展的必然要求。[①] 由于职业教育在培养专门性技术人才中不可替代的作用，职业教育已经成为中国今后经济和社会发展中的突出问题之一。本书正是考虑到当代中国现代化进程中客观存在的热点问题，把现实问题直接变为学术研究的对象。

2. 源于运用现代化史学理论对中国现代化进程中实际问题的理论思考

自20世纪90年代罗荣渠先生提出了"一元多线"历史发展观以来，现代化史学理论已经广泛地被历史学界作为一种历史学的基本工具去客观地认识人类社会经济发展中出现的问题。罗荣渠先生的"一元多线"历史发展观认为马克思主义历史一元观中生产力和生产关系统一组合成生产方式，马克思主义的发展观可以理解为生产方式的发展观。人类现实生活中，经济活动和物质生产是一切社会发展和变革的根本原因，人类历史发展最终还是围绕生产力展开。彻底弄清马克思一元发展论，必须认清生产力在人类社会发展中的基础作用，以及与之相关的政治、经济和文化等方面的联系。现代化历史发展观认为生产力是决定人类社会发展变化的根本力量，而在考察生产力与整个社会变革的关系的时候必须综合考虑它与社会其他领域的关系，这些关系成为"一元多线"发展历史观中的"多线"部分。

当代中国正在经历着自近代以来的发展速度最快、社会变革程度最深的社会现代化建设进程，在当代中国现代化进程中出现了许许多多的

---

① 《国务院关于大力发展职业教育的决定》，中国法制出版社2005年版，第2页。

社会问题，急需以理论来引导与解决现代化建设中出现的新情况和未知问题。在生产力关系密切的经济、政治、文化等社会领域中教育无疑是非常重要的因素之一。生产力的发展归根究底是人的作用，而"以人为本"的"科学技术是第一生产力"的当代社会中如何不断造就大批高素质的人才，作为社会经济和科技等方面的建设者则成为教育不可回避的现实问题。教育是促进现代化发展的有力工具之一，也是科技发展的最终决定力量。职业教育在教育领域有着不可替代的重要作用。从现代化的史学理论出发去揭示涉及现代化发展的职业教育问题，可以把握时代发展的脉搏，使历史理论的研究紧紧结合社会实际，使得学术研究更加有实际的效果。

3. 源于利用法制现代化理论对中国现实法制问题的总结和设想

对改革开放以来的中国职业教育法制现代化的研究是当代学术界关于法制现代化研究的薄弱点之一，利用法制现代化理论对中国现实职业教育法制问题的总结和设想，是进一步推动中国职业教育法制建设的有效举措。按照罗荣渠先生的现代化史学理论，应该将现代化作为一个整体的世界性历史进程来考虑。在这个进程中，可以划分为广义和狭义层面的现代化过程。关于现代化的界定，在广义上讲，罗先生认为人类社会从近代开始，由于工业化的影响，世界格局逐步从过去的农业生产向现代工业化大生产急剧转化，这场变革中工业化成为主要助力。在狭义上讲，人类近代现代化的进程并不是一个主动的、自然而然的演变过程。在后进国家中，现代化的进程主要依靠这些国家主动采取积极有效的措施，通过引入先进的技术和经验，对本国进行广泛的技术和社会改革，从而推动本国工业化，适应世界大环境的变化，以期赶超世界先进工业国家的过程。[①] 20世纪和21世纪初期中国的现代化经历了100多年的发展和变化，直至今天中国现代化的进程仍然不断继续，离实现全面现代化的历史目标还有巨大的差距。从理论研究的角度上讲，对中国现代化问题的研究应该是一个全面深入、多重发展的立体模式。法制现代化一方面是中国整体现代化问题中一个重要的组成部分，另一方面也

---

① 罗荣渠：《现代化新论——世界与中国的现代化进程》，北京大学出版社1993年版，第17页。

是现代化在法制领域的具体体现,中国法制现代化的进程也是中国整体现代化过程的一个侧面,职业教育法制是中国法制现代化的细小分支之一。

既然法制现代化是社会整体体系现代化的重要层面,是从传统的人治社会向现代法制社会转变的历史过程,从根本上说也是人的社会价值、规范、制度、行为方式等的现代化,而实现法制现代化也必须是人的转变和现代化的实现。教育也无疑是这一现代化过程中不可替代的主力军,换句话说,教育既需要现代化法制的支持,也是法制现代化的助推剂。职业教育作为培养人生存和发展技能的重要手段,必须依靠法制的健全和保证,职业教育的现代化也是职业教育法制化的结果。职业教育法制作为中国法制现代化的一个子课题,利用法制现代化理论来总结当代职业教育法制的经验和不足,结合法制现代化理论概括职业教育法制未来的发展方向是本书以一种理论指导具体实践问题的尝试。

(二) 选题的意义

1. 现实意义

2009年12月,胡锦涛总书记在珠海考察的时候专门到珠海市高级技工学校了解高技术人才培养和学校办学情况。在考察中,胡锦涛指出,目前我国技术工人严重匮乏、高技能工人短缺已经成为制约中国经济社会进步的重要因素,没有好的技术工人就没有高质量的产品,必须大力发展职业教育。2005年在全国职业教育会议上,温家宝总理指出,21世纪前20年是中国实现现代化、基本实现社会生产的工业化、信息化和协调发展的关键历史时期。中国实现工业化、现代化离不开有效的职业教育和职业培训。高技能人才的短缺已经成为中国经济发展中无法回避的核心问题,必须深刻认识职业教育在国家现代化发展中的基础作用。[①] 在2010年十一届全国人大第三次会议上,民建中央提出了及时修订职业教育法的建议。民建中央在建议中分析认为,为了满足企业劳资双方的需求,让学校毕业生及时适应企业生产的要求,就必须注重对实用型人才的培养。积极制定和完善职业培训法、就业训练法等法律法

[①] 温家宝:《大力发展中国特色的职业教育——温家宝在全国职业教育工作会议上的讲话》(2005年11月7日),载《国务院关于大力发展职业教育的决定》,中国法制出版社2005年版,第14页。

规，对涉及职业教育中的劳动者与企业的关系、人才培养中的教学、实习、就业等问题综合考虑，制定出较为完整的职业教育法律法规文本。①

2004—2010年期间，从中央从国家领导人的讲话、活动到民主党派的修订法律法规的建议，都把发展职业教育作为实现社会主义现代化、落实科学发展观的重大部署和战略核心。中央把职业教育作为经济社会发展的基础地位和今后教育工作的重中之重，中央对发展职业教育的重视是空前的，也反映了社会、经济发展、科学进步、提高核心竞争力、全面提升社会发展质量的客观需求，职业教育的客观发展急需健全的法制作为保证。

2. 理论意义

中国共产党十一届三中全会以后，随着改革开放新时代的到来，在邓小平建设中国特色社会主义理论、"三个代表"重要思想和"依法治国"、"依法治教"思想和科学发展观的指导下，中国的职业教育和职业教育法制真正迎来了发展的春天。从1979年开始，到1996年《职业教育法》的正式颁布实施，中国的职业教育法制有了飞跃式的变化和发展。到2008年底，除全国人大通过和颁布的《教育法》、《职业教育法》、《民办教育法》、《教师法》、《劳动法》、《就业促进法》等一系列与职业教育相关的立法之外，国务院和全国各级地方人大、人民政府和行政主管部门都制定和完善了与职业教育相关的法规和制度，基本上形成了符合中国国情的职业教育法律法规体系。党的十一届三中全会以来中国进入了一个全面发展的新时代，可说是中华文明五千年历史上发展最好的历史时期，所创造的物质财富和精神财富都是空前的，科学技术的进步也是史无前例的。社会和经济等方面的全面进步，为法制和教育等打下了良好的时代背景，呼唤着学术研究和实践的总结。

职业教育法制化已经成为当今世界先进国家发展职业教育的必由之路，也是保证职业教育有序、持续、健康发展的基础。例如：职业教育比较发达的德国、日本、美国、英国、韩国等制定了大量的职业教育法

---

① 杨傲多：《民建中央：修订职业教育法推进职业教育改革》，2010年4月15日，中国网（http://www.china.com.cn/news/zhuanti/2010lianghui/2010-03/09/content_ 19568755.htm）。

律,有的甚至已经历了100多年的发展。就中国来说,虽然从清末新政开始即学习西方的职业教育法制,历经民国、新中国前17年几个阶段,但总的来看还是在改革开放以后中国职业教育法制体系才得以真正确立。中国职业教育法制的进程时间太短,职业教育法制建设才存在许多的问题,很难适应中国职业教育发展的步伐。从国家法律制度建设的层面上讲,大力推动中国当代的职业教育,必须先加强职业教育法制的建设才能够保证和促进中国职业教育的高效发展。从学术研究的角度上讲,及时总结改革开放以来职业教育法制的经验,提出完善中国职业教育法制的建议,为国家制定职业教育法制提供参考,是学术研究的根本目的。本书希望通过对改革开放以来中国职业教育法制的整体研究,从学术的角度及时总结中国职业教育法制的成绩和不足,分析1978年以来中国职业教育法制进程形成的阶段以及这些问题形成的原因等,为修改职业教育法的工作提供有意义的见解,为弥补中国职业教育法制缺陷尽一个学人的绵薄之力,是本书研究的理论意义之所在。

二 研究现状述评

改革开放以来,中国职业教育事业随着社会整体现代化进程的步伐取得了长足发展,但是无论职业教育培养人才的模式还是培训就业的体制等还是很难适应当代中国经济发展和社会进步的实际需求。虽然《职业教育法》已经颁布实施十多年的时间,中国职业教育法制建设也取得了从无到有、从宏观到微观的细化等阶段,但是中国职业教育法制建设由于历史和社会客观认识以及整体教育、劳动领域机制的影响,中国职业教育法制建设很难适应中国未来职业教育整体的实际需求。实践的缺失和认识上的不足造成了理论研究的滞后,中国职业教育法制研究整体呈现研究不足、成果与实践不能更好衔接等诸多问题。为了更好地说明中国职业教育法制问题的研究现状,笔者就目前学术界对中国职业教育法制问题的研究和探讨进行了大体的整理和回顾。

(一)研究概况

总结中国职业教育法制总体研究的现状,按照研究对象和研究范围可以划分为四大类:

一是对近代中国职业教育法制问题的研究：

此类研究把研究的对象和研究的时间锁定在清末到民国时期中国职业教育法制发展和变化。通过学术界对清末新政到民国北京政府时期、民国南京政府时期职业教育法制的研究已经基本上明确了中国近代职业教育法制发展、变化的机理、特点和运行以及对以后中国职业教育法制发展的影响等问题。

二是对中国当代职业教育立法问题的研究：

此类研究主要针对《职业教育法》的实施和修订问题展开研究。此类研究一般都是从普遍分析职业教育法实施中存在的问题入手，对修订职业教育法、加强职业教育立法工作提出建议和意见等。

三是借鉴国外法制经验、完善当代中国职业教育法制的研究：

学习国外的先进立法经验、推动中国职业教育的发展也是中国职业教育法制研究的一个侧重点。西方发达国家普遍利用立法手段推动本国职业教育发展，中国要想加快职业教育发展、为现代化进程不断提供大量的优秀劳动者就要学习这些成功经验。此类研究主要通过对国外职业教育法制建设经验的总结和介绍国外职业教育法制的发展状况，结合中国职业教育法制建设的情况，提出完善或加强中国职业教育法制建设的对策和方案等。

四是回顾中国职业教育政策的历程、总结发展经验的研究：

由于习惯和行政管理的影响，一般将职业教育政策和法制联系在一起讨论。回顾中国职业教育政策发展的历程、总结职业教育政策发展的经验也成为现阶段学术界研究中国职业教育法制问题的一个方面。通过对中国职业教育政策的总结和探讨，联系中国职业教育发展中存在的问题和不足，提出完善中国职业教育政策的设想是这一类研究的侧重点。

另外，根据对职业教育内容的划分，学术界将中国职业教育法制范围界定在对中等职业教育、高等职业教育和农民（村）职业教育和职业培训等制度方面的探讨。

总结现阶段学术界对中国职业教育法制问题的研究，笔者认为学术界对此类问题的探讨大多限制在以上环节内，虽然研究已经取得了大量的成果，但研究的层次和深度还不能完全反映中国职业教育法制发展的状况，也不能反映出中国职业教育改革和完善的具体措施，造成了研究的空白和不足，为本书提供了进一步探讨的空间。

总的来说，对于改革开放以来中国职业教育法制现代化问题研究的专题尚不多见。总结此类问题的研究可以概括为：

（1）一些已经出版的相关学术专著中，对中国职业教育法制的发展和变化的过程和具体细节有所记录和评述，但不是很全面和完善，理论提炼不够，研究力度和深度不足。

（2）一些学术论文对职业教育学、职业教育法、职业教育政策、职业教育自身建设等主题进行了专题研究，为本书提供了一些具体的背景资料、学术观点和分析方法。[①]

（二）相关研究的主要观点和内容

1. 关于近代中国职业教育法制问题的研究

吴玉伦的博士学位论文《清末实业教育制度研究》一文，通过对清末实业教育制度演变的梳理，分析了实业教育制度和实践之间相互作用、相互制约和相互影响的关系。另外，通过对清末新学和近代工商业发展的背景分析，认为清末实业教育制度从凌乱无章到逐步完善，已经有了一定的合理性和适应性。但是由于观念、制度运行、社会期望和现实发展等方面的影响，清末实业教育成为了"失业教育"，制度和实践本身仍然存在很大的差距。[②]

王为东的《中国近代职业教育法制》一书，通过对中国近代职业教育法制发生和发展过程的梳理，分析认为由于社会发展的客观要求推动了中国近代职业教育法制的发展，虽然在发展的过程中也出现了不同时期的变化和起伏，但是中国近代的职业教育法制现代化进程总的趋势是不断上升和日益完善的。通过对中国近代职业教育法制结构和运行的静态、动态分析，认为由于近代中国职业教育发展的客观条件和整体法制发展的影响，中国职业教育在近代形成了自身独特的发展模式。在总结了近代中国职业教育法制发展的基础之上，提出了加强当代中国职业教育法制建设的建议：（1）注重法律制定和法律执行的关系；（2）注重职业教育自身发展和整体法制环境对职业教育法制建设的影

---

① 国外对于改革开放以来中国职业教育法制问题的研究很少涉及，笔者认为国外研究者对此类问题不是很重视。

② 吴玉伦：《清末实业教育制度研究》，博士学位论文，华中师范大学，2006年。

响；(3) 合理处理职业教育法制现代化过程中制度和精神的关系，正确处理外来法律的移植和本土化的关系等。①

庞少召通过对晚清职业教育法制产生的条件分析，认为《钦定学堂章程》和《奏定学堂章程》的颁布是中国近代职业教育法制产生的标志。在中国近代职业教育法制萌芽的过程中，新旧教育的交替，特别是近代职业教育思想和职业教育的发展以及经济社会发展的客观环境都成为中国近代职业教育法制产生的先决条件。② 杨景振的《民国时期职业教育法制研究》一文，通过对民国38年间（1912—1949）各类职业教育法律法规的统计和梳理，分析认为民国时期中国已经形成了相对完善的职业教育法制体系，为中国近代职业教育的发展提供了法律制度的保障。③ 王为东通过对近代中国职业教育法制变化过程的梳理，分析认为由于近代中国经济发展以及思想文化、职业教育、政治环境的影响，近代中国职业教育法制有了长足的发展，立法呈现专业化和民主化的特点，建立起了比较完备的职业教育法律法规体系，对当代中国职业教育立法有着重要的启示：重视法制的运行，重视立法的客观环境和社会整体因素的影响，改善法制建设中立法和实施的关系，根据经济发展的客观需求，积极促进职业教育立法建设。④ 王为东通过对近代中国职业教育法制发展环境的分析，认为由于近代中国社会、思想和实施条件等的综合作用，近代中国职业教育法制呈现了一定积极发展的态势，但是同时因为政局的动荡、经济基础的脆弱以及落后的教育管理体制、陈腐的社会观念以及复杂的社会客观环境等的影响，造成了近代中国职业教育法制发展动力不足、制度建设的不完善。⑤

这些对于近代中国职业教育法制研究的专著和论文，基本上理顺了近代中国职业教育法制发展的脉络、产生的思想根源和变化的历史进程等，从研究方法和研究思路上为继续研究改革开放以后中国职业教育法

---

① 王卫东：《中国近代职业教育法制》，法律出版社2007年版。
② 庞少召：《试梳理晚清职业教育法制萌芽的产生》，《职业教育研究》2009年第1期。
③ 杨景振：《民国时期职业教育法制研究》，硕士学位论文，河北师范大学，2008年。
④ 王为东：《近代职业教育法制运行的当代启示》，《职教与经济研究》2007年第5卷第3期。
⑤ 王为东：《我国近代职业教育法制的发展环境刍议》，《郑州航空工业管理学院学报（社会科学版）》2008年第27卷第2期。

制的变化和过程，以及分析法制变化的动因等提供了有益的参考和借鉴。

2. 对当代中国职业教育立法的研究

周宁宁的《高等职业教育立法研究》一书是为数不多的研究当代职业教育立法问题的专著之一。该书梳理了中国高等职业教育发展的基本历程。该书通过对世界各国以及中国高职教育发展的现状以及外在因素和内在原因的分析，明确了高等职业教育的含义、特性以及高职教育发展的目的、意义等。通过对国外发达国家和地区职业教育法制建设状况的梳理，提出了借鉴国外先进的立法经验，完善中国高等职业教育立法的问题。并在调研和实证的基础之上，草拟了有较高参考价值的《高等职业教育法》一份，为相关立法机关和职业教育决策部门提供了立法思路。[①]

周宁宁《我国高等职业教育法制建设探析》一文分析认为经过改革开放以来30多年的积极发展，中国的高等职业教育的办学规模和层次已经有了长足的发展。但是，作为教育领域中重要一极的高等职业教育还没有专门的立法来保障其发展。高等职业教育在客观实践中仍存在着很多制度的漏洞，应该及时总结高等职业教育法制建设的经验，积极完善高等职业教育法制体系，不断推动高等职业教育的发展。[②]

李煜、雷俊华通过对职业教育法实施十几年来中国高等职业教育法制建设成就和不足的分析，认为职业教育法从法律上确定了中国高等教育体系中高等职业教育的定位，但是，由于高等职业教育横跨高等学历教育和职业教育两大板块以及学术研究和司法实践的不重视，高等职业教育法制出现了被"边缘化"的趋势。借鉴国外先进的立法经验，加快中国高等职业教育法制建设已经成为刻不容缓的事情。[③]

杨柳的《我国职业教育法制的问题及完善对策研究》一文，通过对国外职业教育法制建设经验的总结，认为通过法制来推动职业教育的

---

① 周宁宁：《高等职业教育立法研究》，湘潭大学出版社2008年版。
② 周宁宁：《我国高等职业教育法制建设探析》，《中国科技创新导刊》2007年总第400期。
③ 李煜、雷俊华：《〈职业教育法〉的边缘化反思与重构》，《甘肃政法学院学报》2011年9月总第118期。

发展已经成为当今世界各国发展职业教育的重要手段之一。该文在对当代中国职业教育法制建设状况分析的基础之上，认为中国职业教育法制存在着职业教育立法体系不健全、司法实践和执行过程中存在着权限不明、执法力度不够、公民的职业教育法制意识淡薄、职业教育法制监督体制不健全等诸多问题，在参考和借鉴国外立法经验的基础上，作者提出了完善中国职业教育法制体系、加强职业教育的执法和监督以及增强公民的职业教育法律意识的途径和方法等。①

通过对《职业教育法》以及相关方面立法问题的研究，可以看出中国当代职业教育法制问题还是比较突出的：一方面立法能不能适应职业教育自身快速发展和社会变化的需要；另一方面职业教育涉及的各个领域能不能适用职业教育法制来调节，需不需要及时修改《职业教育法》，为以后职业教育的发展提供立法保证等，这些都为后来的研究者提供了思路，可以在已有研究的基础之上对改革开放以来的中国职业教育法制现代化问题进行更深入的研究和探讨。

3. 借鉴国外法制经验、完善中国职业教育法制

刘邦祥、程方平通过对德国"双元制"职业教育制度的考察，特别是 2005 年修订的《职业教育法》进一步明确了企业在职业教育领域的作用，分析认为德国"双元制"中教育企业承担着实施职业教育的主要责任。作者认为中国企业应该借鉴德国"双元制"的做法，积极参与职业教育，推动职业教育中教学与实践的紧密结合。②

朱凯、孙鹏的《荷兰职业教育制度特点及其启示》一文，介绍了荷兰职业和成人教育的立法状况，分析认为荷兰职业教育立法中将普通教育与职业教育分离，统筹各类职业教育资源和体系，形成了一整套较为完整的职业教育系统。中国应该学习荷兰职业教育立法中的职业教育划分等级制度，加强中国职业教育分类制度建设。③

王艳通过自身在英国福佛汗顿大学参加进修学习的体会，认为英国

---

① 杨柳：《我国职业教育法制的问题及完善对策研究》，硕士学位论文，华中师范大学，2007 年。

② 刘邦祥、程方平：《解读德国新颁〈职业教育法〉及相关法规》，《中国职业技术教育》2008 年 6 月总第 310 期。

③ 朱凯、孙鹏：《荷兰职业教育制度特点及其启示》，《职业教育研究》2011 年第 8 期。

高等职业教育中完善的证书制度和多样、灵活的教育方式和理念是英国高等职业教育的突出特点。通过亲身体验和实地考察，她认为中国高等职业教育应该学习英国职业教育中国际合作办学、升学与就业、企业行业的参与、弹性学分制和终身教育、教育和生产生活的紧密结合、详细的证书制度等方面的经验，提升中国高等职业教育的办学水平和办学理念。[1]

刘育锋的分析认为澳大利亚职业教育法对本国的职业教育体系、管理、经费来源、企业行业参与等都做出了详尽的规定，具有体系完善、可操作性强的特点，中国在职业教育立法建设中应该学习这些方面的经验，完善职业教育制度建设，突出职业教育的特点，完善职业教育体系。[2]

卢宁的《论日本现代高等职业教育制度及特点》一文，总结了日本 50 多年来高等职业教育发展的历程，分析认为在日本的高职教育中短期高职教育发挥了极其重要的作用，迎合了日本经济社会发展的需求。日本短期高等职业教育已经形成了一整套较为完善的教育制度，但是由于近年来日本经济发展的缓慢以及国际环境的影响等原因，日本高等职业教育也出现了规模缩减、学生人数下降、办学困难等问题，也急需改革和变化。中国在发展高职教育的时候，应该学习日本短期高等职业教育的经验，提高中国高职教育的办学水准，满足社会经济发展的要求。[3]

这类的研究成果，一般介绍西方发达国家职业教育的政策策略，从比较的角度分析这些国家职业教育改革发展的原动力，为我国职业教育相关政策和法规的出台提供某些借鉴。后来的研究者可以在分析、鉴别和考察国外职业教育法制问题之上，为中国职业教育法制现代化建设提供国外成功经验的参考。

---

[1] 王艳：《英国技术与职业教育制度的启示》，《职业教育研究》2006 年第 7 期。
[2] 刘育锋：《论澳大利亚职教法对我国职业教育法修订的借鉴意义》，《职教论坛》2011 年第 1 期。
[3] 卢宁：《论日本现代高等职业教育制度及特点》，《教育与职业》2005 年 10 月下第 30 期（总第 490 期）。

4. 回顾中国职业教育政策的历程、总结发展经验

李光寒在回顾和总结改革开放以来中国农村职业教育政策的演变历程的基础之上，分析认为 30 多年来中央政府高度重视农村职业教育在农村经济社会发展中的重要作用。为了推动农村职业教育，30 多年来中央和各级地方政府先后出台了大量的农村职业教育政策和措施，涉及农村职业教育的办学方式、师资来源、资金支持、劳动就业各个方面，为发展农村职业教育提供了有力的保证。但是，由于中国行政管理的特点和政策本身的制约等因素影响，中国农村职业教育政策中存在着政策不能有效落实、执行和监督不力、可操作性和计划性较差等缺陷，干扰了中国农村职业教育的正常发展。该作者认为在今后农村职业教育政策制定的时候应该注意农村职业教育的整体需要，积极改革农村职业教育的办学和资金投入等，加强农村职业教育政策的灵活性和可行性，提高农村职业教育适应经济社会发展的能力。[①]

何云峰梳理了改革开放 30 多年来中国农村职业教育法律法规的整体结构，分析认为在过去的 30 多年中，中国农村职业教育政策和法规建设积极推动了农村职业教育的发展，为中国的经济社会发展做出了巨大贡献。但是，中国农村职业教育政策和法规建设上仍然存在着许多漏洞和疏失，造成了政策文本与实际执行之间的差距，理论研究和实践操作等环节依然薄弱。该作者认为中国农村职业教育政策制定的时候应该开阔视野，形成大的职业教育观念，提高农村职业教育政策的研究和制定水平，积极贴近农村职业教育发展的实际需要，增强农村职业教育政策的可执行性，不断推动中国农村职业教育的发展。[②]

李均通过对 20 世纪 90 年代到 21 世纪初的十年间中国高等职业教育政策的梳理，分析认为 1996—2006 十年间是中国高等职业教育制度建设大丰收的时期，短期职业大学办学的转变、普通高等教育增加高职教育办学、示范性高等职业院校建设、促进高职教育毕业生就业、沟通升学与就业的渠道等方面政策的制定，积极推动了中国高等职业教育的

---

① 李光寒：《对改革开放三十年农村职业教育政策的回顾与思考》，《教育与职业》2009 年 2 月中第 5 期（总第 609 期）。

② 何云峰：《1978—2008 农村职业教育政策法规全景扫描与审思》，《山西农业大学学报（社会科学版）》2010 年第 9 卷第 1 期。

改革和发展，但是由于政策制定缺乏可行性和与实践脱节的状况，也使中国高等职业教育发展出现了负面的效应，作者认为应该面对这些政策引起的失误和不足，修正已有的职业教育政策，进一步推动中国高等职业教育的深化改革。①

李盖虎、阳桂兰将改革开放以来中国高等职业教育政策发展划分为五个阶段，通过对高等职业教育政策的形成和演变的历史性回顾与反思，以期对未来高等职业教育的政策制定及实施提供一些借鉴和启示。② 申家龙通过对新中国成立近60年以来中国职业教育政策和制度发展基本脉络的归纳与总结，认为新中国成立以来的我国职业教育政策，按照历史发展的脉络可以划分为计划经济时期、改革开放市场经济建立时期、21世纪深化改革时期等三个阶段。③

回顾新中国成立60多年以来，特别是改革开放30多年中国职业教育法制和政策，可以为研究改革开放以来中国职业教育法制现代化的基本历程提供参考思路，从而理顺改革开放30多年来中国职业教育法制现代化建设发展和变化的脉络，总结历史发展的经验，为下一步中国职业教育法制现代化建设提供经验的借鉴。

（三）研究现状评析

学术研究的成果可以反映出学术界对某些问题的关注程度和认识深度。由于习惯和认识的局限，职业教育法制一直是教育和劳动法制的"副产品"，一直夹杂在行政法的框架下，既不能像其他法律学科一样成为"显学"，得到社会和学术研究等各方面的认可和关注，职业教育也不能像普通教育和精英教育那样得到社会的承认，成为一个人"成功"的标准，于是造成了职业教育法制研究的盲点和轻视。可以说，正是在这种背景之下，关于中国职业教育法制问题的研究虽然有了一些学术界有识之士的真知灼见，但是总体还是十分薄弱和落后的，不能满足现实中对职业教育发展的客观需求。学术界研究的不足主要有：

---

① 李均：《1996—2006：中国高等职业教育政策评价》，《职教通讯》2007年第11期。

② 李盖虎、阳桂兰：《改革开放三十年来我国高等职业教育政策的历史进程分析》，《湖南工业职业技术学院学报》2010年4月第10卷第2期。

③ 申家龙：《新中国建立以来职业教育制度与政策的历史回顾》，《江苏技术师范学院学报》2008年第23卷第8期（总第207期）。

一是研究的力度和关注程度还十分有限。无论是从已经公开出版的学术专著抑或公开发表的学术论文的角度来说，都很难见到系统研究中国职业职业教育法制的大部头或有分量的图书、论文等，也很难形成系统的对中国职业教育法制整体的评价和总结，不能像其他教育或法学专业的研究成果那样丰富多彩。

二是研究的视角和关注的内容也造成了中国职业教育法制问题研究的偏颇和缺失。目前学术界对中国职业教育法制问题的研究多集中在近代中国职业教育法制的发展和变化、对职业教育法的完善和对策以及介绍与借鉴国外法制经验、总结与回顾新中国成立以来或改革开放以来中国职业教育政策的走向等几个板块，这些已有的研究成果或将职业教育政策和制度与职业教育法制混为一谈，或截取一定历史阶段中职业教育制度的发展和变化作为研究对象，很难对新中国成立以来特别是改革开放以来的中国职业教育法制发展和变化的情况做一个整体性的回顾和总结，很难区分职业教育法制建设的问题，这就造成了对现实中国职业教育法制发展问题研究的空缺。

具体来说，学术界对改革开放以来中国职业教育法制现代化问题研究不足之处表现在：

（1）没有厘清改革开放30多年以来中国职业教育法制发展的基本历程。虽然有对改革开放30年职业教育政策的回顾研究，但是30多年职业教育法制现代化历程是如何划分阶段和分期，如何发展和变化的等等，没有研究成果能够完整地提供清楚脉络。

（2）对于中国职业教育法制现代化未来发展和走向的研究，也没有研究者能够提供研究思路，在新版《职业教育法》条件下，中国职业教育法制体系如何重构、未来中国职业教育法制如何运行等问题都有待于研究者进一步探讨。

三 选题内容及结构设计

（一）研究涉及的基本概念

研究改革开放以来的职业教育立法和法制发展变化的趋势，有必要先明确一下相关概念和对象。

1. 职业教育

职业教育（Vocational Education；Professional Training）的概念和范围一直是学术界和法律实践等领域中争议比较多的论题，可以说时至现在也没有完全给出一定的确切定义和标准。从历史发展的角度来看，从清末职业教育进入中国近代社会以来，职业教育的称谓先后经历了清末实业教育、民国时期的职业教育、新中国成立以后技术教育、职业技术教育、职业教育等不同阶段的变化。从学术研究角度来看，对于职业教育的定义也有不同的解读，有的著作认为职业教育是"给予学生从事某种职业或生产劳动所必须的知识和技能的教育"。[①] 也有的将职业教育词义界定为"职业教育是传授某种职业或生产劳动知识和技能的教育"。[②] 还有著述把职业教育定义为"给予学生从事某种生产劳动所需的知识技能的教育"。[③] 综合学术界对职业教育的定义，从学术研究的角度出发，笔者认为职业教育应该被视为教育的一个组成部分，而作为教育的一种类型，职业教育可以理解为就业做准备的一种手段和从业以后继续教育的一个方面，包括一切正规的学校中技术学习和技能培训、社会技能培养、培训的非正规学校教育、企业技术培训等，而一切为了从事职业活动而接受相关教育的训练，包括技术、技能以及职业道德、工作规范以至于一切与职业活动有关的学习和实践等都应视为职业教育的范围。从现行宪法和法律规定的角度来看，在涉及职业教育的法制体系中，1982年2月4日通过的《宪法》、1996年5月15日通过的《职业教育法》，以及国务院、各级地方人大、人民政府制定的各类《实施〈中华人民共和国职业教育法〉办法》和条例中，将职业技术教育、职业教育或职业技能培训等统称为职业教育。就本书研究的对象而言，本书将1996年颁布的《职业教育法》确立的职业教育体系和内容规定中确定的职业教育范围和内容，作为本书研究的主要对象。由此，本书行文中涉及职业教育法制层面时统一使用职业教育这一称谓，其他情况下

[①] 中国大百科全书总编辑委员会：《中国大百科全书·教育》，中国大百科全书出版社1993年版，第520页。

[②] 顾明远主编：《教育大辞典》（第三卷），上海教育出版社1998年版，第231页。

[③] 辞海编辑委员会：《辞海》（缩印本），上海辞书出版社1979年版，第1817页。

则尽量沿用各个历史时期和各种现行法律文本的具体名称。①

2. 职业教育法制

对于本书所讨论的职业教育法制来讲，笔者认为从广义上讲，职业教育法制应该是指一切涉及职业教育的法律和制度的规范性文件的总和，这些规范性文件均是由国家权力机关或部门，通过法定程序或一定程度的认可，并由国家强制推行、保障实施的，用来调节职业教育领域的法律关系或法律问题。在狭义上讲，职业教育法制则专指国家立法机关制定的规范和调整职业教育法律关系的单行法，即1996年版的《职业教育法》。②

3. 法制现代化

关于法制现代化的定义一直是学术界和法律实践中争议较多的矛盾话题之一，迄今为止也没有十分确切和完整的定义以及准确的范围界定。在已有的法制现代化理论中，笔者认为法制现代化可以划分为两层含义：一是法制精神的现代化，即在一个国家或地区处于整体法制进步的过程中，法制精神的确立是法制现代化的基本核心问题，有了法制的精神才会带来真正的法制现代化；二是法律制度以及法制物质的现代化，就是在现代化法制精神的基础之上，逐步完善和发展法律制度以及与法制相关的技术、物资等，法制现代化不同于法律文化的现代化，也不同于法治的现代化，法制本身的现代化取决于社会整体条件和环境的现代化。

概括法制现代化的范围可以包含以下几个方面：

（1）关于法制现代化的起点问题，应该从人类社会从传统或近代

---

① 因为职业教育涵盖范围广泛，本书选择职业教育学校教育［包括中等职业学校（中等专业学校、技工学校、中等职业学校等）、高等职业教育学校］以及农民（村）、职（员）工职业技术培训、工农业余教育为主要研究对象，来阐述中国职业教育法制发展的基本历程。

② 此定义参照郭为禄博士提出的关于高等教育法制的定义，笔者认为本书所涉及的职业教育法制涵盖的范围与其类似，故采用此定义，参见郭为禄《高等教育法制的结构与变迁》，南京大学出版社2008年版，第4页。就本书所涉及的职业教育法制定义来讲，由国家立法机关通过的有关职业教育领域的宪法、法律以及与职业教育相关的法规、规章、政策性文件等规范性文本，均视为广义的职业教育法制范畴。考虑到职业教育法制涵盖的范围广泛，本书行文时选择国家宪法、法律、国务院法规和各个部门［以国务院教育和人力资源、劳动保障（劳动人事）主管部门发布的内容为主］的规章、通知、文件等为主要研究对象，来论述中国职业教育法制发展和变化的情况。

社会转变的过程中，逐步引入现代化法制观念和制度算起，这个法制现代化的起点在近代社会的转型时期。

（2）关于法制现代化的目的和目标问题，法制现代化是一个法制发展的历史过程，目的是为了建立起现代化法制的结构体系和实施现代化法治。关于法制现代化的目标问题由于各个国家和地区采用的法制标准和体系不尽相同很难确立统一的标准，但是最终的目标无外乎在法制基础之上，建设完善的现代化法制机构、精神和环境等，维护国家的法治秩序，保障社会的正常运转。

（3）关于人治与法治的关系、法律文化的建立以及如何面对法律移植问题，应该说法制现代化主要是实现由人治到法治的过程，在此过程中法律文化价值的树立和法律制度的建设促进了社会法治的进步。必须用审慎和积极的态度，处理好法律移植与本国和地区传统之间的关系，这是衡量法制现代化研究者和执行者成熟程度的具体体现。①

借鉴法制现代化的理论，本书认为中国职业教育法制现代化的进程是从近代清末中国社会转型开始算起，由于近代中国社会的转型和社会环境的激荡，中国职业教育发展的客观需求等诸多因素的影响，促使了中国职业教育法制的现代化萌芽以及法制现代化的过程，虽然历经几起几落的历史动荡，最终中国职业教育法制现代化的步伐还是伴随着中国社会整体的现代化而不断地提升和发展起来。本书涉及的改革开放以来中国职业教育法制现代化问题是指在改革开放之后，在加强社会主义法制现代化建设和在逐步完善社会主义法律制度过程中，对职业教育法律制度的建立和健全。改革开放以来中国职业教育法制现代化的结果是最终形成的以1996年颁布施行的《职业教育法》为核心的适应当代中国职业教育发展的现代化职业教育法制体系。

（二）研究涉及的时限及范围

近代以来，中国职业教育法制现代化就不断在历史的起伏变化中不断前行。在1949年以前，中国职业教育法制现代化的进程可以概括为以下几个阶段：

（1）清末新政中职业教育法律制度的创建可以视为中国职业教育

---

① 刘旺洪：《比较法制现代化研究》，法律出版社2009年版，第6—15页。

法制现代化的发端，清政府 1902 年颁布的《钦定学堂章程》（壬寅学制）、1904 年颁布的《奏定学堂章程》（癸卯学制）成为中国职业教育法制现代化进程萌芽的标志。

（2）民国北京政府时期对职业教育法律制度的建设可以视为旧时中国职业教育法制现代化的拓展阶段，1912 年辛亥革命后，民国北京政府颁布的《实业学校令》和《实业学校规程》，以法令的形式规定了职业学校办学的程序。1922 年，民国北京政府又重申了这一职业教育办学原则。

（3）民国南京政府时期职业教育法制的建设成为旧中国职业教育法制建设的高潮阶段。1928 年，南京国民政府颁布的戊辰学制延续了1922 年学制的内容。1932—1933 年南京国民政府先后颁布了《职业学校法》、《职业学校规程》、《职业补习学校规程》等，构成了旧中国职业教育法制体系。

总的来看，1949 年之前，中国职业教育法制现代化进程已经呈现了较为成熟发展的态势，但是由于旧中国政治、社会发展环境的影响以及旧中国经济的落后，职业教育水平的低下等干扰，中国职业教育法制现代化进程的脚步始终步履维艰，最终不能形成有效推进职业教育发展的局面。就职业教育法制建设本身来说，民国时期职业教育法制前学日本后学欧美，在引入国外职业教育法制的过程中，始终没有处理好外来法律移植与本国实际情况结合的关系，加之半殖民地半封建社会条件下各种客观因素的影响，造成了旧中国职业教育法制的空穴化，往往职业教育法律法规成为一纸空文。

1949 年新中国成立之后，随着国家政权建设和社会主义法制体系与理论的建设，以及社会主义教育理论和思想的推行，中国职业教育法制现代化的步调得到了充分的释放。特别是改革开放以来，在建设中国特色社会主义理论、"三个代表"重要思想和科学发展观的指引下，中国职业教育法制现代化的进程取得了辉煌的成就，确立了职业教育的根本法律制度，极大地推动了中国职业教育的发展，为中国实现社会主义现代化打下了坚实的基础。就本书涉及的研究时间和范围来说，本书以新中国成立以来中国职业教育法制现代化的进程为主要研究对象，总结各个历史阶段中国职业教育法制现代化的状况和特点等，重点是分析和总结改革开放之后中国职业教育法制现代化进程的状况，本书以毛泽东、邓小平、江泽民、胡锦涛等中共中央四代领导集体为历史阶段划分的主要依据，从历史发展的过程入手，选择1949年10月—2012年12月为具体研究时限，论述中国职业教育法制现代化的基本进程，并针对新版职业教育法的修订和未来中国职业教育发展做出展望。

（三）本书写作思路、创新点和重难点

1. 本书写作思路

本书从以下几个部分入手，逐一论述改革开放以来的中国职业教育法制建设的基本历程以及未来中国职业教育法制的展望等内容。

绪论。作为论题研究的前导性论述，绪论分为三个部分：其一，主要阐述选题的缘由及意义；其二，选题研究现状述评，在对相关研究成果进行综述和评析的基础上，发掘已有研究的空白，确定本书的立足点和出发点；其三，选题设计，明确相关的概念、本书的主要思路、创新点和研究难点、研究的主要方法等内容。

第一章。本章分三节论述改革开放前中国职业教育法制现代化的基本历程：第一节论述新中国成立初期和"一五"计划时期中国职业教育法制的建设；第二节论述教育大革命和大跃进背景下，中国职业教育法制出现的徘徊和曲折；第三节"文革"时期由于教育和法制的破坏，中国职业教育法制出现了停滞和断裂。小结部分分析新中国成立到改革开放以前25年间中国职业教育法制建设的状况。

第二章。本章分为两节：第一节论述邓小平的复出和统一招生制度的恢复，从而开启了包括职业教育在内的中国教育法制现代化的历史进程；第二节论述1985年中共中央《关于教育体制改革的决定》的颁布，成为新时期整个中国教育法制现代化的"冲锋号"，第一次全国职业教育会议的召开和一系列条例、法规的出台成为改革开放之后中国职业教育法制现代化进程开启的标志。小结部分分析20世纪80年代中国职业教育法制建设的基本状况。

第三章。本章分两节论述中国职业教育法制建设的展开：第一节论述第二次全国职业教育工作会议的召开和国务院颁布《关于大力发展职业教育的决定》，总结10年来职业技术教育发展的经验，成为中国职业教育法制发展的阶段性成果。《中国教育改革和发展纲要》、《教师法》和《劳动法》、《教育法》的颁布成为《职业教育法》制定的前奏；第二节论述《职业教育法》和《高等教育法》的颁布，成为职业和高等教育根本法律制度的标志，从此中国职业教育法制现代化进程走向了有法可依的轨道。第三次全国职业教育工作会议的召开和中国教育法制建设的目标，明确了今后中国职业教育法制现代化发展的方向。小结部分总结20世纪90年代中国职业教育法制的基本概况。

第四章。本章分两节论述中国职业教育法制现代化进程的推进与深化：第一节论述国务院《关于大力推进职业教育改革和发展的决定》和《民办教育促进法》的颁布实施，充实了已有的职业教育法制体系，推进了中国职业教育法制建设的进程；第二节论述以第六次全国职业技术教育工作会议召开和2005年国务院《关于大力发展职业教育的决定》、《就业促进法》的颁布为标志，中国职业教育法制现代化建设不断深化和加强。小结部分分析2000年代中国职业教育法制建设的基本状况。

第五章。本章分两节论述中国职业教育法制现代化新进程的开启与展望：第一节论述《职业教育法》修订的过程，以及对新版《职业教育法（草案）》的分析和评价；第二节论述对中国未来法制现代化的展望：第一，重构中国职业教育法制体系；第二，对新版《职业教育法》实施的展望，展望未来中国职业教育法制发展的前景，建立或完善相关机制，保障新版《职业教育法》的实施，促进中国职业教育的发展。

结论部分总结改革开放以来中国职业教育法制现代化建设的历程、得出对中国职业教育法制现代化建设的总体评价以及对中国职业教育法制现代化建设愿景的展望。

2. 创新点

（1）关于本书的选点是比较贴近学术前沿和社会前沿问题的热点而又容易被忽视的部分，学术专著、学术论文等常见的学术研究领域对改革开放以来的中国职业教育法制现代化问题的研究几乎是一个空白，就是已有的研究成果也仅仅停留在修改《职业教育法》（1996年版）的对策和建议、改革开放以来职业教育政策的总结性论述等有限的几个方面，不能够把改革开放以来的中国职业教育法制作为一个学术研究的整体来考虑，而对即将修改职业教育法的现实需要和中国当代职业教育迅猛发展的客观要求来说，做出整体性研究又是十分迫切的，因此笔者认为本书的研究有着比较高的学术价值和实际应用前景，有一定的创新价值。

（2）第一至第四章新中国成立以来中国职业教育法制现代化的基本历程部分中对中国改革开放以来的职业教育法制发展和变化的历史轨迹的总结和进程的阶段性划分是以前研究者和实际职业教育法制工作者所未涉及的，是一个能够总结、概括改革开放以来中国职业教育法制现代化发展的创新点之一。

3. 研究的重点

本书研究的重点就是关于改革开放以来中国职业教育法制体系的构成，必须厘清改革开放以来中国职业教育法制体系由哪些专门的法律、法规和哪些层级的法律、法规等组成，这样才能够看出改革开放以来中国职业教育法制现代化建设的成绩和法制体系，在此基础之上，结合新版《职业教育法》，提出重构中国职业教育法制体系的设想。

4. 研究的难点

（1）本书研究的难点之一是如何评价改革开放以来中国职业教育法制建设：一方面回顾了新的职业教育法修订的过程，总结了中国职业教育法制现代化建设的经验和成就；另一方面对新版《职业教育法》做出了客观和中肯的总结和评价。

（2）本书的另一个难点就是在未来中国职业教育法制现代化的设想中，讨论如何完善新版职教法和实施新版职教法、重建中国职业教育法制体系的问题，并在此基础之上提出相应完善的对策和设想。这些内容应该是整个选题研究最有价值的部分，也是整个研究选题的点睛之处，其研究的难度和力度也是比较大的，也是本书的研究难点最大的。

（四）*研究方法*

由于关于职业教育法制问题的研究涉猎领域较宽，是一个涉及多学科的交叉性研究领域。因此，笔者试图综合运用多学科的研究方法，尽量能够深入分析问题。在研究上通过对资料的收集和整理，分类归纳出职业教育法制发展的基本脉络，在此基础之上展开基本的阐述。在吸收、继承前人研究成果的基础上，主要运用历史学、法学、教育学、社会学、统计学等学科的综合方法，结合网络信息等，并借鉴改革开放以来职业教育制度变迁、法制现代化等理论对此选题开展研究。本书的研究希望通过厘清当代中国职业教育法制现代化发展线索、剖析其各构成要素的组织机理，在进行法理实证分析的基础上，对中国当代职业教育法制的发展做出评析，并总结出其相对于今天职业教育法制的问题和不足，提出完善当代中国职业教育立法和法制的对策和建议。

具体来说，本书力求在马克思主义历史观指导下，主要运用两种研究方法：一是历史学研究方法，努力做到历史与逻辑的统一，按照历史主义的研究方法，运用历史材料，按照中国职业教育法制现代化的历史进程，逐一展开论述和分析，并对各个时期职业教育政策和法制产生的历史作用和影响进行评判；二是运用文献研究方法，努力将制度研究和过程研究相结合，对职业教育相关参考文献和法律文件、档案等进行查阅、比对、分析和归纳，对重点涉及职业教育的法律制度文本进行重点研读、分析和整理，得出职业教育法制建设的经验和教训，为未来加强职业教育法制现代化建设提供参考。

第一章

改革开放前中国职业教育
法制现代化历程回顾

1949年10月1日，新中国的成立开辟了中国历史的新纪元。从新中国成立到"文革"结束，为了提高国家的工业化水平，提高人民群众的科学文化素质，提高综合国力，改变旧中国遗留下的贫穷落后的社会面貌，中共中央和中央政府开始了符合中国具体国情的社会主义职业教育体系的探索。在这个历史进程中，中国的职业教育和职业教育法制建设也伴随着中国整体教育的发展不断地发展、变化，这个时期内中国职业教育的基本方针和职业教育法制的基本原则得到了确立，为之后中国职业教育法制现代化的进程奠定了基础。

第一节 中国职业教育法制现代化进程的起步

新中国成立之后，中国整体法制体系由过去的半封建半殖民地社会法制体系向新民主主义和社会主义法制体系转变，中国整体法制现代化的进程也向这一方面转化。在这个历史进程中，旧中国沿袭日本、欧美的法制原则和体系彻底地被社会主义的法制原则和体系代替，中国职业教育法制的现代化进程也进入了全新的历史阶段。如何建立起属于中国社会主义的职业教育法制体系呢？这个历史命题摆在了当时中国领导层的面前。

一 新中国职业教育法制的初创

新中国成立伊始，中国面临的国际国内形势复杂而多变：一方面，国际两大阵营形成，新中国面临以美国为首的西方国家的经济技术封锁；另一方面，长期战争给中国留下的满目疮痍、经济崩溃、民生凋敝的严峻社会现实。新生的人民政权一边要进行维护国家独立和生存的对外战争，一边要恢复经济、发展生产，提高人民的生活水平，然而人口素质低下，不能掌握一定的文化和技术，就无法开展大规模经济建设。在这种历史条件下，中国开始了建立适应中国国情的职业教育体系和法制建设的历史探索。

（一）新中国成立初期职业教育法制工作方针的确定

面对新中国成立初期的严峻社会经济形势，没有一定的物质基础，新生的政权就会陷入空前的困境，必须在尽量短的时间内恢复经济、发展生产。但是国家的生产能力和技术装备极端落后，劳动力的科学文化水平极低，远远不能满足社会和人民生产生活的需求。以当时的中国船舶工业来说，中国当时还不能生产一艘完整的钢铁军舰，旧中国遗留的各个造船厂不是被严重破坏就是残破不堪、工人失业、技术和装备更无从谈起。全国范围内，工业生产企业有时竟然不能生产一枚日用的铁钉，人民物质生活极端困苦。而在全国现有的 4.5 亿人口中，目不识丁的文盲占到全国人口的八成，全国 3000 多万 6—12 岁适龄儿童的入学率仅有 20%。全国工业生产领域中，工程技术人员和熟练劳动力、技术工人的比重更是少得可怜，仅有的少量专门性职业技术学校的办学条件十分简陋，没有经费，无法满足培养人才的需要。有的铁路学校毕业生没有见过铁路和火车，护士学校竟然只有几支破注射器、几个吊瓶而已。在已有的教育体系中，职业技术教育的比例也是极低的。以已经解放的地区为例，整体中等教育体系中，普通中学的在校生人数占到 70%—80%，专门性技术学校在校生人数所占比例不到 10%，根本无法满足经济社会发展对专业技术人才的需求。

面对职业技术教育严重落后、被动的局面，到底采取什么方针和政策建设新中国的职业教育体系呢？在当时"一边倒"的历史背景下，借鉴苏联社会主义教育建设经验，在积极改造旧中国职业教育组织和学校的基础上，创办和建立新中国职业教育体系和制度，成为当时中国职业教育法制建设主要的工作方针和目标。这些具体的职业教育法制方针分别体现在了《共同纲领》和全国第一次教育工作会议公报中。当时提出的职业教育范围是仿照苏联经验，加强中等技术教育，开展工农业余教育，改造旧知识分子，为国家经济建设服务。

（二）中等职业教育的整顿和工农业余教育的实施

1. 中等职业教育的整顿

1951年3月，教育部在北京召开了新中国第一次中等教育会议。会议讨论了中等教育的办学方针、任务等，会议提出了对中等技术学校采取整顿和积极发展的办学方针，要求中等技术学校必须和经济部门密切联系，采取各种办法发展中等技术教育，培养大批国家经济建设急需的中等技术干部。为了搞好全国的中等专业教育，同年的6月，教育部召开了全国第一次中等技术教育会议。1952年4月8日，《人民日报》发表了《整顿和发展中等技术教育》的社论。随后，在全国范围内对原有的中等专业技术学校进行了调整和整顿，加强了该类学校的专业设置、招生和日常管理等。1952—1953年在全国中等专业技术教育调整的过程中，全国停办了一批办学条件差的学校，改私立学校为公办，将综合型职业学校转变为单科性学校。调整了学制，初级技术学校、五年一贯制、专科等停止招生。[①] 这一时期中等技术教育法制建设情况如表1—1所示。

表1—1　　　　　1949—1952年中专技术教育法规统计表[②]

序号	颁布时间	颁布部门	法规、规章、文件等名称
1	1951年10月1日	政务院	关于改革学制的决定
2	1952年3月31日	政务院	关于整顿和发展中等技术教育的指示
3	1952年7月12日	教育部	中等技术学校暂行实施办法
4	1952年8月30日	教育部	关于加强领导私立技术补习教育的指示
5	1952年8月30日	教育部	各级中等技术教育委员会暂行组织条例
6	1952年10月7日	教育部	中等专业学校普通课和基础技术课教学计划（试行）

---

① 中央教育科学研究所编：《中华人民共和国教育大事记》（1949—1982），教育科学出版社1983年版，第89页。

② 根据何东昌主编《中华人民共和国重要教育文献》（1949—1975），海南出版社1998年版，1949—1952年教育文献编制。

中等专业技术教育管理的法规、规章体系的初步建立直接推动了当时中国职业技术教育的发展。1949—1952 年全国中等专业技术学校发展概况如表 1—2 所示。

表 1—2　　　　　1949—1952 年全国中专技术学校统计表[①]　　　　单位：人

年份	学校数（所）	分科学生数	分科招生数	分科毕业生数	教师数	职员数	工勤人员数
1949	561	77095	42796	23769	6617	1929	2003
1950	500	97823	53177	21972	8543	4233	4172
1951	669	162940	92624	22222	13162	6737	4900
1952	794	290446	168869	40758	14848	13237	11318

2. 工农业余教育的实施

面对全国成年人口中巨大的文盲比例和工农业生产一线普遍缺乏技能人才的严酷现实，为了迅速提高全国成人的文化和技术水平，1950 年 9 月，教育部召开了第一次全国工农业余教育会议，提出了加强工农成人教育的措施和方针，通过了一批文件，加强工农业余教育的管理。这一时期颁布的关于工农业余教育的主要法规、规章情况如表 1—3 所示。

表 1—3　　　　　1949—1952 年工农业余教育规章统计表[②]

序号	颁布时间	颁布部门	法规、规章、文件等名称
1	1949 年 10 月 11 日	中华全国总工会	关于工会文化教育经费用途的暂行规定
2	1949 年 12 月 5 日	教育部	关于开展 1949 年冬学工作的指示
3	1950 年 6 月 1 日	政务院	关于开展职工业余教育的指示
4	1950 年 12 月 20 日	教育部	各级职工业余教育委员会组织条例

---

① 根据《中国教育年鉴》编辑部《中国教育年鉴》（1949—1981）（中国大百科全书出版社 1984 年版）的统计数据编制，不包含中等师范教育。

② 根据何东昌主编《中华人民共和国重要教育文献》（1949—1975），海南出版社 1998 年版，1949—1952 年教育文献编制。

续表

序号	颁布时间	颁布部门	法规、规章、文件等名称
5	1950年12月21日	教育部	关于开展农民业余教育的指示
7	1951年2月27日	政务院文化教育委员会	职工业余教育暂行实施办法
8	1951年2月28日	教育部	关于冬学转为常年农民业余学校的指示
9	1952年11月21日	教育部	关于1952年冬学运动的通知

这一时期，全国的工农业余教育迅速开展起来，广大人民群众以高度的热情投入到扫盲识字运动中，在扫盲的基础上增加政治教育和技术教育成为这一时期工农职业技术教育的突出特点。1950年，全国城市工人参加业余教育的总人数达50万人；到1951年全国城市工人参加业余教育的总人数达到135万人，东北老解放区有10万职工和5万铁路职工摆脱了文盲状态。① 另外，广大农村地区也积极开展了冬学活动或农村业余教育活动。1949年在全国还没有解放的状况下，全国各地有1000多万农民参加了冬学学习。② 1949—1953年全国农民业余学校入学概况如表1—4所示。

表1—4　　1949—1953年全国农民业余学校入学情况统计表③　　单位：万人

年份	冬学人数	常年民校人数
1949	1300	—
1950	2500	300
1951	3500	1100

① 中央教育科学研究所编：《中华人民共和国教育大事记》（1949—1982），教育科学出版社1983年版，第19页。
② 同上书，第6页。
③ 《中国教育年鉴》编辑部：《中国教育年鉴》（1949—1981），中国大百科全书出版社1984年版，第603页。

续表

年份	冬学人数	常年民校人数
1952	4885	2707
1953	1900	1200
合计	14085	5307

二 "一五"期间职业教育法制的发展

"一五"期间，国内外环境发生了巨大变化，对外战争已经基本结束、国内虽然还面临着西方的封锁，但是由于学习苏联和引进苏联先进的生产技术和设备，引入苏联专家指导，加之海外知识分子的回国热潮，中国生产技术和人才结构有了很大的改观，经济建设也大规模展开，专业技术人才的培养也提上了国家教育的规划日程。"一五"时期中国的法制建设也得到了显著进步，在这样的历史背景下，中国职业教育法制现代化进程有了新的变化。

（一）中等职业教育规章的制定

1. 中等专业教育规章

1954年6月，为了加强对中等专业教育的领导，提高中等专业学校的办学水平，高等教育部在北京召开了全国中等专业教育会议，着重讨论了中等专业教育的工作方针和领导关系。会议确定了各类中等专业学校由中央业务主管部门试行集中统一领导的原则，加强领导，努力学习苏联的先进经验，积极推进教学改革、培养提高师资、加强学生的思想政治教育，提高教学质量。[1] 1956年5月，高等教育部在北京召开了全国中等专业教育工作会议。会议讨论了中等专业教育12年发展规划，以及中等专业学校领导关系和兴办中专教育的问题。会议强调今后必须采取一切积极因素，促进工业、农业等行业领域中专教育的发展。[2] 这一阶段中央有关职业教育主管部门制定的中等专业教育法规、规章情况

---

[1] 中央教育科学研究所编：《中华人民共和国教育大事记》(1949—1982)，教育科学出版社1983年版，第105—106页。

[2] 同上书，第165—166页。

如表 1—5 所示。

表 1—5　　　1953—1957 年中专技术教育法规统计表[①]

序号	颁布时间	颁布部门	法规、规章、文件等名称
1	1953 年 4 月 2 日	高等教育部、财政部	关于中等专业学校调整、招生及基建等几项问题的联合通知
2	1953 年 4 月 4 日	高等教育部、农业部、林业部	中等农林技术学校 1953 年调整整顿原则
3	1953 年 4 月 6 日	高等教育部	中等财经专业学校调整原则
4	1953 年 5 月 11 日	高等教育部	关于制定工业性质中等技术学校普通课和基础技术课标准时数的通知
5	1953 年 7 月 4 日	高等教育部	关于中等技术学校（中等专业学校）设置专业的原则的通知
6	1953 年 7 月 21 日	政务院	关于中等专业学校毕业生分配工作的指示
7	1953 年 7 月 31 日	政务院	关于加强高等学校与中等专业学校学生生产实习工作的决定
8	1954 年 5 月 15 日	高等教育部	高等学校与中等技术学校生产实习暂行规程
9	1954 年 8 月 4 日	政务院	关于 1954 年暑、寒假高等学校和中等专业学校毕业生参加工作后工资待遇的规定
10	1954 年 9 月 26 日	政务院	关于改进中等专业教育的决定
11	1954 年 11 月 24 日	高等教育部	中等专业学校章程
12	1955 年 3 月 1 日	高等教育部	中等专业学校学科委员会工作规程
13	1955 年 3 月 14 日	高等教育部	中等技术学校课程设计规程

---

① 根据何东昌主编《中华人民共和国重要教育文献》（1949—1975），海南出版社 1998 年版，1953—1957 年教育文献，以及国家教育委员会编《中华人民共和国现行教育法规汇编》（1949—1989）（人民教育出版社 1991 年版）编制。

续表

序号	颁布时间	颁布部门	法规、规章、文件等名称
14	1955年3月16日	高等教育部	中等专业学校行政和教学辅助人员标准编制
15	1955年3月22日	高等教育部	关于中等专业学校的设置、停办的规定
16	1955年4月2日	高等教育部	中等专业学校（不包括中等师范学校）校长、副校长任免办法
17	1955年10月21日	高等教育部	关于中等专业学校毕业设计工作的指示
18	1955年12月31日	国务院	关于中等专业学校的设置与停办责成高等教育部代院审查批准的通知
19	1956年4月11日	高等教育部	关于在中等专业学校内进行国家考试的指示
20	1956年5月10日	高等教育部、教育部	关于在高等学校和中等专业学校推广普通话的联合通知
21	1957年10月25日	国务院	关于高等学校和中等专业学校毕业生在见习期间的临时工资待遇的规定

中等专业技术教育制度体系的完善直接推动了当时中等专业技术教育的发展。1953—1957年全国中等技术学校发展概况如表1—6所示。

表1—6　　　1953—1957年全国中专技术学校统计表[①]　　　单位：人

年份	学校数（所）	分科学生数	分科招生数	分科毕业生数	教师数	职员数	工勤人员数
1953	650	299389	103697	58138	19255	17117	14635
1954	557	300023	97713	71717	21591	17730	14285
1955	512	318099	126847	96796	24064	21009	13735

---

① 根据《中国教育年鉴》编辑部《中国教育年鉴》（1949—1981）（中国大百科全书出版社1984年版）的统计数据编制，不包含中等师范教育。

续表

年份	学校数（所）	分科学生数	分科招生数	分科毕业生数	教师数	职员数	工勤人员数
1956	755	538538	301627	74734	39701	37565	22597
1957	728	482155	59926	95707	42538	39889	24031

2. 技工学校规章的制定

新中国技工学校教育是从新中国成立初期的技术培训班开始的。新中国成立前，中国技术工人的培养主要依靠"师傅带徒弟"的传统方式，虽然有少量技工学校，但是专业单一、数量有限，设备简陋、条件破败。新中国成立初期和国民经济恢复时期，为了解决社会对技术工人的需求，各地举办了一些短期技术培训班。1953 年和 1955 年中央劳动部门先后联合召开了技工学校相关工作会议，明确了劳动部门管理技工学校的原则以及改进技工学校工作的办法和措施。[①] 从 1955 年开始，劳动行政部门陆续出台了一批规章，完善技工学校的教育管理。这一时期制定的技工学校管理规章主要情况如表 1—7 所示。

表 1—7　　　　　　1955—1957 年技工学校规章统计表[②]

序号	颁布时间	颁布部门	规章、文件名称
1	1955 年 9 月	国务院转批劳动会议	关于提高技工学校教学质量的决议
2	1955 年 9 月	劳动部	关于目前技工学校工作的报告
3	1956 年 2 月 1 日	劳动部	技工学校标准章程（草案）（试行）
4	1956 年 2 月 1 日	劳动部	技术学校编制标准定额暂行规定（草案）（试行）
5	1956 年 2 月	劳动部	技工学校暂行办法（草案）（试行）
6	1956 年 9 月	中共中央转批劳动部	关于加强省、市党委对技工学校领导的建议

---

① 从此确立了技工学校综合管理权限由劳动部门负责的原则，直至 1964 年 4 月，技工学校管理权限才划归教育部门。

② 根据中央教育科学研究所编《中华人民共和国教育大事记》（1949—1982），教育科学出版社 1983 年版，1955—1957 年大事记编制。

一系列技工学校教育规章的颁布，使技工学校管理走上了法制轨道，极大地促进了技校教育的发展。1949—1957 年全国技工学校发展情况如表 1—8 所示。

表 1—8　　　　　　1949—1957 年全国技工学校概况表[①]　　　　单位：人

年份	1949	1952	1953	1954	1955	1956	1957
学校数（所）	3	22	—	76	78	212	144
在校生人数	2700	15000	—	43919	45095	130000	66583

（二）工农业余教育规章的制定

1955 年 12 月，教育部等部门联合召开了全国职工业余教育会议。会议明确了职工业余教育的两大教育任务：提高职工群众的文化技术水平；培养科技人才和管理干部。会议决定今后的初等和中等职工业余教育的办学方针："积极发展、注意质量、力求正规。"[②] 1953—1957 年间中共中央、政务院（国务院）及其行政主管部门先后发布了工农业余教育的法规、规章情况如表 1—9 所示。

表 1—9　　　　　1953—1957 年工农业余教育规章统计表[③]

序号	颁布时间	颁布部门	法规、规章、文件等名称
1	1953 年 4 月 4 日	教育部	关于整顿工农业余学校高级班与中学班问题的通知
2	1953 年 12 月 1 日	教育部、扫盲工作委员会	关于 1953 年冬学工作的指示
3	1954 年 3 月 22 日	教育部、扫盲工作委员会	关于 1954 年组织农民常年学习的通知

---

① 根据《中国教育年鉴》编辑部《中国教育年鉴》（1949—1981）（中国大百科全书出版社 1984 年版）的统计数据编制。

② 中央教育科学研究所编：《中华人民共和国教育大事记》（1949—1982），教育科学出版社 1983 年版，第 149 页。

③ 根据何东昌主编《中华人民共和国重要教育文献》（1949—1975），海南出版社 1998 年版，1953—1957 年教育文献编制。

续表

序号	颁布时间	颁布部门	法规、规章、文件等名称
4	1954 年 4 月	教育部	职工业余文化教育工作预备会议所讨论的几个问题的通告
5	1954 年 7 月 8 日	教育部	关于解决职工业余学校专职教师的工资、福利待遇问题的通知
6	1954 年 7 月 22 日	教育部、扫盲工作委员会	关于城市劳动人民业余文化教育工作的通知
7	1955 年 3 月 1 日	中共中央、教育部党组	关于《第一次全国农民业余教育会议的报告》的指示
8	1955 年 6 月 2 日	国务院	关于加强农民业余文化教育的指示
9	1955 年 12 月 1 日	教育部等	关于开展手工业生产合作社业余文化教育的联合通知
10	1957 年 4 月 18 日	教育部、中国教育工会	关于中等学校、初等学校职工业余教育工作的领导和经费拨付问题的联合通知
11	1957 年 5 月 31 日	教育部	关于调整、充实职工业余学校领导骨干和专职教师的意见

"一五"时期工农业余教育规章的颁布和政策的推动，使全国工农业余教育发展起来，具体概况如表 1—10、表 1—11 所示。

表 1—10　　　　1952—1957 年全国业余高等教育概况表①　　　单位：万人

年份	1952	1953	1954	1955	1956	1957
在校生数	0.41	1.0	1.3	1.6	6.4	7.6
毕业生数	—	0.17	0.24	0.30	0.13	0.31

---

① 根据《中国教育年鉴》编辑部《中国教育年鉴》（1949—1981）（中国大百科全书出版社 1984 年版）的统计数据编制。

表 1—11　　1952—1957 年全国业余中专技术学校概况表①　　单位：万人

年份	1952	1953	1954	1955	1956	1957
在校生数	0.07	0.1	0.3	0.6	5.0	3.0
毕业生数	—	—	—	0.01	0.02	0.03

（三）普通教育与劳动相结合规章的制定

为了加强教育与实践相结合的工作，1953—1957 年间中共中央、国务院及其他有关部门相继发布了有关加强对中小学生的劳动教育、妥善安排劳动就业的文件和指示等，如表 1—12 所示。

表 1—12　　1953—1957 年教育与生产劳动相结合规章统计表②

序号	颁布时间	颁布部门	规章、指示、文件等名称
1	1954 年 4 月 22 日	共青团中央	关于组织不能升学的高小和初中毕业生参加或准备参加劳动生产的指示
2	1955 年 4 月 12 日	中共中央批转教育部党组	《关于初中和高小毕业生从事生产劳动的宣传教育工作报告》给各地党委的指示
3	1955 年 4 月 19 日	中共中央批转共青团中央	关于组织高小和初中毕业生从事农业生产劳动和进行自学的报告
4	1955 年 10 月 4 日	中共中央	中共中央对广东省委《关于在初中增加农业课程问题的报告》的指示
5	1956 年 5 月 28 日	教育部	《关于普通学校实施基本生产技术教育的指示（草案）》征求意见的通知
6	1956 年 7 月 17 日	教育部	关于 1956—1957 学年度中、小学实施基本生产技术教育的通知

---

①　根据《中国教育年鉴》编辑部《中国教育年鉴》（1949—1981）（中国大百科全书出版社 1984 年版）的统计数据编制。

②　根据何东昌主编《中华人民共和国重要教育文献》（1949—1975），海南出版社 1998 年版，1953—1957 年教育文献编制。

续表

序号	颁布时间	颁布部门	规章、指示、文件等名称
7	1957年2月28日	教育部	关于指导中小学毕业生正确对待升学和就业问题的通知
8	1957年3月7日	教育部	关于农业基础知识课的通知
9	1957年3月16日	中共中央宣传部	关于加强中小学毕业生劳动生产教育的通知
10	1957年6月5日	中共中央	关于安排不能升学的中小学毕业生的指示
11	1957年6月15日	教育部	关于在农村中小学五、六年级增设农业常识和农业常识教学要点的通知

"一五"计划时期，为了解决各级学校学生毕业不能升学和劳动力素质不高的问题，加强教育与劳动生产实际相结合工作，提高学生的劳动技能、促进就业成为这一时期加强职业教育制度建设的一个重点。1953年5月，中共中央政治局先后三次召开教育工作会议，研究教育领域存在的问题和解决措施，对加强小学、初中毕业生参加生产劳动提出了工作部署。1953年8月27日，《人民日报》发表了《实事求是地解决小学毕业生升学问题》的社论，积极采取措施解决小学毕业生升学和就业问题。在解决小学毕业生升学问题方面，除了升学外，农村小学毕业生参加农业生产，城市年龄较大的小学毕业生当学徒工、练习生等。[1] 1954年5月29日，《人民日报》发表了中共中央宣传部《关于高小和初中毕业生从事生产劳动的宣传提纲》，从中小学教育的目的和任务、批判鄙视生产劳动的错误思想、加强对学生的劳动教育等方面提出了积极培养社会主义建设者和劳动者的措施。[2] 除了加强措施促进小学、初中毕业生升学和就业之外，在普通教育课程中增加劳动生产课程也成为这一时期解决学生将来就业和提高学生劳动技能的重要措施。

---

[1] 中央教育科学研究所编：《中华人民共和国教育大事记》（1949—1982），教育科学出版社1983年版，第85页。

[2] 同上书，第104—105页。

1956年1—2月，教育部召集部分省市座谈中学实施基本生产技术教育问题，会议决定从1956年秋季新学年开始全国中学实施基本生产技术教育。会议讨论了中学实施生产技术教育的指示草案、教学大纲以及生产实习园地、实习工厂建设等问题。① 在农村普通中小学课程中增加相应的农业生产技能课程、在普通中小学增加生产实习环节的教学等成为这一时期职业教育规章发展的侧重点之一。

通过新中国成立到"一五"计划基本完成（1949—1957）八年的发展，中国的职业教育有了巨大的发展和变化，中等专业技术教育、技工学校教育、工农业余教育、普通中小学增加劳动技术课程等具有中国特色的职业教育体系和制度逐步建立。同时，在1949年至1957年间，中央人民政府针对职业技术教育颁布了一系列行政法规和部门章程，形成了"一五"期间对职业教育的集中统一管理的模式，在当时特定的社会历史条件下发挥了积极作用，为恢复生产和发展经济做出了基础性的贡献。但是，这个时期产生的盲目崇拜苏联教育模式，取代职业教育发展的客观规律，导致了以后职业教育政策和法制建设的操之过急和冒进的曲折。

第二节　中国职业教育法制现代化进程的曲折

从1958年至1965年我国社会主义革命和建设事业进入了深入发展时期。经过新中国第一个五年计划的建设，社会主义三大改造基本完成，国家的工业化基础得到巩固，国家政权建设趋于稳定，社会主义现代化建设出现了良好的发展趋势。但是，由于中国共产党在指导方针上出现的急于求成和经验不足，使社会主义革命和建设事业在十年中经历了曲折的发展过程。在这一历史阶段里，我国职业教育法制现代化建设一方面为适应社会主义建设的需要进行了改革的实践；另一方面也受到过"左"的路线干扰，出现了"大跃进"和此后的调整等，使中国的

---

① 中央教育科学研究所编：《中华人民共和国教育大事记》（1949—1982），教育科学出版社1983年版，第155页。

职业教育法制进程出现了曲折前进的趋势。

一 教育大革命①的开展和职业教育管理权限的下放

经过新中国成立以来的不懈努力，中国的职业教育和职业教育法制现代化建设取得了一定的成果，但是很快由于"大跃进"、"教育大革命"和"人民公社化"等运动的干扰，中国的职业教育法制现代化进程出现了波折和徘徊。

（一）教育大革命的开展和"两种劳动制度"、"两种教育制度"的提出

1958年5月，中共八大二次会议通过了社会主义建设总路线，提出了超常规地大力发展工农业和国民经济的计划，尽快使中国摆脱"一穷二白"的落后面貌。为了适应"大跃进"的经济高指标，教育规模和教育层次也要大跃进，伴随着的是"全民办教育"。这一时期大力推行"两条腿走路"的办学模式，实行国家与厂矿企业办学、普通教育与职业技术教育、全日制与半工半读、业余与正规学校相结合的方式，推行全民办教育，调动人民群众办学的积极性，从上而下、由下而上的尽快办中等技术学校、技校，并广泛开展工农业余教育，有条件要办、没有办学条件的也要办。② 在"两条腿走路"办学方针的指导下，全国范围内掀起了全民兴办职业技术教育的高潮。同时，中共中央和毛泽东提出了"勤工俭学、教育必须为无产阶级政治服务，教育必须与生产劳动相结合"③的教育方针，大力提倡劳动与实践相结合的教育模式，1958年1月31日，毛泽东明确指出凡是有条件的职业技术学校都要开办附属工厂或农场，进行生产，让老师和学生们亲自参加一线劳动生产，学校办学努力做到自给自足，学生也可以实行半工（农）半读。1958年5月30日，刘少奇在中共中央政治局扩大会议上提出了两种教

---

① "教育大革命"区别于以后的"文化大革命"，专指从1958年"大跃进"运动中进行的群众性教育改革运动，持续到1961年中共中央提出"调整、巩固、充实、提高"的八字方针为止。

② 《中国煤炭职业技术教育史》编写组：《中国煤炭职业技术教育史》，煤炭工业出版社2006年版，第55页。

③ 《中共中央、国务院关于教育工作的指示》，2011年6月21日，中国经济网（http://www.ce.cn/xwzx/gnsz/szyw/200706/11/t20070611_11690723.shtml）。

育制度和两种劳动制度,① 号召开展勤工俭学和半工(农)半读运动。

教育大革命的跃进中提出的穷国办教育的思想和中国共产党的"两个必须"以及"两种教育制度和两种劳动制度"的教育方针成为以后几十年间中国职业教育思想的重要内容,也可以为当代加强职业教育制度的发展提供有益的参考。但是,由于当时"左"倾冒进的影响,这些职业教育方针和思想不可能得到有效的贯彻。

(二)"大跃进"时期职业教育权限的下放

在大跃进和教育大革命的影响下,面对"一五"计划时期形成的对职业教育管理权限统得过死、地方和各个行业办学积极性不能充分释放的局面,这一时期职业教育行政法规、规章主要面对管理权限下放的问题。工农业余教育,举办农业、工业、手工业中学,坚持劳动和实践相结合的教育方向。② 1958年6月10日至28日,中共中央召开了全国教育工作会议,讨论了下放高等学校和中等技术学校的问题,并研究职业学校下放以后中央和地方权限的划分,确立全日制、半工(农)半读都是正规的教育制度。③ 随后,中共中央、国务院及其行政主管部门先后制定了一系列文件,推动职业教育管理权限的下放,这一时期针对职业教育管理权限问题制定的主要法规、规章等如表1—13所示。

表1—13　　1958—1959年职业教育管理权限下放法规统计表④

序号	颁布时间	颁布部门	法规、规章、文件等名称
1	1956年1月27日	共青团中央	关于在学生中提倡勤工俭学的决定
2	1958年8月4日	中共中央、国务院	关于教育事业权力下放问题的规定

---

① "两种教育制度和两种劳动制度"即全日制的学校教育制度和工厂、机关八小时工作的劳动制度以及半工半读的学校教育制度和半工半读的劳动制度。
② 中央教育科学研究所编:《中华人民共和国教育大事记》(1949—1982),教育科学出版社1983年版,第219—220页。
③ 同上书,第221—222页。
④ 根据何东昌主编《中华人民共和国重要教育文献》(1949—1975),海南出版社1998年版,1958—1959年教育文献编制。

续表

序号	颁布时间	颁布部门	法规、规章、文件等名称
3	1958年9月19日	中共中央、国务院	关于教育工作的指示
4	1958年3月19日	教育部	关于中等专业学校组织部分学生下放劳动以解决1956年招生过多的问题的意见
5	1958年3月22日	中共中央	关于高等学校和中等技术学校下放问题的意见
6	1958年7月8日	中共中央批转劳动部	关于技工学校下放问题的请示报告
7	1958年12月10日	中共中央	关于人民公社化若干问题的决议
8	1958年12月22日	中共中央批转教育部党组	关于教育问题的几个建议

这一时期，职业教育管理权限下放主要集中在实行全党、全民办学，采取的主要措施就是扩大地方兴办职业教育的自主权，改变过去统而划一的职业教育管理体系，实行中央和地方集中与分散相结合的原则，对于过去全国通用的职业教育规章、制度，地方可以另行制定适合地方情况的制度。组织学生留校参加劳动生产、半工半读或下放到本部门所属厂矿企业参加劳动生产，也可以下放到农村参加农业生产劳动，实现"两个结合"（知识分子与工农相结合、脑力劳动与体力劳动相结合）的教育方针，开展广泛的下厂下乡运动。同时，这一时期在大搞技术革命和文化革命的推动下，全国职业技术学校掀起了科研"大跃进"的热潮。这一时期，中央行业主管部门和教育部直接领导和管理少量特定的中专和技术学校，绝大部分职业教育学校均下放到各地，由各个地方领导和管理。改革招生和毕业分配制度，可以跨地区招生，毕业生可以直接分配到工厂、农村参加劳动。[①] 在这一时期，全国职业教育纷纷下放管理权，大办技术教育，以全国煤炭行业为例，1958年1月煤炭工业部颁布了《关于改进所属企业、事业管理制度的规定》，规定煤炭系统全部的中等专业学校、技工学校，下放给省、市、自治区管

[①] 中央教育科学研究所编：《中华人民共和国教育大事记》（1949—1982），教育科学出版社1983年版，第221页。

理或下放给各部所直接领导的厂矿、企业、农场管理。①

从这一时期中等专业技术教育和技工学校教育统计情况可以看出"大跃进"和教育大革命时期职业教育出现了所谓"前所未有"的冒进和扩张，如表1—14、表1—15所示。

表1—14　　　　1958—1960年全国中专技术学校统计表②　　　单位：人

年份	学校数（所）	分科学生数	分科招生数	分科毕业生数	教师数	职员数	工勤人员数
1958	2085	1083538	693640	101292	51797	41505	32510
1959	2341	954538	399387	170837	62168	57592	32818
1960	4261	1377389	626397	163111	99899	71993	43566

表1—15　　　　1958—1960年全国技工学校统计表③　　　单位：人

年份	1958	1959	1960
学校数（所）	—	744	2179
在校生人数	—	280000	516819

（三）工农业余教育制度的建设

在全国大力提倡半工半读制度的环境下，在刘少奇等领导同志的关怀下，1958年5月27日，天津市创办了第一所半工半读学校——天津市国棉一厂半工半读学校，学校实行"六二"制学时。1958年5月29日，《人民日报》发表了《举办半工半读的工人学校》的社论，肯定了这种做法。1958年3月，农业部召开了全国农业教育会议，讨论了全国培养农业生产技术人才的问题。1958年6月，教育部通报了全国各地职工业余教育的经验，认为改革职工业余教育的办学方针和办法，利

---

① 《中国煤炭职业技术教育史》编写组：《中国煤炭职业技术教育史》，煤炭工业出版社2006年版，第72—73页。

② 根据《中国教育年鉴》编辑部《中国教育年鉴》（1949—1981）（中国大百科全书出版社1984年版）的统计数据编制，不包含中等师范教育。

③ 根据《中国教育年鉴》编辑部《中国教育年鉴》（1949—1981）（中国大百科全书出版社1984年版）的统计数据编制。

用普通学校兼办工农业余教育是教育为工农开门的有效做法。1960年1月，全国业余教育委员会成立，统一领导全国工农业余教育工作。这一时期中共中央、中央工农业余教育主管部门先后颁布了一系列文件，推动工农业余职业技术教育的开展，具体如表1—16所示。

表1—16　　1958—1960年间全国工农业余教育规章汇总表①

序号	颁布时间	颁布部门	规章、文件等的名称
1	1958年3月31日	中共中央批转林枫	关于当前工矿企业职工教育中几个问题的报告
2	1958年5月24日	中共中央、国务院	关于在农村中继续扫盲和巩固发展业余教育的通知
3	1959年7月23日	中共中央宣传部转发了广东省委、省人委	关于加强人民公社对教育工作的领导和管理的几项规定
4	1959年11月2日	中共中央批转教育部党组	关于进一步开展农村扫盲和业余教育工作的请示报告
5	1959年12月27日	中共中央转发共青团中央书记处	关于在农村青年中完成扫盲任务和加速开展业余文化教育学习的报告
6	1960年4月2日	中共中央批转教育部党组	关于农村扫盲、业余教育情况和今后工作方针任务的报告

这一时期全国工农业余职业技术教育发展情况如表1—17、表1—18所示。

表1—17　　　1958—1960年全国业余高等教育概况表②　　单位：万人

年份	1958	1959	1960
在校生数	15.0	30.0	79.3
毕业生数	0.45	0.4	0.8

---

① 根据中央教育科学研究所编《中华人民共和国教育大事记》（1949—1982），教育科学出版社1983年版，1958—1960年大事记编制。

② 根据《中国教育年鉴》编辑部《中国教育年鉴》（1949—1981）（中国大百科全书出版社1984年版）的统计数据编制。

表 1—18　　　　1958—1960 年全国业余中专技术教育概况表① 　　单位：万人

年份	1958	1959	1960
在校生数	—	35.0	333.4
毕业生数	—	0.60	1.4

纵观这一时期职业教育管理权的下放和加强各类职业教育的措施，目的是为了克服"一五"期间形成的高度集中、统得过死的弊端，调动一切积极因素发展职业教育，下放管理权限的出发点是好的，但是在大跃进和教育大革命的影响下，"一刀切"、随意性很大，思想和组织都很不充分，实施过程中人为因素和执行做法偏激，致使矛盾和问题突出，进入三年国民经济调整时期职业教育领域也不得不进行整顿和充实。另外，这一时期加强工农业余职业技术教育也成为教育革命和教育"大跃进"中职业教育政策的重点之一。

二　职业教育的整顿和职业教育管理权限的回收

由于大跃进导致的国民经济和社会发展比例严重失衡，加之三年自然灾害的影响，使中国工农业生产陷入了困难时期，全国职业教育领域也进入了调整时期。这一时期，为了配合精简机构、下放企业，加强农业生产，中国的职业教育也出现了学校停办、撤并、改办和整合的局面，中国职业教育法制现代化进程在此期间出现了调整的趋势。

（一）职业教育的整顿和职业教育管理权限的回收

1. 职业教育的整顿

面对大跃进和教育大革命给职业教育事业造成的严重影响，1961 年 7 月和 12 月，教育部先后召开了两次全国性的教育调整工作会议，集中探讨了教育战线压缩规模、合理布局的问题，就围绕着提高中专教育质量和调整工作有关的若干方针政策问题进行了规定，决定全国范围内仅保留中等专业学校 1670 所，输送 570 多万高小、中学毕业生参加农业生

---

① 根据《中国教育年鉴》编辑部《中国教育年鉴》（1949—1981）（中国大百科全书出版社 1984 年版）的统计数据编制。

产，缩短职业教育战线，巩固教学。1962年4月，在全国教育工作会议上进一步提出了精减学校教职工、调整教育规模的问题。此后，全国职业教育领域包括的中专学校、技工学校、工农业余教育等都开始了大规模的调整，开始关、停、并、转，精简机构和学校，压缩在校生人数。这一时期制定的职业教育整顿方面的政策和规章主要如表1—19所示。

表1—19　　　1961—1962年职业教育整顿法规统计表①

序号	颁布时间	颁布部门	法规、规章、文件等名称
1	1961年4月6日	教育部	关于北京地区高等学校及中专专业学校调整工作的报告
2	1961年8月10日	教育部	全国高等学校及中等学校调整工作会议纪要
3	1961年11月11日	国家计委党组、教育部党组	关于处理停办、合并的高等学校和中等专业学校的校舍、设备问题的报告
4	1962年5月25日	中共中央批转教育部党组	关于进一步调整教育事业和精减学校教职工的报告
5	1962年6月8日	教育部	关于停办、合并学校财产保管与处理等问题的通知
6	1962年8月9日	中央精简小组	关于国家分配高等学校和中等专业学校毕业生一般的不要作为精减对象的通知

2. 职业教育管理权限的回收

1959年6月，毛泽东提出了"四大"权力回收的号召，要求将以前中央下放的各项权力逐步回收到中央和省市区党委手中，克服之前因为权力下放造成的被动局面。在中共八届九中全会上提出了"调整、巩固、充实、提高"的八字方针。根据毛泽东的指示和中共中央全会的精神，1961年6月，教育部开始制定高等学校工作暂行条例，即高校60条，中等专业学校和技工学校参照执行。各级各类职业教育学校

---

① 根据何东昌主编《中华人民共和国重要教育文献》（1949—1975），海南出版社1998年版，1961—1962年教育文献编制。

按照要求，强调学校和学生应该以教学和学习为主，纠正之前生产劳动过多、社会活动参与太多的混乱状态，纠正各种教育措施的不利行为，整顿教学和管理制度，提高教学质量。根据中央的有关精神，全国的职业教育管理权限绝大部分收回中央和省、市管辖。① 以全国电力行业为例，1962 年起，水利电力部将 1958 年下放到省级职业教育学校的原部署学校仍收回部管，在此基础上优化职业教育学校的布局和结构，改善办学条件，提高办学质量。②

通过一系列整顿，全国中等技术教育和技工学校教育发展出现了回落的趋势，如表 1—20、表 1—21 所示。

表 1—20　　　　　1961—1962 年全国中专技术学校统计表③　　　　单位：人

年份	学校数（所）	分科学生数	分科招生数	分科毕业生数	教师数	职员数	工勤人员数
1961	1771	740949	106390	215979	82184	85198	27765
1962	956	352692	25992	159100	47391	48055	15495

表 1—21　　　　　1961—1962 年全国技工学校概况统计表④　　　　单位：人

年份	1961	1962
学校数（所）	1507	155
在校生人数	400000	59594

从"大跃进"期间实行的职业教育管理权限的下放再到回收管理权限的过程，是特殊历史背景下对中国职业教育管理体系的一次大的探

---

① 中央教育科学研究所编：《中华人民共和国教育大事记》(1949—1982)，教育科学出版社 1983 年版，第 298 页。
② 中国电力教育协会中等职业技术教育研究中心编：《新中国电力职业技术教育史》(1945—1999)，第 19 页。
③ 根据《中国教育年鉴》编辑部《中国教育年鉴》(1949—1981)（中国大百科全书出版社 1984 年版）的统计数据编制，不包含中等师范教育。
④ 根据《中国教育年鉴》编辑部《中国教育年鉴》(1949—1981)（中国大百科全书出版社 1984 年版）的统计数据编制。

索，虽然"大跃进"的大起大落给中国整体的职业教育造成了损失和浪费，但是也给以后中国职业教育管理体系的发展积累了一定的经验。曲折中徘徊的中国职业教育法制现代化的步伐在不断探索中继续前行。

(二) 职业教育政策的调整

在整个国民经济和全国各个行业和领域的大整顿、大调整的环境下，为了配合职业教育领域的调整，中央各职业教育主管部门纷纷出台规章和措施，规范和完善职业教育。

1. 工农业余教育政策的调整

为了落实中共八届十中全会精神，加强集体经济、发展农业生产，1962年12月5日，教育部发布农业教育的通知，分析认为加强农村业余教育尤其是农村青壮年的教育是提高农村整体文化技术水平的关键。要求有计划地培养一大批适合农村实际需要的农业科技人员，以满足农业生产对农业技术的需求。[①] 为了合理分配企业职工业余教育经费，保证企业职工业余教育的开展，1962年6月18日，财政部、全国总工会联合发布了企业业余教育经费开支的相关通知，要求各级工会组织制定企业业余教育规划和经费预算，既要保证职工业余教育的正常开展，又要厉行节约、在充分利用现有工会教育经费的基础之上，加强职工的业余技术培训。[②]

这一时期全国业余高等教育和业余中等专业技术教育发展情况如表1—22、表1—23所示。

表1—22　　　　1960—1961年全国业余高等教育概况表[③]　　　单位：万人

年份	1960	1961
在校生数	41.0	40.4
毕业生数	0.8	3.6

[①] 何东昌主编：《中华人民共和国重要教育文献》(1949—1975)，海南出版社1998年版，第1132—1133页。

[②] 同上书，第1103—1104页。

[③] 根据《中国教育年鉴》编辑部《中国教育年鉴》(1949—1981)(中国大百科全书出版社1984年版)的统计数据编制。

表1—23　　1960—1961年全国业余中等专业技术教育概况表① 　　单位：万人

年份	1960	1961
在校生数	31.1	37.3
毕业生数	1.1	2.4

2. 技工学校管理制度

为了加强对技工学校的管理，改进技工学校的工作，1961年5月，劳动部颁布了新的技工学校通则、技工学校学生学习、劳动和休息的规定以及技工学校人员编制的规章，对技工学校的教学和管理进行了规范。为了解决各类职业教育学生的就业待遇问题，1962年12月4日，劳动部发出通知，明确了高等学校、中等专业学校、技工学校毕业生、学徒工等转正、定级的规定，确定了毕业生参加工作后1年内工作的见习制度，该制度沿用至今，成为中国基本的毕业生任用制度之一。

三　职业教育的"正名"和"两种教育制度、两种劳动制度"的再次提出

经过3年多的调整和发展，中国的职业教育领域有了积极的变化和改善。随着国民经济和社会各项事业的好转，职业教育领域也出现了新的变化，职业教育法制现代化进程也在徘徊中出现了继续前行的趋势。在这一时期，职业教育重新"正名"、"两种教育制度"再次被提出，职业教育法制现代化建设取得了一些成果，但是很快被"左"倾路线所干扰，直至"文革"爆发，中国的职业教育法制现代化的步伐又出现了停滞不前的局面，甚至遭到了彻底的破坏。

（一）职业教育的"正名"和"两种教育制度"的再次提出

新中国成立以来很长时间内，中国的中等专业教育一直沿用苏联的模式，实行统一招生、统一分配，毕业当干部的政策，这就形成了学生升学为了当干部、吃国家粮，学生和教师鄙视体力劳动的社会总体认

---

① 根据《中国教育年鉴》编辑部《中国教育年鉴》（1949—1981）（中国大百科全书出版社1984年版）的统计数据编制。

识，这样造成了一方面工农业生产一线所需大量的高素质劳动者得不到补充、甚至缺乏；而每年新增人口比例大增、就业压力过大，劳动力人口又不能适应社会生产的需要，不能满足一线生产的技术需求。

1. 职业教育的"正名"

进入20世纪60年代之后，随着社会人口比重增加、工农业生产远远不能满足人民日益增长的物质生活需求，社会就业压力增大，劳动力素质偏低、不能适应生产一线的需要等问题逐步显现，为了扭转这一局面，中央领导层开始注意重新认识和规划职业教育的发展，重新认识职业教育真正的作用。1963年10月18日，周恩来在与国家计委、教育部等部门负责人座谈时，专门讨论了职业教育问题，为长期以来对职业教育的片面认识给予了"正名"。周恩来在谈话中分析了中国城市和农村人口就业结构，认识职业教育在工农业生产和培养高素质劳动力方面的作用，提出加强城市和农村职业学校的建设和生产知识的普及，周恩来认为计划生育、劳动力就业和中小学教育互相联系，职业教育很重要，今后要提高职业教育的比重。[①]

2. "两种教育制度"的再次提出

在重新认识职业教育的同时，"两种教育制度"又一次被提出。1964年8月1日和22日，刘少奇在党内报告会和广西自治区干部会议上分两次重新阐述了"两种劳动制度和两种教育制度"的问题。刘少奇认为两种劳动制度是工业劳动与农业劳动制度的结合；半工半读、半农半读的教育制度就是劳动制度与学校制度相结合的制度。刘少奇分析认为在每一个地方的城市和农村进行一定的试点，创办一些半工半读、半农半读体制的学校，积累经验后再推广开来。学制也应该改为职业教育，学校变成半工半读、半农半读的制度，使培养的学生既可以是脑力劳动者，也可以是体力劳动者，从而适应社会主义建设的需要。[②]

(二) 职业教育法制建设"小高潮"

在对职业教育重新认识的大背景下，中国职业教育法制建设掀起了一度的"小高潮"。为了提高职业教育在整体教育领域的比重，这一时

---

① 《周恩来教育文选》，教育科学出版社1984年版，第223—227页。
② 《刘少奇选集》（下卷），人民出版社1981年版，第465—472页。

期制定了一系列的职业教育法规、规章，从而促进了职业教育的发展。

1. 中等专业技术教育

从 1963 年开始，一批中等专业技术教育的教育规章相继出台，促进了中国职业教育法制建设。1963—1965 年中等专业技术教育规章等情况如表 1—24 所示。

表 1—24　　　　1963—1965 年中专技术教育规章统计表[①]

序号	颁布时间	颁布部门	规章、文件等名称
1	1963 年 3 月 14 日	教育部	关于改进中等专业学校招生工作和毕业生分配工作的意见
2	1963 年 5 月 14 日	教育部	中等专业学校学生成绩考核和升留（降）级办法（草案）、中等专业学校学生学籍管理办法（草案）
3	1963 年 6 月 5 日	教育部	关于制定全日制中等专业学校教学计划的规定（草案）
4	1963 年 6 月 15 日	教育部	中等专业学校专业目录
5	1963 年 7 月 5 日	教育部	关于在中等专业学校中试办招收高中毕业生班的通知
6	1963 年 8 月 2 日	国务院批转教育部	关于调整中等专业学校学生人民助学金问题的通知
7	1963 年 10 月 28 日	国务院批转教育部	关于中等专业学校专业的设置和调整问题的规定
8	1964 年 10 月 12 日	国务院批转高等教育部	关于中等专业学校招生和毕业生分配统筹规划问题的报告

这一时期中等专业技术教育规章等的发展主要集中在中等专业技术教育的日常管理和教学、招生、专业设置等几个方面，这个时期中等专业技术教育规章的使用甚至一直延续到改革开放初期，为中国职业教育

[①] 根据国家教育委员会编《中华人民共和国现行教育法规汇编》（1949—1989）（人民教育出版社 1991 年版）相关内容编制。

法制打下了基础。这一时期中等专业技术教育发展情况如表1—25所示。

表1—25　　　　1963—1965年全国中专技术学校统计表①　　　单位：人

年份	学校数（所）	分科学生数	分科招生数	分科毕业生数	教师数	职员数	工勤人员数
1963	865	320699	106214	107058	45770	34279	26635
1964	1125	397259	178934	102967	50802	38751	30222
1965	871	392443	146370	73359	43742	31478	25773

2. 半工（农）半读制度的推行

在大力强调"两种教育制度、两种劳动制度"的环境下，这一时期中央各部门先后颁布了一系列推动半工（农）半读制度的规章和文件，主要包括如表1—26所示。

表1—26　　1963—1966年半工（农）半读制度规章、文件汇总表②

序号	颁布时间	颁布部门	文件、规章等的名称
1	1964年11月17日	中共中央批转	关于发展半工（耕）半读教育制度问题的批示
2	1965年7月14日	中共中央	关于半农半读教育工作的指示
3	1965年7月14日	教育部党组	关于全国农村半农半读教育会议的报告
4	1966年1月9日	中共中央批转化工部党组	关于贯彻中央有关半工半读问题的指示的报告

这一时期推行半工（农）半读教育制度中，在各级党委的统一领导和部署下，各部门通力协作，抓好半（工）农半读学校的工作，不

---

① 根据《中国教育年鉴》编辑部《中国教育年鉴》（1949—1981）（中国大百科全书出版社1984年版）的统计概况编制，不包含中等师范教育。

② 根据何东昌主编《中华人民共和国重要教育文献》（1949—1975），海南出版社1998年版，1963—1966年教育文献编制。

断总结经验，提高半工（农）半读教育的教学水平。这一时期，全国半工（农）半读中等学校有了较大发展，情况如表1—27所示。

表1—27　　1965年半工（农）半读中等学校情况表①

	学校数（所）	班数（个）	学生数（人）	教职工数（人）		
				计	专任教师	职工
总计	7294	28962	1266465	151785	71594	80191
中级：	4683	17707	726175	121665	50860	70805
教育部门办	717	2864	138413	15409	7863	7546
其他部门办	3726	14183	562268	104260	41902	62358
集体办	240	660	25494	1996	1095	901
初级：	2611	11255	540290	30120	20734	9386
教育部门办	1024	5198	246699	16319	10500	5819
其他部门办	820	2401	104697	5052	3594	1458
集体办	767	3656	188894	8749	6640	2109

3. 职业学校的建立

在中央大力强调发展职业教育的气氛中，兴办职业学校，完善职业学校的管理成为这一时期职业教育法制现代化建设的一个侧面。为了认真贯彻中共中央关于普通教育与职业、技术教育并举的方针，根据周恩来的指示，1963年7月，中共中央宣传部发布通知，就加强工农业技术教育和调整初级中学劳动课程的初步意见和《关于城市职业教育座谈会纪要（草稿）》征求意见，要求各地文教宣传部门就这两个文件和进行职业、技术教育的初步意见和规划提出意见和建议，两个文件的制定对发展职业技术教育起到了促进作用。为了加强职业学校的管理，促进职业教育的发展，1963年9月20日，教育部、劳动部、财政部联合制定了职业学校的经费和编制暂行规定，规定对职业学校经费、编制等问题做出了规定。② 1963—1965年全国城市职业中学发展情况如表

---

① 《中国教育年鉴》编辑部：《中国教育年鉴》（1949—1981），中国大百科全书出版社1984年版，第181页。

② 详细内容参见何东昌主编《中华人民共和国重要教育文献》（1949—1975），海南出版社1998年版，1963—1965年文献。

1—28 所示。

表 1—28　　　　1963—1965 年职业中学发展情况表① 　　　单位：万人

年份	学校数（所）	招生数	毕业生数	在校学生数	专任教师数	职工数
1963	546	3.35	0.37	6.21	0.33	0.25
1964	2112	22.77	2.02	27.37	1.27	1.06
1965	7294	81.37	5.43	126.65	7.16	8.02
中级	4683	51.98	3.15	72.62	5.09	7.08
初级	2611	29.39	2.28	54.03	2.07	0.94

注：1965 年是半工（农）半读中等学校数字。

4. 农业中学的创办

1959 年 3 月 14 日，时任中宣部部长的陆定一在给中共江苏省委宣传部的信中提出了办好农业中学的四条原则：开设文化课程、增加技术教育内容、坚持半日制、原则上吸收 13 至 16 岁的高小毕业生参加学习。另外，要积极组织超龄而又不能进入农业中学学习的青年进行业余学习，扫除文盲，普及青壮年的业余教育。这些原则的确定为农业中学的办学指明了方向，推动了农村职业教育的发展。② 1960 年，全国共有农业中学 3 万多所，学生 296 万人。1961—1962 年由于政策调整，农业中学大量缩减、裁并。1963 年 3 月，中央宣传部在加强工农业技术教育的意见中明确提出了在广大农村地区，根据实际情况积极兴办各类农业生产技术培训班和农业中学，推动农村地区的职业教育。③ 1963 年以后，农业中学又大量发展起来，情况如表 1—29 所示。

---

① 《中国教育年鉴》编辑部：《中国教育年鉴》（1949—1981），中国大百科全书出版社 1984 年版，第 180 页。
② 中央教育科学研究所编：《中华人民共和国教育大事记》（1949—1982），教育科学出版社 1983 年版，第 242 页。
③ 《中国教育年鉴》编辑部：《中国教育年鉴》（1949—1981），中国大百科全书出版社 1984 年版，第 180 页。

表1—29　　　　1963—1965年全国农业中学概况表① 　　　单位：万人

年份	学校数（所）	招生数	毕业生数	在校学生数	专任教师数	职工数
1963	3757	13.37	2.04	24.57	1.31	0.43
1964	12996	65.79	2.92	84.97	3.39	0.98
1965	54332	225.10	8.17	316.69	12.55	2.87

5. 工农业余教育规章的发展

1963年4月11日，教育部印发了《全国农民业余教育汇报会纪要》，介绍了3月份全国农民业余教育汇报会的情况。会议上提出了农村业余教育中，必须办好一批业余学校，搞好技术教育，组织回乡中小学生、农村基层干部、积极分子进行业余学习。② 1963年6月和1964年4月，教育部等部门先后制定了企业职工业余学校专职人员配备规定和管理工作条例，明确了企业职工业余学校的教师配备和办学原则、学制以及管理等问题。这一时期全国工农业余技术教育发展概况如表1—30、表1—31所示。

表1—30　　　　1963—1965年全国业余高等教育概况表③ 　　　单位：万人

年份	1963	1964	1965
在校生数	41.8	44.5	41.3
毕业生数	3.3	4.3	4.2

---

① 《中国教育年鉴》编辑部：《中国教育年鉴》（1949—1981），中国大百科全书出版社1984年版，第180页。

② 中央教育科学研究所编：《中华人民共和国教育大事记》（1949—1982），教育科学出版社1983年版，第330页。

③ 根据《中国教育年鉴》编辑部《中国教育年鉴》（1949—1981）（中国大百科全书出版社1984年版）的统计数据编制。

表1—31　　　1963—1965年全国业余中专技术教育概况表① 单位：万人

年份	1963	1964	1965
在校生数	108.4	191.6	242.2
毕业生数	3.5	6.3	11.8

另外，为了统一对技工学校教育教学的管理，大力发展职业教育，1964年4月2日，国务院下发通知，决定从1964年4月开始，技工学校综合管理工作由劳动部门划归教育部管理，以加强对职业教育工作的领导管理和统筹安排。② 这一时期全国技工学校发展概况如表1—32所示。

表1—32　　　1963—1965年全国技工学校概况表③ 单位：人

年份	1963	1964	1965
学校数（所）	220	334	—
在校生人数	78119	123476	—

纵观新中国成立以来前17年中国职业教育法制现代化进程，应该说由于坚持了比较正确的社会发展和经济建设政策，中国的职业教育法制现代化建设还是取得了比较大的成绩，虽然也有过"大跃进"等"左"的路线的干扰，但还是为以后中国职业教育法制现代化的发展打下了坚实的基础。但是随着中国共产党"左"的错误路线影响的深入和主要领导人对国家发展形势的错误估计，中国很快陷入了"文革"十年的深渊之中，中国职业教育法制现代化的步伐也出现了停滞甚至倒退、破坏的局面。

---

① 根据《中国教育年鉴》编辑部《中国教育年鉴》（1949—1981）（中国大百科全书出版社1984年版）的统计数据编制。

② 何东昌主编：《中华人民共和国重要教育文献》（1949—1975），海南出版社1998年版，第1271页。技工学校综合管理权限从此由教育部门负责，直至"文革"结束后1978年再由教育部门重新划归劳动部门管理。

③ 根据《中国教育年鉴》编辑部《中国教育年鉴》（1949—1981）（中国大百科全书出版社1984年版）的统计数据编制。

第三节　中国职业教育法制现代化
　　　　进程的停滞

　　由于从1958年开始的"左"倾错误路线长期占据了中国共产党内的指导地位，以及从20世纪60年代开始的国际国内环境的变化，使中国共产党的主要领导人毛泽东开始对中国发展的路线和指导思想产生了错误认识，认为资产阶级复辟的危险严重地威胁了中国社会主义制度的存在和发展。在一系列"左"的错误思想和方针的影响下，毛泽东亲自领导并发动了旨在维护社会主义政权、继续无产阶级革命的所谓"文化大革命"，使中国进入了"文革"十年的大动乱时期，中国各项社会主义现代化建设陷入了深渊，中国职业教育法制现代化进程也出现了断裂和停滞。

一　极"左"职业教育方针的形成

　　正当历时五年的国民经济的调整基本完成，中国开始执行第三个五年计划的时候，意识形态领域的批判运动逐渐发展成矛头指向党内最高领导层的政治运动。从1966年夏天开始，全国范围内全面陷入了"文革"的冲击和动乱之中。在一系列"文革"错误教育方针的指导下，整个职业教育政策和方针也陷入了混乱之中。"文革"期间，进行了所谓的一系列的教育革命和文化革命的改革。学制被要求缩短，课程设置精简，教材也彻底改革，学生随时参加"三学"活动，批判资产阶级、进行革命斗争。学生可以根据情况到厂矿企业进行串联，交流所谓革命经验。中等以上学校最后被迫全面停课、放假闹革命。各类职业教育学校改革旧有的教育教学制度，对师生进行短期军训。1968年8月，中共中央又决定派驻工人宣传队和解放军进驻大专院校、中等专业学校和中小学，领导学校斗批改，建立革命委员会，领导教育革命。1971年4—7月，全国教育工作会议上，"四人帮"又抛出所谓的"两个估计"的教育工作结论，认为新中国成立以后的17年中，教育领域没有执行毛泽东的教育路线，资产阶级占据了整个教育领域，培养的学生绝大部分世界观和人生观是资产阶级的，教师也是资产阶级的代言人，没有得到根本的思想改造和清理。从这"两个估计"出发，此次会议确定和重申了一整套极"左"职业教育方针，包括：职业教育的领导权归"工宣队"执行，职业教育的教师和学生接受学工学农的再教育，职业学校的教职工和学生被纷纷下放工厂、农村，接受劳动改造等。1973年7月，国务院转批了关于加强中专和技校办学的几点意见，虽然强调了办好职业教育的重要性和紧迫性，但是在"文革"整体错误教育路线的影响下，全国中等专业学校和技工学校的办学方针无法得到正常的实施。"两个估计"和一系列极"左"教育政策的形成，彻底否定了新中国成立后17年以来确定的整体职业教育体系和方针，中国职业教育法制现代化进程随之全面停滞。在极"左"路线的影响下，经过新中国成立后17年艰辛探索形成的中国职业教育管理制度和整体职业教育法制方针被抛弃，新中国成立以来形成的职业教育政策和规章遭到彻底批判和摒弃。

二 "文革"时期职业教育政策的混乱

1966—1976年间，由于极"左"教育路线影响，在所谓"打破一个旧世界，创造一个新世界"的口号下，中国职业教育政策出现了以下几个方面的变化：

（一）统一招生考试制度被否定

"文革"期间，职业教育中统一招生考试制度遭到彻底批判，否定了统一考试、择优录取的招生原则，取而代之的是推荐与选拔相结合、突出政治和所谓"出身"的招生办法。"文革"期间一系列的招生规定中，均明确了"推荐与考试相结合"的招生制度，各级职业教育学校参照执行。从此，全国各类中等专业学校从1967年至1969年基本上没有招生。1970年开始招生，但是对象是广大下乡知青和工农积极分子，录取形式是考试加推荐，实际上只是看所谓政治"出身"和推荐关系。1973年以后，中等专业学校招生对象扩大为回乡知青。[①] 统一招生考试制度的摒弃，使学校生源无法保障，教学质量也无法保障；推荐与考试

[①] 张正身、郝炳均主编：《中国职业技术教育史》，甘肃人民出版社1993年版，第178页。

结合的招生办法换来的是"学好数理化，不如有个好爸爸"的社会风气盛行，中国职业教育全面陷入了停顿和混乱之中。

（二）正常的职业学校教学秩序被打乱

在招生考试制度被否定的同时，职业教育正常的教学秩序也受到了冲击，日常职业学校的管理制度被打乱。"五七干校"、"七二一"工人大学等"文革"时期职业教育的畸形模式被大力鼓吹，大力发展。教学内容多以实用技术为主，抛弃各种学科的基础内容，只强调政治挂帅、思想教育第一，除课堂教学之外，教师和学员一起进工厂、下农村，与工农群众一道实践和作业。正常的基础教学、教学计划、教学大纲、考核制度和学籍管理、师资、经费与教学设施、学生实习和实践、毕业生分配和就业制度等统统被抛弃，学习质量无从保障，出现了"大学的牌子，中学的摊子，小学的底子"的畸形现象。[①]

（三）职业教育管理权限的混淆

"文革"时期除职业教育正常的招生和教学制度被打乱之外，职业学校的管理权限问题也成为"文革"中改革的对象。1969年10月，中共中央发出通知，将高等教育管理权下放到学校所在地的革委会领导，全国中等专业技术教育学校和技工学校参照通知要求，也进行了管理权限的下放和学校的搬迁、合并、撤销。以全国煤炭中等专业学校为例，1969年4月，煤炭工业部决定将部属煤炭中专学校下放，各地煤炭中专学校按照文件下放到所在省的煤炭工业管理局或矿务局管理。管理权限下放以后，就不断出现校园校舍被侵占、设备仪器被瓜分、教职工被遣散或调走。煤炭中专学校在搬迁或撤销、合并的过程中，学校财产流失、仪器设备损坏、图书资料失散、学生流失和教师流散，使我国煤炭中专教育蒙受了巨大的损失。[②]

中国职业教育法制现代化进程被迫停滞也正是中国整个法制现代化进程被迫停滞的缩影。"文革"十年不仅对职业教育事业带来了巨大的冲击，也使中国整体法制现代化步伐出现了严重的倒退。在整个时代的

[①] 张正身、郝炳均主编：《中国职业技术教育史》，甘肃人民出版社1993年版，第173—177页。

[②] 《中国煤炭职业技术教育史》编写组：《中国煤炭职业技术教育史》，煤炭工业出版社2006年版，第110—111页。

大背景下，中国职业教育法制现代化的进程也不可能摆脱历史的影响单独进行下去。在"文革"将法制和教育事业整体破坏殆尽的局面下，中国职业教育法制现代化呈现停滞的状态。在彻底的大动乱和大冲击之下，使中国共产党和中国普通的民众都痛定思痛：如何结束"文革"的动乱、如何防止"文革"的历史悲剧再次发生，今后的中国现代化走向如何等等一系列的历史命题都将摆在中国人的面前，何去何从成为"文革"以后中国人必须回答的问题。跌入谷底的中国职业教育事业如何发展、中国职业教育法制现代化如何走向未来，也成为"文革"以后急需回答的问题。也正是一番寒彻骨的疼痛，使中国人彻底思变，中国最终迎来了大发展、大变革的新时代，中国职业教育和职业教育法制现代化的进程也进入了全面现代化建设的新时期。

小结　改革开放前中国职业教育法制状况分析

从新中国成立到"文革"结束，中国职业教育法制现代化走过了极不平凡的发展道路。在实施社会主义改造和建设的过程中，中共中央第一代领导集体通过逐步探索和吸收国外经验，结合中国实际，逐步创建了有中国特色的职业教育体系和职业教育法制体制。当然，由于历史和当时社会环境的影响，受到"左"的方针的干扰，中国职业教育法制现代化进程也出现了历史的倒退。这一历史时期中国职业教育法制现代化发展取得的主要成绩和存在的问题主要有：

一　改革开放前中国职业教育法制建设取得的成就

（一）初步奠定了中国职业教育法制结构的基础

新中国成立后27年间，以1954年宪法为核心、以国务院行政法规、国务院部门规章等为主体的中国职业教育法制结构已经呈现，为以后中国职业教育法制的探索奠定了基础。虽然历经历史岁月和各种历史因素的冲击与影响，在宪法基本构成体系下的中国职业教育法制体系历经不断建设而最终确立，都离不开新中国成立后27年间的努力和探索，特别是新中国成立后前17年的艰辛实践。

（二）确立了以中等职业教育［中等专业技术教育和技工学校、职（农）业中学］为主体的职业学校教育和制度体系

在改造旧有职业教育制度和学习苏联经验的基础上，经过新中国成立之后 17 年不断的努力和探索，以中等专业技术教育和技工学校、职（农）业中学教育为主体的新中国职业学校教育法制体系逐步建立，职业教育的法制建设取得了一定的成就。

1. 中等专业技术学校

（1）培养目标：掌握一定专业理论和实际技能知识，具备一定的管理生产和解决实际问题的能力，相当于高中程度的中等专业人才。

（2）统一专业设置和名称：实行学校分类分工原则，合理设置学校专业，建立统一的专业目录和称谓，其中 1963 年颁布的中等技术学校专业目录沿用到 20 世纪 90 年代初。

（3）教学管理：编订合理的教学计划、教学大纲、教材、学生参加课程设计、毕业设计。

（4）生产实习：分为生产实习、教学实习、毕业实习。

（5）学生：一般招收初中毕业学生，实行以省市为单位，统一考试招生。普遍实行人民助学金制度，保障学生的学习和生活，毕业生实行国家统一调剂的分配制度，每年由业务主管部门根据毕业生使用计划，统一分配基层单位就业，就业后 1 年内实行见习制度，见习期满再根据单位用人情况和本人实际确定工资和岗位。另外，可以由单位和人民公社实行代培生制度，纳入招生计划，毕业回原单位就业。

（6）教师：必须具备高等教育学历，设置一定数量的专职教师，也可以兼聘技术课教师，普通课教师可以到师范院校进修。

另外，对学校组织、领导和经费、学校的人员编制等也形成了相对完善的制度。

2. 技工学校

（1）培养目标：生产和学习统一，以生产实习为主，培养具有一定技术理论知识和技术操作技能、熟练的技术工人。

（2）招生和学制：确立了统一考试招生原则，一般招收初中毕业的学生，学制相当于高中阶段，一般为 2—3 年，在校学习期间实行人民助学金制度，每学年的生产劳动和技术理论课程之间的比例为 6∶4

或 7 : 3，以参加生产劳动课程的教学为主。

3. 职（农）业中学

（1）学制：改革开放以前的职（农）业中学的学制没有统一过，一般职业中学学制 2—3 年，也有 1 年的；农业初中 1—3 年不等，农业高中 2—5 年，招生也没有做过统一的要求，多为半工（农）半读性质。

（2）课程设置和考核：职（农）业中学的课程设置没有统一要求，多为主办单位自行设置，考核一般参照中专学校和技工学校的考核办法进行考核。

（3）经费和领导：实行分级管理、谁办学谁投入谁管理的原则，中央、省市各地方、厂矿企业根据办学主体，分别纳入本行业、本地区、本企事业单位的劳动人事管理计划，经费由各级主管部门分别拨付。

（三）以工农业余教育为主体的职业培训体制和制度全面建立

面对旧中国遗留的教育极端落后、劳动技术水平低下的局面，新中国成立之后，中国共产党采取了一系列改变教育落后局面、加强成人的文化和技术教育的工农业余教育。新中国还没有从战争硝烟中走出之时，就开始了以扫除文盲、提高识字水平为中心，加以技术教育的工农职业教育的尝试，甚至到"文革"时期中国工农业余教育也一直在开展。

1. 职工职业技术教育

（1）确立了坚持职工技术教育的方针和意义、范围，把提高工农群众科学文化水平和技术水平作为一项系统社会工程。

（2）建立了职工技术教育的体系，坚持普及和提高相结合，学历教育与技术教育相结合，学习时间分为六二制、四四制，采取一切形式（面授、函授、业余学校、广播电视等）开展教育。

（3）教育方式和内容：主要以生产劳动技术教育为主，结合工矿企业实际情况，加强生产意识、生产知识等的教育，学以致用。实行多种形式的教育手段，灵活多样，统筹安排，因材施教。中等以上业余学校积极发展，力求正规，提高办学的质量。

（4）管理和领导、经费：以教育行政部门为管理主体，企业统一规划、由各级工会组织实施，经费一般从工会费用中支出或建立企事业专门职工教育资金，不足部分由企业成本流转金或奖励金中支出，国家教育行政部门经费划拨中适当补助。

2. 农民职业技术教育

（1）确立了农民技术教育的方针、任务：利用冬学、民校和各种教育设施，提高农民的科学技术水平，结合农业生产，进行农业生产技术教育。

（2）指导原则、形式：坚持群众办学，实行公社、生产大队、生产队三级办学，坚持以普及为主、兼顾提高的原则，采取举办技术短训班、讲座、广播等多种形式，教学与农业生产相结合，学习内容多为科学种田、技术应用、林果、卫生保健、兽医等，普及农业科学知识。

（3）管理和经费：实行集中与分散相结合的管理模式，坚持各级党委统一领导、多部门参与、建立专门的农民业余教育机构，经费一般坚持群众自筹、依靠集体，国家适当补助的原则，一般除了少数专职人员、教师和干部学习费用外，以群众自筹为主。

另外，在普通中小学教育中增加劳动技术和生产实践课程，确立了普通教育与职业技术教育相沟通的教育制度也是改革开放前中国职业教育制度中重要的组成部分之一。

二 新中国成立后 27 年间中国职业教育法制建设存在的主要问题

以指示、行政命令代替法律和行政法规、规章等制度建设，忽视了职业教育法制建设，导致职业教育法制建设的偏差和失误，是新中国成立后 27 年间中国职业教育法制现代化进程中主要存在的问题。新中国成立之后 27 年中，中国职业教育法制现代化的进程也是中国共产党不断探索社会主义发展道路、不断加强社会主义现代化建设的过程，在这个过程中由于受到客观历史发展的总体影响，中国整体法制建设出现过重大的失误和偏差，特别是"文革"十年对中国法制建设的破坏和冲击，使中国社会几乎完全陷于无法无纪的混乱状态，经过长期发展积累起的职业教育法制建设荡然无存，中国的职业教育事业也几乎遭受了灭顶之灾，给现代化建设造成了巨大的损失。在制度建设上除了"左"的指导思想和路线的影响，法制和教育建设不能追随中国现代化建设的步伐等因素影响之外，忽视制度本身建设，以指示、命令、讲话、纪要等形式，代替法律和行政法规、规章的建设，也是导致职业教育法制现代化出现偏差和失误的一个重要原因。虽然新中国成立后关于职业教育先后颁布了一系列职业教育的行政规章和文件，也初步形成了中国职业教育法制的基本结构，但是由于历史大环境的影响，包括宪法在内的法制建设都被破坏，最终职业教育领域也没有形成成文的法律规定，陷入无法可依、无法施政的境地，职业学校教育和劳动技能培训始终没有真正形成有效的法制建设成果。正是忽视制度和法制建设给中国职业教育带来的损失，才使国门打开之后的中国人痛定思痛，加快了职业教育法制的现代化建设，迎来了中国职业教育依法发展、依法行政的新时代。

第二章

中国职业教育法制现代化进程的恢复与启动

1976年10月8日,中共中央政治局一举粉碎了"四人帮"集团,结束了"文化大革命"长达十年的动乱。"文革"长达十年的浩劫给中国带来了毁灭性的灾难。对内来说,由于十年动荡的社会局面的影响,国内经济建设全面停滞,人民生活普遍贫穷,冤假错案急需平反,社会各个方面急需拨乱反正;对外来说,由于中国耽误了十年发展的宝贵时间,加之第三次世界技术浪潮的冲击,中国与世界的差距越来越大,中国要发展经济、实现现代化,提高人民生活水平成为当务之急,而这一切都要依靠科学教育事业,在"文革"时期几乎毁灭的教育事业必须重新审视和对待。在"文革"结束后,面对整个教育事业的困局,中共中央和邓小平开始了一系列的整顿和恢复教育的措施,中国职业教育法制现代化的进程也开启了新的历史阶段。

第一节 中国职业教育法制现代化进程的恢复

"文革"结束之后,"两个估计"和"两个凡是"是当时教育战线面临的主要枷锁,"两个估计"和"两个凡是"造成了教育领域指导思想的极度混乱,并成为广大知识分子精神上的金箍。推翻"两个估计"和"两个凡是"的错误理论,实现党在教育领域的拨乱反正、解放广大知识分子成为邓小平复出之后办的第一件大事。为了尽快恢复国家的经济文化建设,邓小平、陈云等发起了"实践是检验真理唯一标准"的大讨论,冲破了长期以来对教育事业的思想禁锢,各个领域都开始了拨乱反正。中国职业教育在教育领域拨乱反正的基础上,逐步恢复了正常的招生和教学秩序,中国职业教育法制现代化进程的全面复苏也逐步开始了。

一 中等职业教育和工农职业教育的恢复

从什么地方入手开始拨乱反正才能打开教育事业整顿的局面成为邓小平和广大教育工作者关注的焦点。恢复废除长达十年的高校统一招生考试制度,成为当时教育领域最迫切的问题。高考制度的恢复带动了新时期中国整个教育事业的恢复和发展,中国职业教育法制现代化复苏的步伐也从恢复中等职业教育的统一招生考试制度开始了。

(一) 中等职业教育的恢复

1. 恢复统一招生考试制度

1977年8月8日,邓小平在谈话中明确指出从1977年开始,高校招生恢复直接从高中毕业生中招考的制度。对于政审和考试等招生原则问题,邓小平认为主要看个人表现和择优录取。在邓小平的直接领导下,1977年10月,对当代中国教育具有深远意义的高考招生意见出台了,同时在该意见中明确了中等专业学校招生办法:采取自愿报名,统一考试,学校择优录取,具体招生办法由各省、市、自治区和国务院有关部委参照高校招生意见自行制定。1977年的招生工作意见废除了"自愿报名,群众推荐,领导批准,学校复审"的招收工农兵学员的制度,各类中等专业学校也随之开始了统一招生考试,1977年底各级各类中等专业学校按规定进行了招生,1978年3月前后,新生陆续入学。从1978年开始,各类中等专业学校改为夏季招生考试、秋季入学的招生办法。由于恢复了招生考试的制度,新生质量明显提高,为提高教学质量打下了基础。从1978年开始,中等专业学校的招生开始,继续贯彻1977年高等学校招生工作意见的要求,坚持德智体全面考核、择优录取的原则,各地招生委员会设立中等专业学校招生领导小组,负责招生工作。各省、市、自治区对中等学校招生工作可以根据实际情况做出补充规定,制定招生章程,并制订了中等专业学校恢复全国或跨地区、跨省的招生计划。从此,每年中等专业学校的统一招生考试制度得到恢复,拉开了中国职业教育法制现代化建设的序幕,影响意义深远。

2. 中等职业教育管理与教学制度的恢复

(1) 调整技工学校、中等专业学校管理权限。

1978年2月,教育部、国家劳动总局颁布通知,决定从1978年起,全国技工学校的综合管理工作由教育部划归国家劳动总局。国家劳动总局和地方劳动部门负责技工学校的综合管理工作,教育部门在师资配备和编写教材上给予配合。① 从此,全国技工学校作为职业技术教育的主要领域由劳动部门负责管理。为了提高广大劳动者素质,恢复和发展职业技术教育,改善中等专业学校的办学体制,1978年11月,教育部颁布了改变部分中专学校领导体制的报告,决定改革部分中专学校的领导体制,施行分级管理。以当时的煤炭工业部所属北京煤炭学校等五所中专学校为例,为了适应煤炭工业高速发展和现代化的需要,将在"文化大革命"中下放给地方的中专学校的领导权改为部门与有关省、市双重领导,以部为主,由部门和省、市分别负责管理职责。据此,国务院各部委陆续从地方收回一批中等专业学校管理权,至1980年7月,各部委所属中等专业学校已达215所。② 从此,改变了"文化大革命"中地方负责中专学校管理权的问题。通过对权力权限的调整,调动了中央各部门和地方参与职业技术教育的积极性,推动了各个行业职业技术教育的发展。

(2) 整顿中等专业学校的教学秩序、完善教学制度。

面对"文革"以后社会主义现代化建设恢复和发展急需大批专业技术人才的实际情况,根据邓小平在全国教育工作会议上的讲话精神,为了完善中等专业学校的教学工作,推动职业技术教育的恢复和发展,满足各行业和部门对技术人才的需求,教育部开始调整中专学校的教学制度,完善教学管理的行政规章。

面对"文革"后中等专业学校大批停办、校舍被侵占、教师流散、物质设备被严重破坏、教学质量明显下降的实际情况,1978年8月31日,国务院批转了教育部《关于退还占用校舍的请示报告》,要求在

---

① 何东昌主编:《中华人民共和国重要教育文献》(1976—1990),海南出版社1998年版,第1596页,从此全国技工学校的综合管理权限划归劳动部门,一直延续至今。

② 中央教育科学研究所编:《中华人民共和国教育大事记》(1949—1982),教育科学出版社1983年版,第533页。

1979年底之前，全国范围内偿还"文革"时期占用的各类学校的土地、房产、家具、设备等，保障学校的正常教学，至1980年9月，全国共退还校舍280多万平方米，占到被侵占校舍的60%。[1] 1979年11月15日，《人民教育》第一期发表评论员文章《抓紧整顿和发展中等专业教育》，文章认为"文革"以后中专教育中出现了少数无人管理和领导的混乱状态，必须抓紧整顿中专教育，制定中专教育规划，明确中专教育的办学方向。[2] 为了整顿和推动中专教育的发展，1979年6月18日，教育部颁布了全日制中专工作条例，全面调整和规范中等专业学校的管理秩序。该条例从拨乱反正的角度，从对中等专业学校实用的部分出发，反映了中等专业学校的特点。该条例共9章55条，分为总则、教学工作、生产劳动和生产实习、思想政治工作、学生、教师、后勤工作、领导体制和行政组织、党的组织和党的工作等部分，对中等专业学校的教学、组织、领导等方面都做了具体规定。该条例基本上反映了"文革"结束后中等专业学校的工作特点和管理需求，制定了比较详尽的工作规范，为当时完成中等专业学校的拨乱反正、恢复正常的教学和管理秩序起到了推动作用。[3] 1979年6月28日，教育部又颁布了中专学校学生学籍管理的暂行规定，对中专学生的入学和注册、成绩考核、升留级及毕业、纪律考勤、休学、复学和退学、转学和转专业、奖励和处分等一一做了规定。

为了进一步完善中专学校的教学和管理工作，弥补因"文革"造成的中专学校师资不足的情况，培养中等专业学校的师资，1979年2月16日，国家劳动总局、教育部发出通知，决定增设吉林、山东、河南、天津等4所技工师范学院，在以前技工学校的基础上扩建为高等技工师范学校，划归国家劳动总局和所在省市双重领导，为全国技工学校和中等专业学校培养师资。1977—1979年通过一系列推动恢复中等职业教育的政策和措施，中等职业教育得到了较快的恢复和发展，基本情

---

[1] 中央教育科学研究所编：《中华人民共和国教育大事记》（1949—1982），教育科学出版社1983年版，第527页。

[2] 同上书，第541页。

[3] 何东昌主编：《中华人民共和国重要教育文献》（1976—1990），海南出版社1998年版，第1699—1706页。

况如表2—1、表2—2所示。

表2—1　　　　1977—1979年全国中专技术学校概况表① 　　　单位：人

年份	学校数（所）	分科学生数	分科招生数	分科毕业生数	教师数	职员数	工勤人员数
1977	1457	391320	208764	178678	57931	93474	—
1978	1714	529289	267953	119335	69320	106681	—
1979	1980	714182	265386	78.518	78884	115490	—

表2—2　　　　1977—1981年全国技工学校概况表②　　　　单位：人

年份	1977	1978	1979	1980	1981
学校数（所）	1333	2013	2933	3305	3669
在校生人数	243072	381977	639999	700376	679293

（二）工农职业教育的恢复

在整顿和恢复中等职业教育的同时，中央主管部门开始着手整顿"文革"时期形成的职工职业教育办学模式。1978年3月20日，中共中央批转了教育部关于办好"七二一"大学的意见，整顿和调整"文革"时期发展起来的"七二一"大学。此后，此类职工教育的业余学校改称为职工大学。面对"文革"以后中国各行各业百废待举，十年"文革"造成了全国各个行业职工普遍的文化知识和科学技术水平低下，很难适应现代化建设的需要，为了提高职工文化素质和科学技术水平，1978年10月，国家劳动总局、教育部、中华全国总工会发布通知，强调职工业余学校为了保证教学质量的提高，要实行专职教师与兼职教师相结合的办法，以专职教师为主，配备职工业余学校和中专学校的教学人员，提高职工培训的质量。1979年7月15日至8月6日，中华全

---

① 根据《中国教育年鉴》编辑部《中国教育年鉴》（1949—1981）（中国大百科全书出版社1984年版）的统计概况编制，不包含中等师范教育。

② 根据《中国教育年鉴》编辑部《中国教育年鉴》（1949—1981）（中国大百科全书出版社1984年版）的统计概况编制。

国总工会在北京召开了职工业余教育座谈会，提出了加强职工特别是青年工人的业余教育问题。1979 年 9 月 8 日，国务院批转了教育部职工和农民高校审批程序的暂行规定，对举办职工、农民高等院校（包括业余、脱产、半脱产）的审批程序做出了规定，强调按照大专水平的教学计划和教学大纲进行教学，有一定数量的胜任教学的专职和兼职教师，有必需的办学设备，以保证职工和农民高等院校的教学质量。① 为了解决职工高等院校学习学员后顾之忧，保证学习的效果，1979 年 12 月 7 日，教育部、国家劳动总局发布了职工高等院校学员工资福利的暂行规定，从工资、福利、生活补贴等方面对脱产、半脱产学习的学员待遇问题做出了规定。1980 年 4 月 26 日，教育部通知各地、各个行业举办的职工高等学校办理备案手续，随后，各种各类的职工大学陆续在厂矿、企事业单位举办，至 1980 年底，全国已有 17 个省、市、自治区和 14 个部、委、局向教育部备案，职工高等教育迅速发展起来。② 1979 年 7 月，中华全国总工会召开了职工业余教育座谈会，要求各级工会组织在短期内健全职工业余教育机构，在青年职工中普及初中教育，并在中等以上文化水平的工人中实施中专和高等教育以及专业技术教育。③ 1979 年 9 月 14 日至 24 日，教育部全国职工教育工作会议在郑州召开，会议强调指出为实现四个现代化，一定要把职工教育摆在重要的地位，要从职工中造就一批技术人才。以全国煤炭行业为例，为了适应煤炭工业发展的需要，从 1979 年秋季开始，煤炭工业部和教育部与有关省市开始试办煤炭中学，改革矿区中等教育，培养大批具有高中文化程度和一定煤炭专业知识的后备技术力量，开始了煤炭工业职业教育改革的试点。④ 这一时期工农职业技术教育得到了恢复，概况如表 2—3、表 2—4 所示。

---

① 何东昌主编：《中华人民共和国重要教育文献》（1976—1990），海南出版社 1998 年版，第 1724—1725 页。
② 中央教育科学研究所编：《中华人民共和国教育大事记》（1949—1982），教育科学出版社 1983 年版，第 579 页。
③ 同上书，第 555 页。
④ 何东昌主编：《中华人民共和国重要教育文献》（1976—1990），海南出版社 1998 年版，第 1696 页。

表2—3　　1977—1981年全国职工、农民高等学校概况表① 单位：万人

年份	1977	1978	1979	1980	1981
在校学生数	173.89	56.30	57.93	45.53	49.10
毕（结）业生数	62.03	25.16	15.85	6.86	7.57

表2—4　　1977—1981年全国职工、农民中专技术学校概况表② 单位：万人

年份	1977	1978	1979	1980	1981
在校学生数	48.72	21.94	215.85	296.27	311.86
毕（结）业生数	30.74	21.31	21.68	51.97	71.98

二　改革中等教育结构和工农职业教育的加强

进入20世纪80年代以后，在基本完成清除"文革"影响和实现职业教育领域拨乱反正的基础上，伴随着"六五"计划的实施，中国开始了探索改革职业教育体制、推动新时期职业教育发展的道路。

（一）《关于中等教育结构改革的报告》的颁布

1978年4月22日，邓小平在"文革"后的第一次全国教育工作会议上提出将国家教育和劳动计划结合考虑，为了促进劳动就业，必须增加职业学校的办学比例，特别是中等职业教育学校在整体教育中的比重。根据邓小平关于改善中等教育结构的讲话精神和探索中等教育改革的初步经验，为了适应新时期对职业教育的需求，1980年10月7日，国务院批转了国家劳动总局改革中等教育结构的报告，正式开始了中国新时期职业教育改革的探索，这是新中国成立30多年来职业教育的重大改革试点，在新时期中国职业教育和职业教育法制现代化建设中具有重要意义的事件。报告中决定改革中等教育结构，发展职业教育技术教

---

① 根据《中国教育年鉴》编辑部《中国教育年鉴》（1949—1981）（中国大百科全书出版社1984年版）的统计数据编制。

② 同上。

育。报告从中等教育结构改革的方针和要求、内容和途径、需要解决的问题、加强领导工作等四个方面提出了中等教育结构改革的总体思路：将一部分普通高中改版为职业（技术）学校、职业中学、农业中学；各行各业举办职业技术学校、发展和办好技工学校等大量培养社会建设所需的专业技术人才。[①] 从此，全国开始了各级各类职业中学和职业学校、技工学校的兴办高潮，迎来了中国职业教育发展的春天。

为了适应新时期农村经济发展，造就大批农村高素质劳动者，进一步推进农村中等结构的改革，1982年8月28日，教育部转发了山东省加快农村中等教育结构改革和调整的报告，提出加快农村中等教育结构改革的步伐，坚持普通教育与农业技术教育并举，全日制和半农半读学校、业余学校、各种技术培训班并举，国家和集体办学并举的方针，逐步建立以县办农业技术中学为主要基地的农业技术教育网。对现有的农业技术中学和农业中学进行整顿和充实，配备教师、设备，解决办学经费等。[②] 从此拉开了农村职业教育办学的热潮，为以后农村经济发展培训了大批实用技术人才。

与此同时，为了适应城市经济结构和人口就业的实际需求，发展生产、培养大批初、中级技术和管理人才和大批有文化、有技能的劳动后备力量，进一步推动城市中等教育结构改革，1983年5月9日，教育部、劳动人事部、财政部、国家计委发布了加快城市中等职业教育结构调整的意见，明确改革城市高中阶段的教育，实现办学方式的多元化，鼓励社会各方面力量投入职业教育，从经费、师资、教材等方面加强对职业技术教育的支持，大力发展城市职业技术教育。[③]

一系列改革中等教育结构规章的颁布极大地推动了中等职业技术教育的发展。1982—1984年，全国中等职业教育取得较快发展，中等教育结构不合理的状况得到明显改善，全国的中等职业技术教育学生比重从

[①] 国家教育委员会编：《中华人民共和国现行教育法规汇编》（1949—1989），人民教育出版社1991年版，第87—90页。

[②] 中央教育科学研究所编：《中华人民共和国教育大事记》（1949—1982），教育科学出版社1983年版，第665页。

[③] 详细内容参见何东昌主编《中华人民共和国重要教育文献》（1976—1990），海南出版社1998年版，1982—1983年教育文献。

1978年的7.6%提高到1984年的32.3%。① 1982—1984年全国职业中学发展情况如表2—5所示。

表2—5　　1982—1984年全国职（农）业中学发展情况表②　　单位：人

年限	校数（所）			班数（个）				
	计	农中	职中	计	独立设校			
					农中	职中	农中	职中
1982	3104	2253	851	16271	5823	3797	2281	4370
1983	5481	4073	1408	28089	11590	6462	3828	6209
1984	7002	4622	2380	39654	16524	11148	3329	8653

年限	在校生数（人）			毕业数（人）	招生数（人）	教师数		
	计	农中	职中			计	专任	兼任
1982	703578	346698	356880	130573	425980	47940	40469	7471
1983	1220094	681447	538647	215649	756771	83740	73479	10261
1984	17444823	907063	837760	278452	939023	116924	103847	13077

（二）中等专业技术教育的加强

为了真正实现中等专业学校的拨乱反正、彻底恢复和发展中国新时期的职业技术教育，1980年4月10日至25日，教育部召开了全国中等专业教育会议，决定改革中国中等专业技术教育，创建新时期的职业教育制度（中师教育在全国师范教育会议上研究）。会议分析了新中国成立30年来的中专教育，认为新中国成立以来的中专教育培养了大量的技术和管理力量，数量和质量都逐步提高，为今后的发展奠定了基础。此次会议讨论了新时期中专教育面临的新情况和任务。会议针对当时中专教育提出了"调整、改革、整顿、提高"的八字工作方针，并由此

---

①《中国教育年鉴》编辑部：《中国教育年鉴》（1982—1984），湖南教育出版社1986年版，第95页。

② 同上。

提出了改革中专教育的七条措施,以期待中专教育有较大的发展。[1]

从 1980 年开始,围绕着各级各类中等专业学校的教学和管理工作制度化建设,教育部等行政主管部门先后颁布了一系列涉及中专技术教育的管理方面的规章和文件,主要情况如表 2—6 所示。

表 2—6　　　1980—1984 年间中专教育规章、文件统计表[2]

序号	颁布时间	颁布部门	规章、文件等名称
1	1980 年 2 月 7 日	教育部	关于中等专业学校确定与提升教师职务名称的暂行规定
2	1980 年 5 月 16 日	国务院批转民政部、教育部	关于中等专业学校毕业生进行统一调剂的报告
3	1980 年 7 月 10 日	教育部	关于中等专业学校确定与提升教师职称试点工作的通知
4	1980 年 11 月 5 日	教育部	确定和办好全国重点中等专业学校的意见
5	1980 年 11 月 5 日	教育部	全日制中等专业学校领导管理体制的暂行规定
6	1980 年 12 月 2 日	教育部	关于修订中等专业学校专业目录的通知
7	1980 年 12 月 31 日	国务院批转国家人事局等部门	关于提高中等专业学校毕业生定级工资水平的请示
8	1981 年 2 月 2 日	教育部	关于中等专业学校评定教师职称工作的通知
9	1981 年 10 月 8 日	国家出版局、教育部	关于改进高等学校、中等专业学校教材出版供应工作的若干规定
10	1982 年 1 月 15 日	教育部	普通高等学校、中等专业学校生产实习经费开支办法

---

[1] 何东昌主编:《中华人民共和国重要教育文献》(1976—1990),海南出版社 1998 年版,第 1856—1858 页。

[2] 根据何东昌主编《中华人民共和国重要教育文献》(1976—1990),海南出版社 1998 年版,1980—1984 年教育文献编制。

续表

序号	颁布时间	颁布部门	规章、文件等名称
11	1982年2月27日	教育部	中等专业学校学生守则（试行草案）
12	1983年6月	教育部、财政部	关于追加发展城乡职业技术教育开办补助费的通知
13	1984年1月12日	教育部党组	关于中等专业学校领导班子调整工作的几点意见
14	1984年11月24日	教育部、财政部	关于在全日制普通中等专业学校建立学校基金制度几项原则意见
15	1984年12月3日	教育部、国家计委	关于重申中等专业学校改版大专院校审批权限的通知

1980—1984年间，中等专业学校管理制度得到不断加强，先后完善了中等专业学校教师职务、职称制度；中专学校学生毕业待遇和分配制度；中等专业学校教材、课程设计、中等专业学校的领导管理体制等方面的规章制度建设。其中办好一批重点中专学校，搞好示范作用成为当时中专办学的一个方向。关于中等专业学校的领导管理体制，实施分工分级、按系统归口管理的原则，加强各级党委对中专学校的领导。一系列措施和制度的建设，积极推动了中等专业技术教育的快速发展，概况如表2—7所示。

表2—7　　　　1980—1984年全国中专技术学校情况表[①]　　　　单位：人

年份	学校数（所）	招生数	在校生数	毕业生数	教职工数	专任教师数
1980	2052	252900	761280	201187	223035	90979
1981	2170	238098	632051	364804	2448885	98366
1982	2168	240821	628063	241905	272286	110238

[①] 根据《中国教育年鉴》编辑部《中国教育年鉴》（1949—1981），中国大百科全书出版社1984年版；《中国教育年鉴》（1982—1984）（湖南教育出版社1986年版）的统计数据编制，不包括中等师范学校教育。

续表

年份	学校数（所）	招生数	在校生数	毕业生数	教职工数	专任教师数
1983	2229	286383	688438	229901	284189	115880
1984	2293	350906	811118	237705	294227	118447

（三）职工和农民职业教育的加强

1. 职工职业技术教育

面对 20 世纪 80 年代初全国职工普遍文化程度低、缺乏技术经验、不懂管理现代化企业的知识，全国企事业单位中各类专业人才缺乏的普遍状况，为了加强和改善职工的教育，1980 年，为了加强职工教育的领导，由国务院牵头，其他分管职工教育业务部门参与，组建了全国职工教育委员会，统一领导新时期职工教育工作。1981 年 2 月 20 日，中共中央、国务院颁布了《关于加强职工教育工作的决定》（以下简称《决定》），要求各级党委、行政、工会、共青团组织等高度重视职工教育，提高企业职工的知识水平和技术水平。《决定》提出了十条加强职工教育的措施，还提出了《职工教育法》的制定。这可以看作新时期职业教育向其他领域延伸的一次大的变化，尤其提到了法制建设的构想，写进了中共中央的决定中，表明了新时期加强职业教育立法工作的迫切希望。虽然以后《职业教育法》的制定和实施经历了十几年的时间，但职业教育法制建设的呼声日益高涨，中国职业教育法制现代化的进程大大加快了。为了落实《决定》精神，1981 年 3 月 20 日至 26 日，第一次全国性的职工教育会议在北京召开，会议分析认为职工在职教育是促进现代化建设的必要前提，是新时期中国教育的重要内容，是提高生产力发展的有效途径。[1] 1980—1984 年间，全国开展了大规模的职工教育工作，为了配合职工教育工作的开展，中央各行政主管部门先后颁布了一系列规章和文件，加强职工教育工作。此间，以青年职工的"双补"（补文化课、补科学技术课）为核心的全国企事业职工教育活

---

[1] 中央教育科学研究所编：《中华人民共和国教育大事记》（1949—1982），教育科学出版社 1983 年版，第 612 页。

动全面展开,成为新时期职业培训工作中的里程碑事件。从此,职工培训工作成为中国职业教育重要的组成部分。这一时期颁布的职工教育规章和文件主要如表2—8所示。

表2—8　　1980—1984年间职工教育规章和文件概况表①

序号	颁布时间	颁布部门	规章、文件等名称
1	1980年8月21日	教育部	关于职工、农民高等院校教师确定与提升职称的通知
2	1981年2月20日	中共中央、国务院	关于加强职工教育的决定
3	1981年5月8日	财政部	关于职工教育经费管理和开支范围的暂行规定
4	1981年11月18日	教育部	关于职工初中文化补课工作若干问题的通知
5	1982年1月21日	全国职工教育委员会、教育部等	关于切实搞好青壮年职工文化、技术补课工作的通知
6	1982年3月24日	财政部	关于职工教育经费管理和开支范围的暂行规定的补充通知
7	1982年6月8日	教育部	职工大学、职工业余大学考试试行办法
8	1982年9月9日	国务院批转教育部	关于举办职工中等专业学校的试行办法
9	1983年4月7日	教育部	关于制定职工高等工业专科学校教学计划的暂行规定
10	1983年4月22日	教育部	关于制定职工高等工业专科学校基础课程和技术基础课程教学大纲的几项原则(试行草案)
11	1983年4月25日	劳动人事部	工人技术考核暂行条例(试行)

① 根据何东昌主编《中华人民共和国重要教育文献》(1976—1990),海南出版社1998年版,1980—1984年教育文献编制。

续表

序号	颁布时间	颁布部门	规章、文件等名称
12	1983年5月30日	教育部	职工大学、职工业余大学学生学籍管理暂行规定
13	1984年4月27日	全国职工教育管理委员会、国家经委	关于加强职工培训提高职工队伍素质的意见

2. 农民职业技术培训

1980年10月22日至28日，教育部在济南召开了全国农民教育座谈会，会议对加强农民技术教育提出了意见。会议认为农业技术教育和群众的经济利益密切相关，提高农业技术水平必须加强农业技术教育，同时也要与技术政策结合起来，办好县办农民技术学校，为农村培养一大批技术专业人才。[①] 1982年1月，中共中央召开了农村工作会议，会议提出了加强农村科学技术工作的意见，强调加强农民科技教育，抓好各级农业干部以及职工的专业培训，农业科技人员要深入农村，为农业生产服务。这一时期农村职业技术教育主要规章和文件如表2—9所示。

表2—9　1982—1984年间农村职业技术培训主要规章和文件统计表[②]

序号	颁布时间	颁布部门	规章和文件等名称
1	1982年6月9日	教育部	县办农民技术学校暂行办法
2	1982年8月5日	教育部农牧渔业部转发	陕西省人民政府关于转批雷北大队农民技术学校的调查报告
3	1982年11月17日	农牧渔业部	关于加强农民技术教育工作的通知
4	1982年12月2日	国务院批转农牧渔业部	关于加速发展农业技术培训工作的调查报告

① 何东昌主编：《中华人民共和国重要教育文献》（1976—1990），海南出版社1998年版，第1880页。

② 根据何东昌主编《中华人民共和国重要教育文献》（1976—1990），海南出版社1998年版，1980—1984年教育文献编制。

续表

序号	颁布时间	颁布部门	规章和文件等名称
5	1983年5月6日	中共中央、国务院	关于加强和改革农村教育若干问题的通知
6	1983年12月4日	农牧渔业部、教育部	关于编写农民职业技术教育教材的通知
7	1984年5月10日	教育部办公厅转发北京成人教育局	关于农民技术学校验收审批后几项工作安排的意见

1980—1984年间，全国农村在落实生产承包责任制加强农业生产的基础上，又展开了科学技术教育，迅速提高了农村科技种田、养殖以及其他农业生产水平，促进了农村经济的活跃和发展。通过一系列的政策和措施，例如：在调整农村中等教育布局的基础之上，加强农村职业教育，将学校教育、劳动和科技推广密切结合，普通农村中学也要增加相应的职业技能课程。另外，通过农村技术学校和各类技术培训和讲座等，促进了农民技术水平的提高和生产技能的增长，学习技术和运用科技成为当时广大农村地区风行一时的潮流。① 这一时期全国工人、农民职业教育发展概况如表2—10、表2—11所示。

表2—10　　1982—1984年全国职工、农民高等学校概况表②　　单位：万人

年份		学校数（所）	在校学生数	毕业生数	招生数	教职工数	专任教师数
1982	职工	820	14.3	3.7	4.4	4.0	2.2
	农民	4	0.08	—	0.04	0.02	0.01

---

① 《中共中央、国务院关于加强和改革农村学校教育若干问题的通知》，2011年9月15日，人民网法律法规库（http://www.people.com.cn/item/flfgk/gwyfg/1983/112701198305.html）。

② 根据《中国教育年鉴》编辑部《中国教育年鉴》（1949—1981），中国大百科全书出版社1984年版；《中国教育年鉴》（1982—1984）（湖南教育出版社1986年版）的统计数据编制。

续表

年份	学校数（所）		在校学生数	毕业生数	招生数	教职工数	专任教师数
1983	职工	841	17.3	3.3	5.7	4.6	2.5
	农民	4	0.08	0.04	0.04	0.02	0.01
1984	职工	850	19.2	4.8	7.5	5.0	2.6
	农民	4	0.09	0.04	0.05	0.02	0.01

表 2—11　　1982—1984 年全国成人中专技术学校概况表①　　单位：万人

年份	学校数（所、班）	毕业生数	招生数	在校学生数	教职工数	专任教师数
1982	48385	88.6	208.1	326.4	6.6	4.8
1983	46775	45.4	131.5	236.6	5.4	3.1
1984	1389	3.2	21.2	32.4	4.6	2.1

（四）《学位条例》的制定和《宪法》的颁布

从 20 世纪 80 年代开始，中国职业教育进入了一个高速发展时期，培养大量的掌握一定科学文化知识和劳动技能的社会主义建设者成为 20 世纪 80 年代职业教育发展的目标和方向，也带动了中国职业教育法制现代化前进的步伐，职业教育立法也提上了议事日程，开始了立法的前期工作。恢复高考制度以后，如何规范中国高等教育，实现中国高等教育与世界高等教育的接轨，提高中国高等教育的办学水平，建立学位制度成为国家促进教育发展和科学事业的重要立法。在 1964 年国家科委起草的学位条例基础之上，从 1979 年 3 月开始，在邓小平的组织和主持之下，《中华人民共和国学位条例（草案）》的制定和修改工作紧张有序地开展起来。1980 年 2 月 12 日，《中华人民共和国学位条例》颁布实施，该条例是新中国成立以来第一个由最高国家立法机关通过的关于教育的全国性法律文件，成为新时期中国教育法制建设的标志。从

---

① 根据《中国教育年鉴》编辑部《中国教育年鉴》（1982—1984）（湖南教育出版社 1986 年版）的统计数据编制。

此，中国教育法制建设开始走上了依法管理、依法行政的轨道，中国的职业教育法制现代化建设也跟随中国整体教育法制的建设步伐不断取得进步和发展。1982年12月4日，新的宪法通过并实施，《宪法》明确规定了国家发展职业教育的政策，为新时期加快社会主义职业教育法制建设提供了宪法基础和根本法制保障。

纵观1978年中共十一届三中全会到1984年这一时期，正是中国由纠正"文革"造成的社会混乱局面开始，逐步恢复中国现代化建设的历史转折阶段。中国的职业教育发展也随着中国各项现代化建设事业的恢复逐步复苏，职业教育法制建设也开始了尝试。从恢复中等专业教育的招生制度开始，以邓小平为核心的中共第二代领导集体敏锐地认识到新中国成立以来中国职业教育已经成为中国教育最薄弱的环节，经济发展和现代化建设必须紧紧依靠职业教育。于是，在逐渐抚平"文革"对中国职业教育造成的创伤的同时，也开始了对中国职业教育体制改革的初步探索。改革中等学校教育结构、加强职工在职教育与培训、改革农村（民）职业教育成为这一时期中国职业教育法制发展的重点。1980年《学位条例》和1982年《宪法》的颁布也为中国职业教育法制建设铺垫了基础。

第二节 中国职业教育法制现代化进程的启动

经过第六个五年计划的发展，中国的经济和社会结构发生了很大变化，到1985年全国的整体教育事业也有了巨大的发展，职业教育也历经了结构改革和加快发展的时期。如何对教育事业的发展做出根本的保障和调整，如何确保改革开放以来教育事业开创的良好发展局面，如何规范和管理教育事业等，成为摆在当时中央最高决策层面前的历史命题。

一 中共中央《关于教育体制改革的决定》的颁布

从1984年开始，中国改革进入了一个新的攻关时期，新的改革和发展举措又提到了决策的日程上来。从1984年至1985年，中共中央先后通过了《关于经济体制改革的决定》、《关于科学技术体制改革的决定》，分别把经济和科技体制改革推向了前进，教育体制改革的号角也随之吹起，教育法制建设也提上了议事日程，又大大地推动了中国职业教育法制现代化的进程。

(一)《关于教育体制改革的决定》的实施

1985年5月15日至20日，教育部在北京召开了全国教育工作会议，邓小平提出必须懂得知识分子和提高劳动者素质在发展国家经济和提高国力方面的重要性，必须加快教育的发展，将巨大的人口压力变为人才资源优势，以推动社会主义现代化建设。根据邓小平的讲话精神，改革和发展教育体制成为此次会议的中心议题，以后中共中央开始着手制定《关于教育体制改革的决定》。

在起草和征求意见的过程中，对于如何改革职业技术教育成为大家议论最多的话题。由于新中国成立后历史和经验的影响，中国的职业技术教育先后经历了几次大的起落，职业技术教育受到了很大的冲击。虽然职业教育与国家的经济社会发展有着密切的关系，但是鄙视体力劳动、轻视职业技术教育的观念十分盛行，用人单位和企业没有形成严格的培训和考核的制度，这些做法给经济社会发展和企业效益的提高带来了很多弊端和冲击。

根据全国教育工作会议和邓小平讲话精神，1985年5月27日，中共中央政治局同意发布了《关于教育体制改革的决定》(以下简称《决定》)。《决定》对职业教育改革提出了总的规划。《决定》的第三部分关于调整中等教育结构、大力发展职业技术教育的内容分为五个方面：

(1) 高度重视职业技术教育的重要作用，摒弃鄙视的陈腐观念，改革用人制度，建立先培训、后就业制度。

(2) 改革中等和高等教育结构，建立一套初级、中级到高级的职业教育体系，实现职业教育与普通教育的沟通。

(3) 中等职业教育与经济社会发展结合。

(4) 在兴办职业教育的过程中充分发挥各个单位、社会力量的作用。

(5) 采取措施解决职业技术教育师资不足的问题。[①]

[①] 国家教育委员会编：《中华人民共和国现行教育法规汇编》(1949—1989)，人民教育出版社1991年版，第1—10页。

《决定》是对新中国成立以来形成的教育体制的一次重大改革，对以后中国教育整体的发展做出了战略部署。《决定》树立的职业教育理念、改革方向和管理体制的变化，指导和影响着后来的各项职业教育立法工作，标志着中国职业教育法制建设进入了正常发展的轨道。

（二）第一次全国职业技术教育工作会议的召开

为了落实《决定》关于职业技术教育结构改革的设想，进一步加快新时期中国职业教育的发展，1986年7月2日至6日，国家教委、国家计委、国家经委、劳动人事部在北京联合召开了新中国成立以来的第一次全国性职业技术教育会议。会议分析了职业技术教育的发展形势，讨论了今后一个时期改革和发展职业教育的任务、工作方针和政策措施，提出了改革职业技术教育的总体设想。确立了加快职业技术教育发展的五项措施，会议先后颁布并讨论了一批职业技术教育文件和规章。《决定》的颁布和第一次全国性职业教育会议的召开，极大地推动了中国职业教育法制的建设。

二 高等职业教育办学体制的探索和职工、农村职业技术培训的开展

1985—1989年间，正值"七五"计划实施时期，这一时期中国各项改革开放事业处于探索的初期阶段，中国职业教育和职业教育法制建设也处于启动阶段。这一阶段围绕着落实《决定》和第一次全国性职业教育会议精神，各项职业教育制度和措施逐步推展开来，中国职业教育法制建设在这一时期取得了长足发展。

（一）高等职业教育办学体制的探索

早在20世纪80年代初期，社会各界就开始了高等职业教育办学的尝试，区别于普通高等教育之外的职业大学和短期职业大学、走读大学的兴办一时成为社会关注的焦点。从1982年起，金陵职业大学、海淀走读大学等一批社会知名度较高的民办高等职业教育学校如雨后春笋般不断涌现。《决定》确定了改革职业教育办学体制的构想，其中发展高等职业教育成为当时职业教育发展的重要方向，也成为日后中国高等教育发展的重要一极。

为了适应职业教育发展形势的需要，1985年7月，国家教委颁布了通知，同意西安航空工业学校等三所中等技术学校试办大专水平的职业技术教育。1985年9月9日至11日，国家教委职业技术司在北京召开了试办3所五年制的高等技术专科学校座谈会，针对职业教育向更高层次发展、改变自新中国成立以来学校职业技术教育只停留在中等教育水平的局面，交流了试办五年制大专院校职业教育的经验。会议对试办过程中的学生由中专升入大专阶段学习的条件、师资问题、经费问题、学校的机构和体制问题等做了要求。1987年2月，在三所高等职业学校办校进入第三年后，国家教委又对三所高职院校有关问题做出了规定。从分流、教学计划、师资、经费及投入、教师职务等方面对三所高职院校管理进行了规范。[1] 从此，开始了高等职业学校教育的探索和创建过程，高等职业院校的教育后来成为中国高等教育体制改革后一支异军突起的力量，成为中国高等教育的"半壁江山"。20世纪80年代全国高等职业教育发展概况如表2—12所示。

表2—12　20世纪80年代全国短期职业大学（班）概况统计表[2]　　单位：人

年份	学校数（所）	学生数			教职工数	
		毕业生数	招生数	在校学生数	合计	其中：专任教师
1982	—	2430	3315	20460	—	—
1983	52	7477	114210	27331	4465	2321
1984	82	8260	26598	46956	7784	3725
1985	118	6335	30113	63145	12996	6148
1986	126	16449	27156	73942	16853	8154

---

[1] 何东昌主编：《中华人民共和国重要教育文献》（1976—1990），海南出版社1998年版，第2620页。

[2] 根据《中国教育年鉴》编辑部《中国教育年鉴》（1982—1984）、（1985—1986）、1988、1989、1990年鉴统计数据编制。

续表

年份	学校数（所）	学生数			教职工数	
		毕业生数	招生数	在校学生数	合计	其中：专任教师
1987	122	22344	28148	77531	18734	9167
1988	119	25700	29300	75000	19400	9300
1989	117	24639	24855	74925	20888	—

（二）中等职业教育

为了规范中等职业教育的发展，国家有关职业教育主管部门陆续发布了一批规章，完善中等职业教育的管理。

1. 中等专业技术学校

1985—1989年间为了加强中等专业技术教育，加快全国中等专业技术教育的发展，中央各个职业教育主管行政部门先后发布了一批规章和文件，规范中等专业技术教育的管理。1984—1989年中等专业技术教育主要规章和文件概况如表2—13所示。

表2—13　　　1984—1989年中专教育规章、文件概况一览表①

序号	颁布时间	颁布部门	规章和文件等名称
1	1985年1月29日	教育部	教育部关于政企分开后妥善办好中专学校从属关系等问题的通知
2	1985年9月12日	国家教委、劳动人事部	全日制普通中等专业学校人员编制标准（试行）
3	1986年5月17日	中央职称改革工作领导小组转发国家教委	中等专业学校教师职务试行条例以及实施意见
4	1986年6月24日	国家教委、财政部	国家教委、财政部关于中等专业学校经费问题几项原则规定的通知

---

① 根据何东昌主编《中华人民共和国重要教育文献》（1976—1990），海南出版社1998年版，1985—1989年文献编制，不包括中等师范学校。

续表

序号	颁布时间	颁布部门	规章和文件等名称
5	1986年10月18日	国家教委	普通中等专业学校设置暂行办法
6	1987年7月31日	国家教委、劳动人事部	关于做好普通中等专业学校招收残疾青年考生工作的通知
7	1987年12月31日	国家教委	编制普通中等专业学校跨省招生计划的试行办法
8	1988年3月14日	国家教委	普通中等专业学校招生暂行规定
9	1988年4月5日	国家教委、农牧渔业部、财政部、国家计委等八部委	关于农业中等专业学校招收农村青年不包分配班的若干规定

伴随着中国各项改革事业的深入，中等专业技术教育的改革也不断地深入开来。这一时期中等专业技术教育规章的建设主要集中在改革中等专业学校的招生、编制、教师任职等方面，其中为了推进中专学校招生和分配制度的改革，1983年农业中等专业学校就进行了面向农村招生、纳入国家计划、实行单独考试、毕业后不包分配的试点。为了巩固改革试点的成果，1988年4月，国家教委决定全面改革农业中等专业学校的招生和分配制度，举办面向农村招收不包分配的农业中专班，培养农业生产一线技术青年。1988年，全国农业中专招收不包分配的试点发展到23个省、自治区，招收不包分配生9119人，不包分配的在校生达1.68万人，约占农业中专在校生总数的12.7%。[①] 另外，国家教委为了进一步规范中等专业学校的招生，颁布了暂行招生的规定，重新确定了中等专业学校的招生原则和实施办法。招生暂行规定从中等专业学校招生的报名、政治思想品德考核、身体健康状况检查、考试、招生来源计划、录取、处罚等环节，规范了中等专业学校的招生考试工作程序。另外，为了提高办学效益，该规定还允许各部门、各地区之间加强

---

① 《中国教育年鉴》编辑部：《中国教育年鉴》(1989)，人民教育出版社1990年版，第234页。

横向联系，实行跨省招生，用人单位承担委托培养和招收自费生。1984—1989 年全国中等专业技术学校发展情况如表 2—14 所示。

表 2—14　　1985—1989 年全国中专技术学校概况一览表①　　单位：人

年份	学校数（所）	毕业生数	招生数	在校生数	教职工数	专任教师数
1985	2529	261168	451928	1008659	313105	128018
1986	2741	321014	449540	1145913	339456	143376
1987	2854	388832	484976	1222607	356769	155903
1988	2957	392219	540526	1368478	338986	167691
1989	2940	364696	507662	1492853	376184	170925

2. 职（农）业中学

改革中等教育结构的设想和原则，20 世纪 80 年代全国大力兴办各类职业中学，改革中等教育结构不合理的状况。这一时期制定了一批职业中学管理的规章和文件，推动了全国职业中学和农业中学的发展，主要情况如表 2—15 所示。

表 2—15　　1985—1989 年职（农）业中学规章和文件统计表②

序号	颁布时间	颁布部门	规章和文件等名称
1	1986 年 6 月 5 日	国家教委	关于制定职业高级中学（三年制）教学计划的意见
2	1986 年 6 月 23 日	国家教委	关于职业中学经费问题的补充规定
3	1986 年 6 月 26 日	国家教委	关于加强职业技术学校师资队伍建设的意见

---

① 根据《中国教育年鉴》编辑部《中国教育年鉴》（1985—1986）、1988、1989、1990 年鉴统计数据编制，不包括中等师范学校。

② 根据何东昌主编《中华人民共和国重要教育文献》（1976—1990），海南出版社 1998 年版，1985—1989 年教育文献编制。

续表

序号	颁布时间	颁布部门	规章和文件等名称
4	1986年6月27日	国家教委、劳动人事部	关于职业高中毕业生使用的有关问题的通知
5	1986年9月7日	国家教委	关于选派职业技术学校教师出国进修问题的通知
6	1986年10月18日	国家教委办公厅	关于二年制职业高中毕业生工资待遇问题的复函
7	1987年7月16日	国家教委	关于职业中学专业课教师职称聘任工作的补充意见
8	1988年10月25日	国家教委	关于进一步办好职业高中幼师专业的意见
9	1989年8月17日	国家教委职业技术教育司	职业技术学校专业教师任职资格与培训的意见

这一时期职业中学和职业学校规章主要集中围绕着改革职（农）业中学办学，加强职业学校师资队伍建设而展开的。其中关于职业中学专业课师资的问题，相关文件规定：加强专业、实习指导教师队伍的建设，鼓励专业技术人员，以及学校的文化课教师从事专业课、实习指导教学工作，要努力提高专业课和实习指导师资队伍的素质。[①] 为了加强职业技术学校师资队伍的建设，促进职业技术教育的巩固和发展，国家教委决定选择10个省、自治区、市试点，有计划地派遣一批中青年教师出国进修。国家教委于1986年11月19日又发出通知，要求各高等院校举办职业技术师范班，职业技术教育师范班学生入学后，享受师范生待遇，毕业后由教育部门分配到各类职业技术学校中任教。[②] 20世纪80年代中后期全国职业中学（农业中学）发展概况如表2—16所示。

---

① 何东昌主编：《中华人民共和国重要教育文献》（1976—1990），海南出版社1998年版，第2641页。

② 《中国教育年鉴》编辑部：《中国教育年鉴》（1985—1986），湖南教育出版社1988年版，第687页。

表2—16　　　1985—1989年全国职业（农）业中学概况表① 　　　单位：万人

年份	学校数（所）	毕业生数	招生数	在校生数	专任教师数	职员数	工勤人员数
1985	8070	41.3	116.1	229.6	21.5898	3.8803	2.3880
1986	8187	57.9	112.8	256.0	25.1554	4.6111	2.8372
1987	8381	74.97	113.17	267.61	18.45	5.0623	3.1625
1988	8954	81.01	119.59	279.37	20.38	5.4044	3.4689
1989	9173	86.31	118.30	282.27	21.38	5.7913	3.6615

3. 技工学校

1986年11月，劳动人事部举办了全国技工学校校长研讨班，总结了经验，并对以后一个时期技工学校工作做出了部署。20世纪80年代，劳动人事部等部门先后出台了一批文件和规章，完善了技工学校的教育，主要状况如表2—17所示。

表2—17　　　　　　20世纪80年代技工学校规章概况表②

序号	颁布时间	颁布部门	文件、规章等的名称
1	1983年2月	劳动人事部、财政部	关于改革技工学校助学金使用办法的意见
2	1985年4月	劳动人事部	关于技工学校改革的几点意见
3	1985年8月	国务院工资制度改革小组	关于技工学校教职工工资制度改革问题的通知
4	1986年4月3日	中央职称改革领导小组转发	技工学校教师职务试行条例及实施意见
5	1986年4月	劳动人事部	技工学校机构设置和人员编制标准暂行规定

① 根据《中国教育年鉴》编辑部《中国教育年鉴》（1985—1986）、1988、1989、1990年鉴统计数据编制，其中统计数据包含职（农）业高中和初中。

② 根据何东昌主编《中华人民共和国重要教育文献》（1976—1990），海南出版社1998年版，1985—1989年教育文献编制。

续表

序号	颁布时间	颁布部门	文件、规章等的名称
6	1986年11月11日	劳动部	技工学校工作条例
7	1986年11月11日	劳动部、教育部	关于技工学校毕业生学历问题的通知

20世纪80年代全国技工学校发展概况如表2—18所示。

表2—18　　　　20世纪80年代全国技工学校概况表[①]　　　　单位：人

年份	学校数（所）	在校生数	招生数	毕业生数
1981	3669	679293	284221	353264
1982	3367	511973	203449	323361
1983	3443	525219	274173	269252
1984	3465	6276677	310654	184629
1985	3548	741712	355361	226459
1986	3765	891528	393759	232793
1987	—	—	—	—
1988	3996	1160800	461700	311200
1989	4102	368400	470300	1267000

4. 普通中小学开展劳动技术课

20世纪80年代在继承以往普通中小学开设劳动技术课程做法的基础之上，教育部主管部门颁布了一系列劳动技术课程的规章，促进该项工作的开展，情况如表2—19所示。

---

① 根据《中国教育年鉴》编辑部《中国教育年鉴》（1985—1986）、1988、1989、1990年鉴统计数据编制。

表 2—19　　　20 世纪 80 年代劳动技术课教学规章概况表①

序号	颁布时间	颁布部门	文件、规章等的名称
1	1982 年 10 月 19 日	教育部	关于普通中学开设劳动技术课的（试行）意见
2	1983 年 2 月 20 日	国务院批转教育部	关于进一步开展勤工俭学活动的请示 全国中小学勤工俭学暂行条例
3	1986 年 8 月 29 日	国家教委	全国中学劳动技术教育工作座谈会纪要
4	1987 年 10 月 21 日	国家教委等五部门	关于在普通中学开展社会实践活动若干问题的通知
5	1987 年 10 月 23 日	国家教委	全日制小学劳动课教学大纲（试行草案）
6	1987 年 10 月 28 日	国家教委	关于教育部门勤工俭学管理机构有关问题的意见
7	1988 年 11 月 14 日	国家教委	全国中小学勤工俭学财务管理办法
8	1989 年 1 月 15 日	国务院批转国家教委	关于进一步开展中小学勤工俭学若干问题的意见

（三）职工职业技术培训

1. 就业前培训制度的建立

为了落实广大城镇待业青年就业前培训制度，加强青年就业的技术培训工作，1985 年 9 月 14 日，劳动人事部制定了就业前训练的暂行办法，对就业训练的有关问题，如训练的组织形式、对象、内容、教材、师资、考核、待遇、经费、实习条件等都做了明确规定。1986 年 6 月 23 日，国家教育委员会、国家计划委员会、国家经济委员会联合颁发了意见，要求经济和教育部门加强合作，推动就业前职业技术教育的发展。该意见要求教育部门围绕着企业发展急需的各类人才，积极兴办各类职业技术教育，扩大技能培训范围，促进就业。经济部门和企业应认

---

① 根据何东昌主编《中华人民共和国重要教育文献》（1976—1990），海南出版社 1998 年版，1985—1989 年教育文献编制。

真办好现有中专、技工学校，应根据需要与可能试办培训中心，重点培养高级技术工人。

在一系列促进就业、加强就业技术培训的规章出台后，就业训练工作不断发展。就业训练工作主要由劳动人事部门通过劳动服务公司进行综合管理。各级劳动服务公司先后建立了具体办事机构，有条件的地方还建立了就业训练中心。就业训练中心的发展十分迅速。全国就业训练概况如表2—20所示。：

表2—20　　　　1980—1986年全国就业训练工作概况表[①]

年度	1980	1981	1983	1984	1985	1986
训练人数（万人）	36	32	96.33	142	177.16	206.63

2. 职工岗位培训工作的开展

1986年12月，全国第一次成人教育工作会议召开，讨论了成人教育相关文件和条例。为了提高企事业单位从业人员的素质，进行有效的岗位培训工作，1987年12月25日，国务院批转了国家教委发展成人教育的决定，将岗位培训工作纳入成人教育的重点。该决定发布以后，许多地区、部门和企事业单位切实把开展岗位培训作为成人教育的重点，积极进行了试点。为了进一步加强全国职工立足本职工作、提高技术水平，1989年12月27日，国家教委等部门联合下发了岗位培训工作的指导意见，就开展岗位培训工作的指导思想、目的、实施、考核与发证、宏观管理和分工、相关的政策和措施等做出了具体规定。从此，全国企事业单位广泛开展了岗位培训和岗位练兵活动，极大地推动了新时期职工职业技术培训工作的发展，为提高企事业职工的综合素质打下了良好的基础。20世纪80年代中后期全国职工职业技术教育发展情况如表2—21所示。

[①]《中国教育年鉴》编辑部：《中国教育年鉴》（1985—1986），湖南教育出版社1988年版，第696页。

表 2—21　　1985—1989 年全国职工职业技术教育概况表①　　单位：万人

年份	学校类别	学校数（所）	学生数 毕业生	学生数 招生数	学生数 在校学生数	教职工数 计	教职工数 其中：专任教师
1985	职工高校	863	5.31	11.67	26.02	6.08	3.01
1985	职工中专	1764	2.87	20.32	34.02	6.12	2.93
1986	职工高校	952	4.85	9.01	33.94	7.43	3.64
1986	职工中专	2047	5.33	16.64	43.76	7.33	3.60
1986	职工技术培训学校	5406	97.92	102.09	105.95	2.29	1.33
1987	职工高校	915	7.69	8.22	33.79	7.89	3.63
1987	职工中专	1953	8.44	16.86	46.29	7.88	3.87
1987	职工技术培训学校	7015	238.32	164.45	207.33	4.40	2.47
1988	职工高校	888	13.53	9.62	28.80	8.16	3.70
1988	职工中专	2098	15.50	19.90	54.09	8.66	4.39
1988	职工技术培训学校	7536	284.22	196.58	207.58	5.55	3.15
1989	职工高校	848	8.86	6.71	41.74	2.57	1.03
1989	职工中专	2041	17.98	21.66	53.02	8.61	4.31
1989	职工技术培训学校	7870	343.69	263.29	230.74	6.23	3.41

（四）农民职业技术培训

1985 年 9 月 17 日至 23 日，国家教委成教司在成都召开了 12 省市农民职业技术教育座谈会，交流了近一个时期内全国范围内的农民职业技术教育的经验。强调办好乡镇农民文化技术学校是一种促进农村经济

---

① 根据《中国教育年鉴》编辑部《中国教育年鉴》（1985—1986）、1988、1989、1990 年鉴统计数据编制。

发展、提高农民收入的好方法。1985年5月30日,农牧渔业部发布了农民职业技术培训的相关通知,要求加强农村职业技术教育和培训工作,以促进农村经济发展。到1986年,全国农村职业技术教育形成了多渠道、多门类、多层次、多形式办学的新格局,建立了县、乡(镇)、村三级农民职业技术教育网络。① 为了促进农村职业技术教育的进一步发展,促进县乡农民文化技术学校的发展,推动新时期农村职业技术教育,1987年12月30日,国家教委、农牧渔业部、财政部颁布了农民文化技术学校暂行规定,就农民文化技术学校的性质与任务、培养目标、教学工作、教师队伍、办学经费、领导管理、审批条件与审批程序等问题做了详尽规定。暂行规定在总结各地经验的基础上,对乡(镇)农民技术学校这种在改革开放中产生的新型农民技术培训形式做出了相关规定,规定的出台进一步促进了乡(镇)农民技术学校的发展和提高。② 这一时期全国农民职业技术教育发展概况如表2—22所示。

表2—22　　1985—1989年全国农民职业技术教育概况表③　　单位:万人

年份	学校类别	学校数（所）	学生数 毕业生	学生数 招生数	学生数 在校学生数	教职工数 计	教职工数 其中:专任教师
1985	农民高校	4	0.03	0.03	0.09	0.02	0.01
1985	农民中专	219	1.50	3.86	6.11	0.62	0.30
1986	农民高校	5	0.05	0.07	0.13	0.04	0.02
1986	农民中专	269	1.79	4.53	8.45	0.82	0.41
1986	农民技术培训学校	27348	305.72	320.15	336.43	4.37	2.58

---

① 《中国教育年鉴》编辑部:《中国教育年鉴》(1985—1986),湖南教育出版社1988年版,第808页。

② 《乡(镇)农民文化技术学校暂行规定》,2010年11月10日,人民网法律法规库(http://www.people.com.cn/item/flfgk/gwyfg/1987/206005198706.html)。

③ 根据《中国教育年鉴》编辑部《中国教育年鉴》(1985—1986)、1988、1989、1990年鉴统计数据编制。

续表

年份	学校类别	学校数（所）	学生数 毕业生	学生数 招生数	学生数 在校学生数	教职工数 计	教职工数 其中：专任教师
1987	农民高校	5	0.06	0.04	0.11	0.04	0.02
	农民中专	288	1.56	2.98	5.48	0.83	0.44
	农民技术培训学校	27289	524.47	526.0	528.95	5.46	3.28
1988	农民高校	5	0.07	0.04	0.07	0.04	0.02
	农民中专	291	1.73	3.27	6.33	0.91	0.50
	农民技术培训学校	33443	778.52	778.28	725.40	6.85	3.54
1989	农民高校	5	0.03	0.07	0.04	0.02	0.02
	农民中专	285	2.91	4.24	8.86	0.97	0.57
	农民技术培训学校	34112	1195.95	1204.27	1037.79	8.36	4.84

20世纪80年代是中国社会改革与发展的起步时期，中国经济体制、政治体制、科技体制、教育体制等都经历了改革开放大潮的洗礼，中国正由过去封闭的计划经济结构逐步迈向有计划的商品经济时代。在这个过程中，中国的职业教育也经历了由轻视到逐步重视的过程。这个时期伴随着中国职业教育的改革和发展，中国职业教育法制建设也经历着巨变。1985年《中共中央关于教育体制改革的决定》的颁布和第一次全国职业技术教育会议的召开开启了改革职业技术教育和建立健全职业教育法制的历史新阶段。随之，一系列关于中等职业教育、高等职业教育、就业培训制度、农民职业技术培训、职工岗位培训等规章、制度的颁布，极大地推动了中国职业教育法制的建设。

小结　20世纪80年代中国职业教育法制状况分析

综上所述，20世纪80年代，中国正处于社会改革开放初期，也是中国现代化建设和经济发展的转型时期。随着中国各项社会事业都向现代化的目标迈进，职业教育法制现代化建设也从过去简单的行政命令、行政法规向国家立法建设的时期过渡，这一时期中国职业教育法制建设的状况主要有以下几个方面：

一　20世纪80年代中国职业教育法制体系的构建

1980年《学位条例》是新中国第一部关于教育的立法，从此，拉开了教育立法工作的序幕。1982年《宪法》的颁布为新时期职工教育法制建设提供了根本的立法来源。1986年《义务教育法》的颁布成为新时期中国教育立法的一个标志。中国职业教育法制建设也随着中国整体教育法制工作的开展，逐步建立和发展起来，这一时期中国职业教育法制体系建设逐步显现出来，推动了中国职业教育法制现代化的步伐。

进入20世纪80年代以后，中国职业教育法制建设已经开始了国家立法前期调研和起草工作。1987年国家教委就开始着手有关中等职业教育的条例、规章的起草研讨，并专门召开了相关座谈会。各级地方人大和政府已经出台了适应本地区职业教育发展的单行地方法规或条例、规章等。随着整体教育法制工作的深入，职业教育立法建设也取得了较大的进展。按照本书对广义的职业教育法制的定义，结合20世纪80年代中国职业教育立法的具体情况，按照立法的效力层级，笔者认为这一时期职业教育法制结构建设由上而下纵向可以划分为以下几个层次。

1. 宪法

1982年颁布的《宪法》为新时期中国职业教育法制建设和法制结构构成提供了直接的立法来源和法制保障。从立法的效力层级上来说，宪法是一切国家立法的根本，是一切法律的"母法"，在整体的职业教育法制体系中处于最上端和最高层级。如图2—1所示。

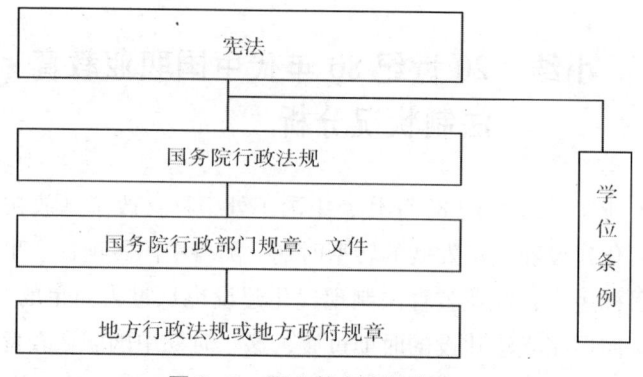

```
        ┌─────────────┐
        │    宪法     │
        └──┬──────────┤
           │          │
    ┌──────┴──────┐   │
    │国务院行政法规│   │
    └──────┬──────┘   │
           │         学
    ┌──────┴──────────┐位
    │国务院行政部门规章、文件│条
    └──────┬──────────┘例
           │          │
    ┌──────┴────────────┐
    │地方行政法规或地方政府规章│
    └─────────────────────┘
```

图 2—1　职业教育法制体系

2. 教育立法

1980 年的《学位条例》，是新时期由国家最高立法机关制定的中国第一部教育的专门性法律。《学位条例》的制定直接带动了整体中国职业教育法制建设的步伐。

3. 国务院行政法规

20 世纪 80 年代由于整体教育法制建设正处于前期的调研和起草之中，没有专门性的关于职业教育的国家立法或国务院行政法规，但是已经开始了职业教育立法的前期调研、起草工作。

4. 国务院部门规章或文件

在这一时期职业教育还是主要依靠行政规章和部门文件、通知等来调节、管理。这一时期国务院教育以及其他行政主管部门通过了大量的职业教育规章或文件等，极大地促进了中国职业教育法制建设。

5. 地方行政法规或地方政府规章

改革开放以后，中国职业教育法制建设的一个较大的变化就是地方立法工作的先行。早在 1985 年 12 月，为了适应职业教育发展形势的需要，河北省率先颁布了全国第一个地方性职业教育法规——《河北省发展职业技术教育暂行条例》。随后，1987 年 9 月，山东省通过了《山东省中等职业技术教育条例》，上海市也通过了《上海市职工教育条例》和《上海市职业技术教育条例》等相关的地区性行政法规。地方立法工作的开展，极大地促进了全国性职业教育立法工作的开展。

从横向上看，这一时期中国整体教育法制建设逐步走向正规，特别是作为教育主管部门,加大了教育立法的步伐,除了大量的直接涉及职业教育内容的规章和文件外,教育部(原国家教委)也开始了法制规范化的工作,对整体教育法制建设做出了规定。1989年3月17日,为了规范教育法规、规章的制定和发布,国家教委颁布了相关的教育部门行政法规、规章的发布办法,对授权发布法规、部门职权内制定规章等的权限、格式、形式等都做出了统一的规定。该办法的颁布,使国家教育行政部门发布行政法规和规章的行为有法可依,保证了运用法律手段的程序正义,在教育法制现代化建设上是一个进步。

二 职业教育综合类政策、法规建设

在中国改革开放初期这一历史阶段中,中国职业教育领域通过的综合性政策和法规主要有:1980年国务院批转的国家劳动总局《关于中等教育结构改革的报告》,正式开始了中国新时期职业教育改革的探索。从此,中等结构得到调整,改变"文革"造成的单一普通中学教育结构,大力兴办农业中学、城市职业学校、中专、技校、职业高中、普通学校开设劳动技术课程等,逐步实现了中等教育结构的转变,使中等教育阶段的职业教育比重趋于合理。1981年中共中央、国务院《关于加强职工教育工作的决定》,决定加强新时期职工教育,提高一线劳动者素质,揭开了新时期中国职业培训的序幕。1982年《宪法》的颁布为中国职业教育法制建设提供了宪法保障。1985年中共中央《关于教育体制改革的决定》统领新时期中国职业教育改革和发展的方向,从此中国的职业教育得到了充分重视,大大加快了职业教育体系的建设。1986年第一次全国职业技术教育工作会议的召开和会议颁布的一系列的职业教育规章成为规范新时期中国职业教育发展的标志。1987年国家教育委员会《关于改革和发展成人教育的决定》带动了职工岗位培训和成人职业技术教育的发展。

三 各类职业教育制度的建设

(一)中等职业教育

1. 职(农)业中学

(1)招生和毕业:以省、市为单位,招收应届初中毕业生,统一招生考试，普通高中待遇，国家不包分配，有劳动部门推荐，用人单位择优录取，也可以自谋出路，也可以根据专业报考相应的高校。

（2）师资：列入办学单位的事业编制，文化课教师由教育部门安排，专业课教师可以聘任或招聘，农业中学师资在现有的公办、民办教师中解决。

（3）经费和领导：文化课经费由教育部门负责，专业课经费由办学单位承担，农村办学由集体群众办学模式解决，国家酌情补助。对于学校自办工厂、农场、实习基地等实行免税的政策，学生在单位实习期间享受实习单位津贴和劳保。领导采取各级党委领导下的、多方参与的综合管理模式。

（4）采取联合办学、面向社会需求，多种形式兴办职业教育中心，增加师资培养，改革教学计划和教材、大纲等，将学习、毕业、就业统筹考虑，积极促进职（农）业中学的发展。

2. 技工学校

（1）进一步明确技工学校的办学方向和原则：培养中级技术工人，掌握本专业（工种）的基本理论知识和实际操作技能，统一招收初中和高中毕业生，初中毕业生技校学制为3年；高中毕业生技校学制为2年。技工学校的规模和专业设置不宜过大、过于复杂，办学需达到一定的软硬件条件。

（2）教学工作：课程分为文化课、技术理论课、生产实习课，其中文化和技术理论课与生产实习课学时为1∶1；采取通用的教材、教学计划、教学大纲等。

（3）教师与学生：教师分为文化、技术理论和生产实习课三种，学生招生和分配纳入国家计划，招生采取以省、市、自治区为单位，统一招考，择优录取。学生在校期间实行人民助学金制度。

（4）学校管理和领导、经费：学校实行党委领导下的校长分工负责制，经费来源主要由劳动部门和专业公司、大型企业的教育经费支持，学校基本建设资金纳入该单位的基本建设计划。

从1983年起，全国技工学校进行了调整和整顿，此后，技工学校的办学和管理进行了一定程度上的改革：

（1）进一步明确技工学校的办学性质：高中阶段的中等职业技术

学校，不得随意改变技校的办学性质。

（2）增加职工培训和待业青年的培训工作。

（3）招生和毕业分配：实行单独的统一考试，改革统包统分的办法，实行择优分配，学生在校期间逐步实行奖学金制度，允许招收代培生和自费生，交纳一定的学费。

（4）教师实行聘任制，改革教学计划和内容，突出实际操作技能，重视生产实习教学。

3. 中等专业技术学校

（1）招生和专业设置：一般招收初中毕业学生，学制3年；高中毕业生，学制2年；按照专业设置进行培养。

（2）管理体制：按照中央到地方、业余部门参与、在各级党委的领导下，实行分工分级，按系统归口的管理原则。

（3）学生与教师：学生在校期间享受人民助学金，毕业由国家统一分配到基层从事工作，实行1年见习制度，然后在确定工作岗位。教师实行聘任制，晋升职称与普通学校相同。

（4）招生和分配制度的改革：从1983年开始，为了解决过去统包统分的办法不能适应新形势发展的需要，国家开始了农村中专教育的改革，实行单独招生、毕业不包分配，自主择业的办法，推动中专教育改革。允许地方部门更多参与中专办学，采取多渠道招生，可以跨省、跨地区、跨行业招生，允许增加代培生计划，联合办学，毕业生分配也采取多种模式，改变以往单一的招生和分配制度。

（5）教学改革：更加适应生产一线的需要，增加技术课程和实践课程，提高生产劳动课的课时，改革教材、教学计划，面向一线培养实用型人才。

此外，在改革中等教育结构的同时，普通中学增加劳动技术课程也成为中等职业技术教育改革的内容之一。教育部门先后颁布了全日中学劳动技术课教学大纲和计划，加强普通中学的职业教育。

（二）高等职业教育

20世纪80年代中国高等职业教育正处于草创阶段，探索新时期高等职业技术教育的办学也是改革开放初期职业教育发展的一个重大变化。这一时期的高等职业教育主要有短期职业大学和高等专科技术教育两种形式。短期职业大学采取走读为主、国家不包分配,交纳一定的学费,学制较短,毕业生自主择业。地方办学为主,专业一般多以实践型和工艺型为主,多种形式、灵活办学,注重社会各界的联合办学。高等技术专科教育以招收初中毕业生为主,实行四年制中专教育和五年制大学专科教育,分别培养中级、高级技术管理人才。多以实用型、工艺型专业为主,专业直接面向生产一线而设计,毕业生直接从事生产一线的实际工作。

(三) 职工技术培训

1978—1981年间全国召开了四次职工教育工作会议,强调将新时期职工教育作为一项战略任务来抓,在整个国民经济调整时期,针对全国企业普遍存在的"三低一少"(职工文化水平低、技术等级低、管理人员业务能力低、技术人员少)的现象,提高思想认识,加强组织和领导,建立专门性的机构,制订详尽计划,建立起长久机制,提供必要的物质支持,采取多种形式,进行业务、技术的业余教育,迅速提高职工的各方面水平,为企业发展提供人才支持。

1. 职工业余学校

(1) 建立考试制度,承认学历,颁发文凭,待遇与全日制学校毕业生相同,作为晋级和安排工作的依据,毕业后由单位和用人部门安排和统一调剂。

(2) 企业职工业余学校配备专职教师,教师待遇与企业技术人员相同,可以评定职称和参加相关待遇、晋级、奖励和福利等。制订教学计划,安排专门时间,采取"六二制"、"七一制"学习时间,或利用业余时间,采取集中和分散相结合的形式,鼓励参加学习。

(3) 经费:按照企业工资总额的1%—1.5%,列入生产成本(流通费),还可以从企业利税之后或包干结余中拿出一部分资金作为职工教育费用;各级工会会费拨付金的25%—37.5%作为企业职工教育费用。其他行政事业单位职工教育费用,可以由各级财政适当补助。

(4) 整顿"七二一"大学,普遍建立起职工业余高等及中专教育体系和机构,提高职工的学历和整体水平,并确立了职工业余高校和中专学校的设置、教师、职称和教学管理、教材、招生考试和考核等一整套学校制度,加强职工业余教育。

2. 青工"双补"活动的开展

针对"文革"给广大企业青工造成的文化、技术水平偏低的实际状况，从1980—1986年间，全国企业在广大青年职工中（16—40岁），"文革"中或之后参加工作的青工中进行了"双补"（补文化、补技术）的教育。一般以初中文化和三级工技术水平为标准，低于要求的根据实际情况安排补课，严格考核制度，将职工学习的成绩作为考核升级的参考。青工"双补"活动是"六五"期间，为了弥补"文革"给中国广大企业造成的技术工人短缺、一线劳动者素质低而进行的一项全民性的补课活动，其间全国共有2000多万青工参加了文化和技术的补习，成为特定历史时期的缩影。

3. 岗位培训工作

在普遍完成职工"双补"的学习之后，全国职工教育的重点转向了朝培养中级、高级和工人技师的层次发展。在建立起新的工人考核制度和体系之外，职工培训也向立足岗位、加强技术等级培训的方向发展。"七五"期间岗位培训工作成为在职职业教育和培训的重点，这一时期开始将职业培训工作纳入了国家整体的教育体系之中。从20世纪80年代中后期开始，立足岗位成才、开展技术教育、技术比武和劳动竞赛成为这一时期职工职业教育的突出特点。在岗位培训活动中逐步形成了一整套完善的政策和制度，主要包括：

（1）根据岗位特点和分类，实行以行业为主、条块结合、等级分则、分步制定的原则，确定起了规范的岗位标准。

（2）按照岗位规范，编制培训计划和大纲。

（3）建立专业教师队伍，采取灵活多样的活动形式，编订适用、科学、新颖的培训教材，注重实际操作能力的培养。

（4）建立了岗位培训与合理使用相结合、考核相结合、奖惩相结合、工资待遇相结合、专业技术聘任和评定相结合的培训制度。

4. 就业前训练、工人技术等级、学徒培训制度的建立和完善

（1）建立就业前训练制度，解决广大待业青年和用工单位招收新职工的矛盾，开辟新的就业渠道，"先培训、后就业"对特殊岗位和行业、工种实行先培训、再考核、有证书、再上岗的制度，保障企业的用人，变招工为招生，面对社会择优录用，开展公平竞争，提高企业效益

和促进企业用人机制的转变。

(2) 改革开放初期,中国企业工人开始施行的是苏联的八级工资和技术等级制,虽然在改革初期也进行了工资和人事制度的改革,但是全国企业基本上还沿用着五六十年代的工人考核标准,这些不利于企业的发展。为了改变这种状况,制定了新的企业工人考核标准和条例,建立了初级工、中级工、高级工、技师制度,重新制定了企业工人培训、评定技术和工资等的标准,建立了特殊岗位和行业的技术等级证书和从业资格证书制度,新的工人技术等级和岗位规范的制定成为这一时期在职职工培训制度建设的一大突出特点。

(3) 学徒培训制度的改革也是这一时期在职职工培训制度改革的一个重要方面。长久以来,中国正规的职业学校(中专、技校和职业中学等)培养的技术工人的数量还是很有限的,满足不了广大人口就业和企业的用工需求,传统的"师傅带徒弟"的工人培养方式在广大企业中普遍存在。进入新时期以来,围绕着改革学徒制度和用工制度,国家有关部门先后出台了一系列学徒制改革的政策和制度,对新工人的培养工作做出了规范,例如:加强学徒的基本要求,文化程度必须是初中以上,单位、师傅与徒弟之间签订培训合同,明确单位、师傅、学徒之间的责任、义务和待遇等。社会和企业建立学徒培训基地和培训中心,注重培养学徒工的理论和实际操作能力,建立相应的考核和转正制度,规范学徒工的培养。

(四) 农民职业技术培训

进入新时期,随着农村经济体制的改革和社会环境的变化,学技术、快致富也成为农村职业技术培训工作的重点。20世纪80年代农村富余劳动力开始向城市转移,农民的技术教育也得到了很大程度的延伸,广大农民开始改变传统的经济观念,学技能、办企业,从事更多领域的生产活动,多种经济方式并举,脱贫致富成为广大农村"时髦"的做法。为了推动新时期农村职业技术教育的开展,国家相关部门制定了一系列农村职业技术培训的政策和制度,主要有:

(1) 建立起覆盖农村的职业教育网络,利用县级农民中专和技术学校、乡镇文化技术学校为主要农民技术培训的阵地,利用电视、广播等媒体手段,紧密联系当地产业结构和本地实际,采取函授、面授和兼职的形式，学制可长可短，传播和推广农村实用技术和科学生产知识，经费采取地方财政补助、自助和缴纳学费等多渠道投入，管理上采取乡办乡管、县办县管的模式。

（2）采取农民中专学历教育、农业生产技术资格证书培训、农业科技推广及培训等多种形式，加大对农民职业技术教育。重视农村青年的实用技术培训工作。教材建设根据农村实际，编写了农村实用技术培训的相关成套教材。农村职业技术教育内容和方式采取因地制宜、面向实际的方法，将技术教育和农村的经济利益紧密结合。

改革开放初期中国职业教育法制的现代化进程是这一时期中国实行改革开放、加快社会各项事业现代化发展的一个微小层面，这个时期职业教育法制现代化经历了国家整体教育体制的改革和探索，成为中国改革开放之后全面现代化建设的一个缩影。这一时期中国的职业教育主要还是依靠国家行政主管部门的行政法规和部门规章调节，但这一时期的中国职业教育法制现代化主要从指导思想和实践上有了明确的目标和前进方向，也有了包括宪法在内的法制建设的基础和根本保证，为以后中国职业教育法制全面现代化建设打下了坚实的基础。

第三章

中国职业教育法制现代化进程的全面展开

进入20世纪90年代，中国各项现代化建设进入了一个全新的历史发展时期。在指导思想上，邓小平南方谈话和中共十四大的召开为中国未来的改革开放指明了前进的方向，同时邓小平理论作为全党指导理论的地位得以确立。在经济社会发展上，社会主义市场经济体系得以确立，以上海浦东新区为核心的长三角地区开发为标志，中国迎来了新一轮改革开放的高潮。这一时期，中国的职业教育法制现代化进程也随着社会主义市场经济体制目标的建立，在立法的广度和深度上得到了全面展开。

第一节 中国职业教育法制全面建设的前奏

中共中央十三届七中全会确立了未来中国十年发展的整体目标，制订了"八五"计划与国民经济和社会发展十年规划。在整个时代的大背景下，中国职业教育的进一步蓬勃发展，社会主义法制建设全面展开，这一切大大推进了中国职业教育法制的进程。

一 第二次全国职业教育会议的召开和国务院《关于大力发展职业技术教育的决定》的颁布

为了落实"八五"计划，总结改革开放以来中国职业技术教育发展的经验，规划未来中国职业教育发展的整体目标，明确任务，国务院五部委联合召开了第二次全国职业教育会议。

（一）第二次全国职教会议的召开

根据中共中央十三届七中全会精神，进一步明确今后职业技术教育发展的目标、方针和政策措施等，1991年1月，国务院相关部门召开了全国职业技术教育工作会议，李铁映做了专题报告。报告通过对20世纪80年代末中国劳动力整体素质的分析，认为由于劳动力受教育程度仍然偏低，特别是绝大部分劳动力没有必要的职业技术教育或培训直接进入生产领域，结果造成了许多科技成果得不到推广，产品质量差、经济效益差，直接影响了中国的现代化进程。农村经济发展中这种现象尤为突出：每年中国有七成农业科技成果得不到转化，农民增产增收受到严重制约，一个主要原因就是农民整体素质偏低，而调查结果显示接受过中等职业教育的农民收入明显高于其他人。事实证明，没有职业教育就没有现代化。由此，必须高度重视发展职业教育。在谈到探索未来中国职业教育发展思路的时候，报告指出未来十年要积极办好各类职业学校，建立一批示范性骨干学校。广泛开展短期职业技术培训班，扩大普通教育阶段职业教育因素。加强农村技术学校办学和国际职业教育合作，拓宽劳务市场。采取多种形式按照教育部门负责大政方针，中央和地方、行业部门分级、分工的管理体制，积极兴办职业教育。落实资金投入和相关政策、制度，不断提高职业教育的办学水平。[①] 为了进一步推动职业教育发展，1991年10月17日，国务院发布了《关于大力发展职业技术教育的决定》（以下简称《决定》），《决定》首先分析了20世纪90年代中国职业教育发展的现状，认为虽然经过20世纪80年代的积极发展，中国职业教育取得了很大进步，但是职业教育基础薄弱的问题依然突出，观念落后、管理体制不能理顺、投入经费少、职业教育办学不能适应社会需求等老大难问题亟待解决。该《决定》就未来10年，特别是"八五"期间中国职业教育发展的方针、政策、领导和管理、改革和建设等问题提出了具体目标和措施。[②] 该决定拉开了20世纪90年代中国职业教育改革和发展的大幕，也是中国职业教育法制建设全面展开的序曲。

（二）中等职业教育管理的加强和职工岗位培训工作的开展

随着中国改革开放和现代化建设步伐的不断加快，中等职业技术教

[①] 何东昌主编：《中华人民共和国重要教育文献汇编》（1991—1997），海南出版社1998年版，第3101—3104页。

[②] 同上书，第3221—3224页。

育的制度建设和职工岗位培训工作也不断充实和开展起来。

1. 中等职业教育

（1）中等专业技术学校。

从 1990 年开始，中等专业技术学校管理进一步加强，这一时期主要规章和文件如表 3—1 所示。

表 3—1　　　　　　1990—1993 年中专技术学校规章一览表①

序号	颁布时间	颁布部门	规章和文件等名称
1	1990 年 3 月 9 日	国家教委	关于中等专业学校（含中师）领导体制问题的通知
2	1990 年 10 月 9 日	国家教委办公厅	关于普通中等专业学校招收自费生参照普通高校招收自费生暂行规定执行的通知
3	1990 年 11 月 25 日	国家教委、国家计委	普通高等学校、中等专业学校招生计划管理暂行办法
4	1991 年 1 月 11 日	国家教委	关于开展普通中等专业学校教育评估工作的通知
5	1991 年 5 月 20 日	国家教委职业技术教育司	关于开展普通中等专业学校教育评估工作的几点说明
6	1991 年 5 月 21 日	国家教委、人事部等四部门	关于进一步做好高等学校、中等专业学校招收残疾考生和残疾学生毕业分配工作的通知
7	1992 年 1 月 27 日	国家教委	关于修订普通中等专业学校专业目录的通知
8	1992 年 4 月 2 日	林业部、国家教委	关于在部分省（自治区）普通中等林业学校招收有实践经验人员入学的通知
9	1993 年 3 月 23 日	国家教委	关于普通中等学校专业设置管理的原则意见

---

① 根据何东昌主编《中华人民共和国重要教育文献汇编》（1949—1990）、（1991—1997），海南出版社 1998 年版，1990—1993 年文献编制。

这一时期中等专业技术教育规章主要集中在全国中等专业学校评估工作和中等专业学校专业设置等方面。为了普遍加强对中等专业学校的宏观管理，促进中专学校深化改革，提高教育质量和效益，国家教委决定从 1991 年起，利用三年左右的时间，在全国范围内对普通中专教育进行教育评估。《中专专业目录》是中专教育行政管理和学校教学工作的基本工作，对人才供求关系和结构比例进行宏观调控的依据。随着国家经济建设和社会的发展，特别是由于改革开放的需要，中专专业种类逐步增加，教育部 1963 年发布的专业目录已失去了应有的作用。为了使中专教育更主动地适应改革开放和社会主义现代化建设步伐的需要，1993 年 3 月 23 日，国家教委正式下发了新修订的《普通中等学校专业目录》，新目录有利于专业结构和专业布局的优化，提高中专学校的整体办学水平。[①] 这一时期全国中等技术学校发展概况如表 3—2 所示。

表 3—2　　　　1990—1992 年全国中专技术学校概况表[②]　　　单位：人

年份	学校数（所）	毕业生数	招生数	在校生数	教职工数	专任教师数
1990	2956	427573	502802	1567091	384838	176020
1991	2977	492117	546549	1603052	388128	175068
1992	2984	503012	634025	1731273	396626	178086

（2）技工学校。

从 1990 年起，劳动部对所属各类技工学校的日常管理也进行了行政规章的完善。这一时期技工学校制度建设掀起了一段高潮，推动了技工学校的发展。具体情况如表 3—3 所示。

[①]《国家教委关于印发〈关于普通中等专业学校专业设置管理的原则意见〉的通知》，2011 年 9 月 25 日，人民网法律法规库（http：//www.people.com.cn/item/flfgk/gwyfg/1993/206003199301.html）。

[②] 根据《中国教育年鉴》编辑部《中国教育年鉴》1991、1992、1993 年鉴统计数据编制，不包括中等师范学校。

表 3—3　　　　1990—1992 年技工学校管理规章概况表①

序号	颁布时间	颁布部门	规章和文件等名称
1	1990 年 3 月 12 日	劳动部	关于生产实习指导教师评聘技师问题的意见
2	1990 年 5 月 4 日	劳动部	技工学校学生学籍管理规定
3	1990 年 5 月 12 日	劳动部	技工学校学生日常行为规范
4	1990 年 7 月 3 日	劳动部	关于加强技工学校思想政治工作的意见
5	1990 年 9 月 3 日	劳动部	技工学校招生规定
6	1991 年 4 月 24 日	劳动部	关于开展技工学校评估工作的通知
7	1992 年 4 月 2 日	劳动部	关于试行技工学校招生考试增加职业能力测试科目的通知
8	1992 年 7 月 14 日	劳动部、财政部	关于调整技工学校经费标准的通知
9	1992 年 9 月 11 日	劳动部	技工学校校长任职要求（试行）
10	1992 年 11 月 28 日	劳动部	国家级重点技工学校标准、国家级重点技工学校评估细则

　　这一时期技工学校规章建设主要集中在全国的技工学校评估工作方面。1991 年劳动部开始对全国的技工学校展开了教育评估工作。评估工作调动了主管部门的办学积极性，增强了各地技工学校的竞争意识，大部分地区增加了对技工学校的投入，改善了办学条件，加强了技工学校的领导班子和师资队伍建设，促进了技工学校毕业生"双证书"制度的实施，提高了培训质量。为进一步加强对技工学校的宏观管理，促进技工学校规范化、制度化建设，劳动部决定于 1993 年进行国家级重点技工学校的评选工作，促进重点技工学校的建设。这一时期全国技工学校发展概况如表 3—4 所示。

---

　　① 根据国家教育委员会政策法规司编《中华人民共和国现行教育法规汇编》（1990—1995）（上）（人民教育出版社 1998 年版）相关内容编制。

表3—4　　　　　1990—1992年全国技工学校概况表①　　　　单位：万人

年份	学校数（所）	毕业生数	招生数	在校生数	教职工数	专任教师数
1990	4184	41.43	50.43	133.17	30.77	13.55
1991	4269	45.42	54.45	142.21	32.52	14.36
1992	4392	45.7	60.18	155.60	33.65	14.68

（3）职业中学。

为了加强职业中学的管理工作，从1990年开始，国家教委等部门颁布了一系列的行政法规、规章，规范职业中学的日常管理。这一时期职业中学管理的主要规章和文件如表3—5所示。

表3—5　　　1990—1992年职（农）业中学规章和文件概况表②

序号	颁布时间	颁布部门	规章和文件等名称
1	1990年8月6日	国家教委办公厅	关于对职业高级中学开展评估、认定"省级重点职业高级中学"的通知
2	1990年8月16日	国家教委	省级重点职业高级中学的标准
3	1990年12月31日	国家教委	关于制订职业高级中学（三年制）教学计划的意见
4	1991年3月8日	国家教委	关于继续开展评估、认定"省级重点职业高级中学"的通知
5	1991年4月4日	国家教委	关于推荐应届职业高中毕业生参加高考有关问题的通知
6	1991年7月20日	国家教委等四部门	中等职业学校收取学费的暂行规定
7	1992年3月12日	国家教委	职业高级中学学生学籍管理暂行规定

这一时期职业高中规章主要集中在教学评估工作和教学管理方面。

---

① 根据《中国教育年鉴》编辑部《中国教育年鉴》1991、1992、1993年鉴统计数据编制。

② 根据何东昌主编《中华人民共和国重要教育文献汇编》（1949—1990）、（1991—1997），海南出版社1998年版，1990—1993年文献编制。

《省级重点职业高级中学的标准》的颁布，明确了省级重点职业高级中学的办学基本条件、学校管理、教师、教学、德育、体育、美育、卫生工作、毕业生工作、经费、审批程序等条件和标准。为推动职业高中的发展，国家教委决定从1990年起，在全国范围内，进行省级重点职业高级中学的评估、认定工作。一系列评估和加强职业高中管理措施的出台促进了职业高中的建设和发展。这一时期全国职（农）业中学概况如表3—6所示。

表3—6　　　1990—1992年全国职（农）业中学概况表①　　单位：万人

年份	学校数（所）	毕业生数	招生数	在校生数	教职工数	专任教师数
1990	9164	89.25	123.19	295.01	34.27	22.4
1991	9572	94.54	137.82	315.55	35.84	23.47
1992	9860	96.72	152.14	342.76	37.63	24.8

2. 农村与民族地区职业技术教育

从1990年开始，为了实现农科教的结合，促进农村经济发展，国家制定了一系列推动农村职业技术教育发展的制度和措施，主要概况如表3—7所示。

表3—7　　　1990—1992年农村职业教育文件、规章概况表②

序号	颁布时间	颁布部门	文件、规章等名称
1	1990年6月7日	国家教委	关于动员农林中专和农村职业中学做好科技兴农工作的通知
2	1990年11月26日	中国农业银行、国家教委	关于支持农、林中专和农村职业中学开展生产经营活动的联合通知
3	1991年6月6日	国家教委	关于大力发展乡（镇）、村农民文化技术学校的意见

---

① 根据《中国教育年鉴》编辑部《中国教育年鉴》1991、1992、1993年鉴统计数据编制，其中统计数据包含职（农）业高中和初中。

② 根据何东昌主编《中华人民共和国重要教育文献汇编》（1949—1990）、（1991—1997），海南出版社1998年版，1990—1993年文献编制。

续表

序号	颁布时间	颁布部门	文件、规章等名称
4	1991年6月20日	国家教委	中国农村教育的发展与改革——农村教育国际研讨会国家报告
5	1991年9月5日	国家教委	全国中专改革招生分配制度为科教兴农服务座谈会纪要
6	1992年2月12日	国务院	关于积极实行农科教结合，推动农村经济发展的通知
7	1992年2月19日	国家教委、农业部转发	关于嘉兴农校改革招生分配制度为科教兴农服务的报告
8	1992年4月8日	国家教委	关于加强少数民族地区与民族地区职业技术教育工作的意见

这一时期农村和民族地区职业技术教育规章和文件内容主要集中在科教兴农、服务农业生产，加速推动农村经济发展方面。在具体农村职业教育发展措施上，为了实现全国范围内的农村职业教育网络覆盖，国家决定到1995年底，全国除了极少数老少边穷地区外，95%的乡镇和80%的行政村都要设立农民文化技术学校。民族地区在"八五"期间每县办好一所示范性职业技术学校。民族地区的职业教育必须与当地经济结构相适应，增加农牧业为主要内容的技术教育。增加少数民族地区的职业教育经费投入，广泛建立民族地区职业教育体系和网络。这一时期全国农村职业技术教育发展概况如表3—8所示。

表3—8　　　　　1990—1992年全国农民职业教育概况表① 　　　单位：万人

年份	学校类别	学校数（所）	毕业生	招生数	在校学生数	计	其中：专任教师
1990	农民中专	340	5.04	4.91	11.26	1.15	0.61
	农民技术培训学校	38225	1161.47	1042.00	1049.59	8.12	4.31

---

① 根据《中国教育年鉴》编辑部《中国教育年鉴》1991、1992、1993年鉴统计数据编制。

续表

年份	学校类别	学校数（所）	学生数 毕业生	学生数 招生数	学生数 在校学生数	教职工数 计	教职工数 其中：专任教师
1991	农民高校	5	0.02	0.01	0.02	0.03	0.01
1991	农民中专	375	3.96	5.32	11.54	1.32	0.75
1991	农民技术培训学校	217474	3657.47	3070.91	2787.83	18.86	7.00
1992	农民高校	5	0.01	0.02	0.03	0.03	0.01
1992	农民中专	386	4.13	6.46	13.81	1.49	0.87
1992	农民技术培训学校	271453	4460.1	3956.53	3344.51	22.22	7.88

3. 职工技术培训

为进一步加强工人培训工作，1990—1992年，劳动部等部门先后颁布了一系列规章和文件加强职工培训工作，概况如表3—9所示。

表3—9　　　　　1990—1992年职工培训主要规章概况表[①]

序号	颁布时间	颁布部门	规章和文件名称
1	1990年6月23日	劳动部	工人考核条例
2	1991年6月16日	国家教委	关于加强岗位培训管理工作的意见
3	1992年2月26日	劳动部	关于加强工人培训工作的决定
4	1992年3月6日	劳动部	劳动部贯彻国务院关于大力发展职业技术教育的决定的通知
5	1992年8月27日	劳动部	关于加强职业培训教材建设的意见

中国劳动力数量多、素质低，经济建设所急需的生产一线技术工人

---

① 根据何东昌主编《中华人民共和国重要教育文献汇编》（1949—1990）、（1991—1997），海南出版社1998年版，1990—1993年文献编制。

严重缺乏，一直是困扰中国经济发展的客观问题之一。切实加强职业培训工作，推动职业培训事业的发展，一直是职工技术教育的重点内容。这一时期职工技术培训规章建设的重点是围绕着提高职工技术水平和加强职工技术培训工作开展的。其中新的工人考核办法和岗位培训工作的意见对加强职工职业技术培训工作提出了新的标准和要求。一系列职工培训规章的颁布推动了职工技术教育的开展。这一时期全国职工职业技术教育发展概况如表3—10所示。

表3—10　　　　1990—1992年全国职工职业教育概况表[①]　　　单位：万人

年份	学校类别	学校数（所）	学生数 毕业生	学生数 招生数	学生数 在校学生数	教职工数 计	教职工数 其中：专任教师
1990	职工高校	835	7.66	6.92	23.03	8.38	3.69
1990	职工中专	2107	17.54	22.01	55.91	9.15	4.03
1990	职工技术培训学校	8366	383.91	289.48	232.59	6.96	4.00
1991	职工高校	776	9.13	8.64	21.91	8.07	3.69
1991	职工中专	271	1.60	2.55	5.07	1.18	0.53
1991	职工技术培训学校	11150	603.20	396.72	377.86	8.25	4.09
1992	职工高校	726	6.34	8.46	23.01	78.07	3.61
1992	职工中专	1853	12.51	19.46	45.86	7.87	3.8
1992	职工技术培训学校	12659	498.41	585.31	346.69	8.15	4.11

二　《中国教育改革和发展纲要》的实施

1992年邓小平南方谈话，提出了三个"有利于"的标准来加快改革开放的步伐，同年中共十四大明确提出了建立社会主义市场经济体制

[①] 根据《中国教育年鉴》编辑部《中国教育年鉴》1991、1992、1993年鉴统计数据编制。

目标。十四大报告提出将教育放在优先发展的战略地位,将教育和科技作为未来中国实现现代化的必由之路。围绕这一主题,十四大的政治报告提出了加快法制建设和教育发展的战略举措。中国围绕建立社会主义市场经济体制,相关的各类教育立法工作大大加快了,中国职业教育法制现代化进程又有了新的发展和变化。

(一)《中国教育改革和发展纲要》的颁布

在中共十四大确立的建设中国特色社会主义理论的指导下,为了实现十四大提出的关于教育的战略目标,规划未来10—20年中国教育发展目标(即20世纪90年代到21世纪初),1993年2月27日,《人民日报》全文刊发了中共中央、国务院制定的《中国教育改革和发展纲要》(以下简称《纲要》)。《纲要》是继1985年中共中央颁布《关于教育体制改革的决定》之后又一次针对教育改革和发展问题做出的重大战略决策,又是一个具有里程碑式的中国教育纲领性文献。《纲要》在传承中国第一、第二代领导集体教育思想的基础之上,又针对新形势下的中国教育发展创造性地提出了若干中国教育发展的重要措施和步骤以及指导方针。《纲要》首先分析了20世纪90年代初期中国教育面临的机遇与挑战,分析认为要实现十四大提出的20世纪90年代中国经济社会发展的目标,必须将经济建设转化到提高劳动者素质和科技进步上来。中国劳动者素质长期偏低直接导致了企业效益低下、产品缺乏竞争力、农业科技推广难、资源和环境破坏严重以及人口增长得不到遏制等后果,然而中国教育整体还处于长期落后的状况:教育的战略地位没有突出、教师待遇差、教育办学的条件差、教育与实际脱节、教育体制不能满足社会改革的需要。《纲要》认为21世纪中教育将取决于中国未来发展的成败。对于整体教育中存在的诸多问题,《纲要》一一做出了部署和调整,为未来中国教育的改革和发展指明了方向。但是,《纲要》的制定由于时代和认识的不同,对于职业技术教育的界定和发展只是作为整体教育的一部分来处理的,并没有像1985年《关于教育体制改革的决定》以及后来关于职业教育一系列改革和发展的措施和政策那样将职业教育单独列章,突出发展职业教育,这不能不说是一种遗憾,另外还是将成人教育与职业教育的范围混为一体,没有区分职业学校教育和职业培训的范围,但是《纲要》对于职业教育部分还是提出了一些今后发展和改革的方针以及措施，和加强教育法制建设、推动中国职业教育发展的思路。《纲要》提出到 20 世纪末全国范围内建立起以县域示范性职业学校为中心的、多种职业短训班相结合的、劳动者职前、职后相结合的，职业技术教育与当地经济发展相结合的，社会多渠道相结合的，综合发展职业教育体系和网络的战略目标。《纲要》还提出了参考高等教育改革的模式和目标，改革已有的职业学校教育和分配制度，毕业生面向全社会多种形式就业。[①]《纲要》颁布后，为了推动教育改革和发展措施的细化，国务院和各级地方人民政府又下发了《纲要》的具体实施意见，深化了《纲要》的执行环节。

总的来说，《纲要》的颁布是从全局、战略性的高度全面回答了新时代条件下中国整体教育发展的一系列重大政策和原则问题，是中国教育特别是职业教育发展的方向标和新的里程碑，从此之后，中国职业教育和职业教育法制的建设又进入了一个崭新的时代。

(二)《教师法》的颁布

在多方提议和多年的起草、征求意见、反复修订之后，1993 年 10 月 31 日，《教师法》在八届人大常委会第四次会议上获得通过，并于 1994 年 1 月 1 日正式实施。《教师法》的颁布是中国教育法制建设中又一件大事，标志着中国教师队伍建设从此走上了法制轨道，充实了中国职业教育法制的体系结构。《教师法》对教师待遇、教师地位、素质、构成、管理、法律责任和义务、资格和任用都做了详尽的规定，其中《教师法》对职业教育教师任职资格做出了具体规定：

(1) 中等职业教育学校教师任职资格：中专、技校、职业高中等文化、专业课教师必须拥有大学本科以上学历。

(2) 高等职业院校教师参照高等学校教师资格认证办法，需要拥有大学本科或研究生以上学历。

《教师法》的制定和实施，是中国教育制度和教师制度的一次重大立法活动，从此结束了教师问题无法可依的窘境，为中国职业教育法制建设的全面展开打下了基础。同时，为了保障《教师法》的顺利实施、

[①] 何东昌主编：《中华人民共和国重要教育文献汇编》（1991—1997），海南出版社 1998 年版，第 3467—3473 页。

细化《教师法》的各项规定，国务院和国家教委还颁布了《教师法》实施的若干意见以及《教师资格条例》等一大批法规、规章，推动了《教师法》的落实。

（三）《劳动法》的颁布

随着市场经济的发展，劳动用人关系和劳动制度已经成为社会经济发展和保持社会稳定的关键因素之一。为了保障用人单位和劳动者之间正常的法律关系，制定适合市场经济要求的劳动领域根本性法律文本成为20世纪90年代中国国家立法的重点之一。历经10多年的起草和修订，1994年7月5日，八届全国人大常委会第八次会议表决通过了《劳动法》，自1995年1月1日起在全国施行。《劳动法》的颁布和实施在中国职业教育法制现代化进程中有着直接的重大意义。《劳动法》作为《职业教育法》的母法之一，对于劳动就业和职业训练做出了相应的规定：

（1）国家围绕提高劳动者素质和就业能力，积极发展职业培训。
（2）国家、行业、企业和社会组织、个人开办职业培训。
（3）建立岗前培训和资格证书制度。
（4）国家实行职业分类制度。
（5）国家实行职业资格证书和职业能力鉴定制度。

《劳动法》关于职业培训制度、职业资格证书制度、职业资格考核制度等的具体法律规定，为中国职业教育法制建设提供了直接的立法来源，《劳动法》的颁布和实施成为中国职业教育法制现代化建设的一个重要标志性事件。

（四）《教育法》的颁布

中国教育领域一直以来没有一部根本性的法律文件来规范和管理中国教育的发展，这十分不利于中国教育的建设。已有的法律文本也只是停留在子法或某一类型教育模式的调节发展上，不能宏观全面地规范教育领域的法律关系。为了促进中国教育的持久改革和发展，制定一部教育根本法成为必然要求。经历多年的起草和征求意见、反复改定，1995年3月18日，八届全国人大三次会议表决通过了《教育法》，并于1995年9月1日正式实施。《教育法》对于职业教育领域做出了根本性的法律制度规定：

(1) 国家建立职业教育制度。
(2) 国家保障公民接受职业教育的权利。
(3) 国家和社会组织为公民接受职业教育提供条件和便利。

《教育法》的颁布是中国职业教育法律文本建设的前提条件之一，作为《职业教育法》的"母法"之一，《教育法》为中国职业教育法制建设提供了直接的立法基础和法律用语来源，为中国职业教育法制建设指出了方向。

(五) 高等职业教育制度改革和职业技能培训体系的建立

随着一系列涉及职业教育的根本法律制度的不断确立和完善，一直以来作为主要手段来调节职业教育领域法律关系的行政法规、部门规章也围绕着基本法律制度的确立而进一步完善和健全起来。

1. 中等职业教育

(1) 中等专业技术学校。

1993年11月，全国中专教育工作会议在湖南株洲召开。会议总结了改革开放10多年来中专教育的经验，分析了20世纪90年代中专教育面临的任务和形势，明确了今后中专教育的发展目标和方向。1993—1995年围绕着加强中等专业技术学校的建设，国家教委和其他职能部门先后颁布了一批规章和制度，规范中等专业技术学校的管理，具体情况如表3—11所示。

表3—11　　　　1993—1995年中专教育规章概况表[①]

序号	颁布时间	颁布部门	规章和文件等名称
1	1993年5月10日	国家教委	关于"评选国家级、省部级重点中等专业学校"的通知
2	1994年3月9日	国家教委	关于普通中等专业学校招生与就业制度改革的意见
3	1994年4月1日	国家教委	普通中等专业学校学生学籍管理规定

① 根据国家教育委员会政策法规司编《中华人民共和国现行教育法规汇编》（1990—1995）（上）（人民教育出版社1998年版）相关内容编制。

续表

序号	颁布时间	颁布部门	规章和文件等名称
4	1995年5月17日	国家教委	关于普通中等专业教育（不含中师）改革和发展的意见
5	1995年12月28日	国家教委	普通中等专业艺术学校招生暂行规定

1993—1995年期间，中等专业学校管理规章的制定主要集中在评选重点中专工作和深化中专学校办学体制改革方面。其中为了更好地适应市场经济发展的要求，国家教委决定从1994年开始，改革中等专业学校招生和毕业生分配制度，国家只下达分省、分部门所属普通中等专业学校招生总数，不再下达分学校招生计划，各类中专学校可以根据招生的实际情况适时决定招生人数和专业设置。全面建立示范性骨干中专学校评价机制，实行地方、行业、企业、政府和部门多层次、多方面的联合办学以及广泛面向社会的各种职业技术培训等结合的发展模式，改革学校内部管理体制，实行学校董事会和人事制度的改革。通过多渠道筹措经费和大力发展校办产业等办法，解决学校发展的资金问题等。1993—1995年全国中等专业技术学校发展概况如表3—12所示。

表3—12　　　1993—1995年全国中专技术学校概况表[①]　　　单位：万人

年份	学校数（所）	毕业生数	招生数	在校生数	教职工数	专任教师数
1993	3046	50.7299	86.5371	209.8255	40.2920	18.1172
1994	3093	50.35	93.47	241.40	40.65	18.70
1995	3152	58.9752	106.6068	285.5622	41.8002	19.5064

（2）职业中学。

1993—1995年间，为了落实《纲要》和各项中等职业教育发展政

---

① 根据《中国教育年鉴》编辑部《中国教育年鉴》1994、1995、1996年鉴统计数据编制，不包括中等师范学校。

策，职业中学管理和教学制度建设也随之加强和完善起来，这一时期职业中学制度建设如表3—13所示。

表3—13　　　　1993—1995年职业中学规章概况表[①]

序号	颁布时间	颁布部门	规章和文件等名称
1	1993年10月9日	国家教委	关于中等职业技术学校政治课课程设置的意见
2	1993年12月25日	国家语委、国家教委	关于职业中学普及普通话的通知
3	1993年12月28日	国家教委	全国职业中学校长主要职责及岗位要求（试行）
4	1994年2月1日	国家教委	国家级重点职业高级中学标准

这一时期职业中学管理制度主要围绕着加强重点职业中学建设和管理展开，1993—1995年全国职（农）业中学发展概况如表3—14所示。

表3—14　　　　1993—1995年全国职（农）业中学概况表[②]　　单位：万人

年份	学校数（所）	毕业生数	招生数	在校生数	教职工数	专任教师数
1993	9985	102.51	161.53	362.59	39.66	26.17
1994	10217	107.62	175.28	405.61	41.53	27.66
1995	10147	123.98	190.04	448.32	43.40	29.21

（3）技工学校。

1993—1995年间为了促进技工学校的建设，开发劳动者劳动技能，完善劳动力市场，劳动部等相关部门先后制定了一系列促进技工学校发展的规章和措施，主要概况如表3—15所示。

---

① 根据何东昌主编《中华人民共和国重要教育文献汇编》（1991—1997），海南出版社1998年版，1993—1995年教育文献编制。

② 根据《中国教育年鉴》编辑部《中国教育年鉴》1994、1995、1996年鉴统计数据编制，包含职（农）业高中和初中。

表 3—15　　　　　　1993—1995 年技工学校规章概况表①

序号	颁布时间	颁布部门	规章和文件等名称
1	1993 年 5 月 13 日	国家教委	关于职业技术教育教材规划工作的意见
2	1993 年 9 月 29 日	劳动部	关于深化技工学校改革的决定
3	1995 年 7 月 11 日	劳动部	技工学校专业目录
4	1995 年 7 月 17 日	劳动部、国家计委	关于申办高级技工学校若干问题的通知
5	1995 年 10 月 12 日	劳动部	关于进一步加强技工学校管理的通知

这一时期技工学校改革和发展的措施主要围绕着深化改革、增强学校办学自主权等方面展开。新的《技工学校专业目录》的颁布规范了技工学校专业设置，各类各级技工学校可以根据自己的实际情况，结合目录以及加强技工学校建设等意见，努力改善办学条件，把技工学校办成多层次、多功能的职业技能培训基地。1993—1995 年间全国技工学校发展概况如表 3—16 所示。

表 3—16　　　　1993—1995 年全国技工学校概况表②　　　　单位：万人

年份	学校数（所）	毕业生数	招生数	在校生数	教职工数	专任教师数
1993	4477	49.74	66.35	173.90	33.52	15.03
1994	4430	55.68	71.44	187.09	34.01	15.29
1995	4507	68.15	69.66	188.50	33.67	15.29

2. 高等职业教育

从 20 世纪 90 年代开始，国家逐步推动高等职业教育办学体制的改

---

① 根据何东昌主编《中华人民共和国重要教育文献汇编》（1991—1997），海南出版社 1998 年版，1993—1995 年教育文献编制。

② 根据《中国教育年鉴》编辑部《中国教育年鉴》1994、1995、1996 年鉴统计数据编制，其中统计数据包含职业（农业）高中和初中。

革。1991年1月25日，经国家教委等部门批准，河北省教委试办邢台高等职业技术学校。学生修业期满，经考试合格，实行双证制，由学校发给高等专科学校毕业证书，同时由劳动部门会同有关部门组织技术考核，合格者发给技术等级证书。从1993年开始，为了进一步落实《纲要》和推动高等教育改革和发展的目标，教育部等部门先后出台了一系列措施，推动高等职业教育的发展，主要有以下几个方面（如表3—17所示）。

表3—17　　　　1993—1995年高等职业教育规章概况表[①]

序号	颁布时间	颁布部门	规章和文件等名称
1	1993年1月12日	国家教委	关于加快改革和积极发展普通高等教育的意见
2	1993年4月19日	国家教委	关于普通高等学校更名问题的通知
3	1993年8月10日	国家教委办公厅	关于高等学校毕业生参加社会组织的"人才招聘会"活动等问题的通知
4	1993年8月14日	国家教委、财政部	关于修改《普通高等学校本、专科学生实行贷款制度的办法》部分条款的通知
5	1993年8月17日	国家教委	民办高等学校设置暂行规定
6	1994年4月7日	国家教委	关于进一步改革普通高等学校招生和毕业生就业制度的试点意见
7	1995年7月14日	国家教委	关于加强在中等专业学校举办专科程度小学教师班和高等职业技术班试点工作管理的通知
8	1995年7月19日	国家教委	关于深化高等教育体制改革的若干意见
9	1995年10月6日	国家教委	关于推动职业大学改革与建设的几点意见

---

①　根据何东昌主编《中华人民共和国重要教育文献汇编》（1991—1997），海南出版社1998年版，1993—1995年教育文献编制。

续表

序号	颁布时间	颁布部门	规章和文件等名称
10	1995年11月6日	国家教委	普通高等学校本科专业目录（职业技术师范教育类）（试行）
11	1995年11月9日	国家教委	关于成人高等学校试办高等职业教育的意见
12	1995年12月25日	国家教委、财政部	关于职教师资班学生享受师范生待遇的通知

1993年，经国家教委决定，全国部分地区依托部分有条件的重点中专学校进行高级职业技术班的试点工作。为了进一步推动职业大学的改革和建设，国家教委下发意见，明确了职业大学在中国高等职业教育事业发展中的地位和作用，总结了改革开放10多年来职业大学作为推动高等职业教育发展的重要作用。提出了建设职业大学的要求、措施以及领导关系的意见。为了落实有关积极发展高等职业教育的精神，结合多年来成人高等学校试办高等职业教育的经验，从1996年开始，国家决定在部分成人高校中试办高等职业教育，并对此类办学的招生、专业设置与教学计划、学历证书以及学校审批程序等做出了规定。另外，为了加快职业技术教育师资的培养，国家教委下发了职业技术教育师范类培养目录，允许职业技术教育师范班学生享受师范生待遇，毕业生从事相关的职业技术教育工作。伴随全国高校招生和毕业制度改革，高职毕业生也纳入了"双向选择"的毕业生就业体系。1990—1995年全国短期职业大学发展概况如表3—18所示。

表3—18　　　　1990—1995年全国短期职业大学概况表[①]　　　单位：万人

年份	学校数（所）	毕业生数	招生数	在校生数	教职工数
1990	114	2.65	2.41	7.26	2.11

---

① 根据《中国教育年鉴》编辑部《中国教育年鉴》1991、1992、1993、1994、1995、1996年鉴统计数据编制，包括本、专科生。

续表

年份	学校数（所）	毕业生数	招生数	在校生数	教职工数
1991	114	—	2.3	6.3	2.0710
1992	85	2.03	2.71	6.62	2.0
1993	83				2.0359
1994	87	2.15	3.55	9.39	2.26
1995	86	—			2.29

3. 农村职业技术培训

1993—1995年间，为了推动农村职业教育发展，带动地区经济，国家相关部门也出台了一批措施和文件，加强农村和贫困地区的职业教育，概况如表3—19所示。

表3—19 1993—1995年全国农村与贫困地区职业教育规章概况表[①]

序号	颁布时间	颁布部门	规章和文件等的名称
1	1993年1月10日	国家教委、农业部、林业部	关于加强农村、林区中等职业技术学校和农民中专农、林类专业师资队伍建设的几点意见
2	1993年2月9日	国家教委	关于大力改革和发展贫困地区教育，促进经济开发，加快脱贫致富步伐的意见
3	1995年1月7日	国家教委批转吉林省教委	关于实行农村普通初中实行分流教育的若干意见
4	1995年8月1日	国家教委	示范性乡（镇）成人文化技术学校规程
5	1996年4月29日	国家教委、农业部	关于进一步办好农村中等职业学校农业类专业的意见

---

① 根据何东昌主编《中华人民共和国重要教育文献汇编》（1991—1997），海南出版社1998年版，1993—1995年教育文献编制。

这一时期农村职业教育规章建设的重点是实行普通初中后分流，让不能升学的农村中学毕业生参加相关职业技术培训。为了加快贫困地区的经济发展，推动经济不发达地区的职业技术教育也是这一时期农村职业教育规章的重要层面之一。1993—1995 年全国农村职业教育概况如表 3—20 所示。

表 3—20　　　1993—1995 年全国农村职业教育概况表①　　　单位：万人

年份	学校类别	学校数（所）	毕业生	招生数	在校学生数	计	其中：专任教师
1993	农民高校	5	0.01	0.02	0.03	0.03	0.01
	农民中专	369	4.06	6.70	14.41	1.43	0.82
	农民技术培训学校	288521	5281.46	4513.61	3868.53	26.12	8.46
1994	农民高校	4	0.01	0.05	0.07	0.03	0.01
	农民中专	492	5.26	9.67	21.44	1.89	1.10
	农民技术培训学校	332452	6032.77	4977.30	4319.81	30.07	10.99
1995	农民高校	4	0.02	0.05	0.10	0.03	0.01
	农民中专	453	6.26	10.04	22.36	1.66	1.01
	农民技术培训学校	385497	7035.38	5437.28	4948.70	35.11	13.64

4. 职业技能培训、职业资格证书、职业鉴定制度的建立

1993—1995 年为了适应建立社会主义市场经济的需要，加强职业培训和职业鉴定工作的开展，国家教委、劳动部等各有关部门先后颁布了一系列规章，加强了职业培训工作的管理，主要概况如表 3—21 所示。

---

① 根据《中国教育年鉴》编辑部《中国教育年鉴》1994、1995、1996 年鉴统计数据编制。

表 3—21   1993—1995 年职业培训（鉴定）主要规章概况表[①]

序号	颁布时间	颁布部门	规章和文件等名称
1	1993 年 1 月 3 日	劳动部办公厅	关于就业训练中心、技工学校审批管理问题的复函
2	1993 年 5 月 13 日	国家教委	关于职业技术教育教材规划工作的意见
3	1993 年 5 月 13 日	国家教委	关于建立两级职业技术教育教材审定组织的意见
4	1993 年 5 月 13 日	国家教委	关于职业技术学校教材选用工作的意见
5	1993 年 7 月 9 日	劳动部	职业技能鉴定规定
6	1994 年 2 月 22 日	劳动部	职业资格证书规定
7	1994 年 4 月 20 日	劳动部等	关于个体工商户、私营企业从业人员职业技能培训及职业技能鉴定（考核）问题的通知
8	1994 年 4 月 21 日	劳动部	国家职业技能鉴定规范
9	1994 年 5 月 11 日	劳动部	关于实行职业技能鉴定社会化管理试点工作的通知
10	1994 年 12 月 14 日	劳动部	职业培训实体管理规定
11	1995 年 5 月 2 日	劳动部	关于技工学校、职业（技术）学校和就业训练中心毕（结）业生实行职业技能鉴定的通知
12	1995 年 5 月 18 日	国家教委	关于编写岗位培训教材的原则意见
13	1995 年 5 月 28 日	共青团中央、劳动部	关于加强青年职业技能培训促进青年就业的意见
14	1995 年 6 月 11 日	劳动部	从事技术工种劳动者就业上岗前必须培训的规定
15	1995 年 6 月 12 日	劳动部	关于全面推进职业技能开发体系建设工作的意见

---

① 根据何东昌主编《中华人民共和国重要教育文献汇编》（1991—1997），海南出版社 1998 年版，1993—1995 年教育文献编制。

续表

序号	颁布时间	颁布部门	规章和文件等名称
16	1995年11月8日	司法部等	关于进一步加强对罪犯的文化教育和技能培训的通知
17	1995年12月20日	劳动部等	关于个体工商户、私营企业从业人员实行职业资格证书制度有关问题的通知
18	1995年12月25日	劳动部等	关于在工商联会员中开展职业技能培训和鉴定工作的通知

这一时期职业培训教材、职业技能鉴定、职业资格证书等制度建设成为职工职业培训工作的主要内容。这些制度的建立都是围绕着适应社会主义市场经济发展的需求，建立较为完善的就业和职业资格制度，满足社会经济发展对从业者的素质需求而建立的。经过改革开放20年的发展，中国职业培训、职业资格证书等方面的制度全面建立，对以后中国职业教育产生了直接的重要影响。从过去只是强调"先培训、后就业"的制度，到建立实质的职业鉴定、职业资格制度和职业培训制度，中国职业教育有了根本的落脚点，接受职业教育、取得相关从业资格证书和等级技术证书成为中国职业教育发展的基本模式，这一系列制度的建立增强了职业教育受教育者的市场竞争能力和从业能力，从根本上推动了中国职业教育的发展。这一时期全国职工职业技能培训工作发展情况如表3—22所示。

表3—22　　1993—1995年全国职工职业技能培训工作概况表① 　单位：万人

年份	学校类别	学校数（所）	毕业生	招生数	在校学生数	计	其中：专任教师
1993	职工高校	714	5.92	11.25	27.52	7.97	3.58
	职工中专	1880	13.08	25.33	56.01	7.41	3.67
	职工技术培训学校	9774	425.34	492.53	303.98	5.93	2.61

---

① 根据《中国教育年鉴》编辑部《中国教育年鉴》1994、1995、1996年鉴统计数据编制。

续表

年份	学校类别	学校数（所）	学生数 毕业生	学生数 招生数	学生数 在校学生数	教职工数 计	教职工数 其中：专任教师
1994	职工高校	703	8.33	13.09	30.75	8.13	3.77
1994	职工中专	1827	20.70	37.15	81.88	7.61	3.75
1994	职工技术培训学校	12377	592.61	605.73	438.02	7.87	4.11
1995	职工高校	694	8.59	10.75	31.39	8.48	4.01
1995	职工中专	1988	26.97	43.50	101.87	8.20	4.17
1995	职工技术培训学校	13299	662.81	675.18	380.45	10.32	6.03

1990—1995 年间，中国的社会经济和教育事业得到巨大发展，国家的整体法制建设不断增强，这些都为中国职业教育法制现代化建设提供了客观条件。伴随着"八五"计划的实施，这一时期中国职业教育法制取得了巨大发展。1991 年国务院《关于大力发展职业技术教育的决定》、1993 年《中国教育改革和发展纲要》的颁布直接为中国职业教育发展确立了法制建设目标和方向。《教师法》、《劳动法》、《教育法》等一批调节职业教育法律的制定和实施极大地带动了职业教育的法制建设。中等职业教育、高等职业教育、农村技术培训、职工岗位培训和技术等级标准、职业培训实体、职业资格证书制度等各方面涉及具体职业教育法规和规章的实施使职业教育管理更加细化、更加能适应市场经济和职业教育自身发展的需求，这一切客观现实的发展为《职业教育法》的颁布提供了先决条件。

第二节 《职业教育法》和《高等教育法》的颁布

1995 年 5 月 6 日，中共中央、国务院颁布了《关于加速科学技术进步的决定》，提出了科教兴国战略。1995 年 5 月 26 日，江泽民在全国科学技术大会上明确提出了实施科教兴国战略的意见。1996 年 3 月 17 日，《"九五"计划和 2010 年远景目标规划纲要》实施。以科教兴国战略的实施、依法治国理念的提出和中共十五大召开为标志,中国改革开放和社会主义现代化法制建设又进入了一个全新的发展时期。这一时期,中国的职业教育法制现代化也随着科教兴国战略的实施和依法治国思想的落实而充分展开,中国职业教育根本法律制度在国家立法层面上得到了最终确立。

一 《职业教育法》的颁布

《教育法》和《劳动法》的颁布为《职业教育法》的立法提供了直接的母法来源,《教师法》的颁布也促进了《职业教育法》的制定。在各类教育法制建设地不断推动下,1996年5月,中国职业教育根本法律制度最终得到了确立,成为100多年以来中国职业教育法制现代化进程中一件具有划时代意义的重大事件。

(一)《职业教育法》的实施

从1989年开始,国家就着手《职业教育法》的起草、征求意见和修订的工作。经过近8年的准备和起草,1996年5月15日,八届全国人大常委会第19次会议通过了《职业教育法》,自1996年9月1日正式实施。

《职业教育法》对职业教育的立法来源、职业教育的管理体制、职业教育体系、职业教育的实施、职业教育保障条件等都做了比较详细的规定。

1. 明确了职业教育立法来源和目的

《职业教育法》第1条明确规定了职业教育法的立法来源——源于《教育法》和《劳动法》,《职业教育法》是两法的下位法,职业教育立法的目的是为了实施科教兴国战略,提高劳动者素质,促进现代化建设。

2. 职业教育的管理体制

《职业教育法》第11条明确规定了职业教育的管理体制:国家教育行政部门统筹规划、综合协调职业教育发展,地方政府分级管理,相关部门分工负责。县级以上政府负责行政区域内职业教育的整体协调和综合管理。

3. 职业教育体系

《职业教育法》规定了中国职业教育体系:职业学校教育与职业培

训并举，实行初等、中等、高等三级职业学校教育，职业教育与普通教育互相沟通的职业教育体系。

4. 职业教育的保障条件

主要概括为：职业教育的资金与经费、教师队伍建设、加强职业教育教学生产实习基地建设、健全职业教育服务机构，加强职业教育教材编辑、出版和发行、加强职业技术培训以及职业资格鉴定和职业资格等级证书制度等。

为了保证《职业教育法》的顺利实施，一方面国务院各部委和各级地方人大、政府都制定了配套的法规、规章、条例等；另一方面全国人大以及各级地方人大都以《职业教育法》的实施为中心，对《职业教育法》的贯彻和执行情况进行了监督、检查等。为了宣传和落实《职业教育法》，1996年6月7日，全国人大教科文卫委员会等部门联合下发了宣传和贯彻《职业教育法》的通知，提出了将《职业教育法》作为"三五"普法规划的内容，加强对职业教育的执法和监督，建立起配套的法规和规章以及职业教育制度，提高职业教育的办学水平。[①] 1998年3月16日，国家教委、国家经贸委、劳动部联合印发了《关于实施〈职业教育法〉发展职业教育的若干意见》，提出了十条推动职业教育发展的措施。为了保障《职业教育法》的实施，各级地方人大、政府也都相继制定和颁布了本地区内的《职业教育法》的实施办法或职业教育单行条例。以山东省为例，2000年12月22日，根据《职业教育法》等法律、法规，结合山东省实际，山东省第九届人民代表大会常务委员会第18次会议通过了修订的《山东省职业教育条例》，条例共5章，35条，分为总则、职业教育的实施、职业教育的保障条件、法律责任、附则等部分，对山东省行政区域内职业教育的开展进行了规范。[②]

另外，为了促进《职业教育法》的落实，从1997年开始，全国人大以及各级地方人大分别对全国范围或本辖区内的职业教育法执行情况

[①] 何东昌主编：《中华人民共和国重要教育文献汇编》（1991—1997），海南出版社1998年版，第3993页。

[②] 《山东省职业教育条例》，2010年12月23日，国务院法制办公室法律法规查询（http://fgk.chinalaw.gov.cn/article/dffg/200012/20001200324398.shtml）。

和推动职业教育发展的措施进行了一系列的执法检查和监督活动，推动了职业教育法的落实。

（二）第三次全国职业教育工作会议的召开

进一步明确中国跨世纪发展职业教育的目标和任务，促进科教兴国战略和可持续发展战略，实现经济体制和经济增长方式的根本改变，1996年6月17日至20日，国家教委等部门联合召开了全国职业教育工作会议。会议围绕着20世纪末到21世纪初中国职业教育的发展，提出了职业教育发展的奋斗目标和指导方针，明确加快发展步伐与结构调整，健全职业教育体系，继续深化改革，增强职业教育的发展活力，加强职业教育内部建设，提高教育质量和办学效益，大力推进依法治教，为发展职业教育创造良好的环境和条件。

会议同时针对企业员工的职业培训也提出了要求。会议要求全面认识提高企业员工素质对企业实现发展和效益增长的重要意义，各级各部门密切配合，共同搞好企业职业教育工作。同时，会议要求以落实《职业教育法》为中心，促进职业教育与社会发展和劳动就业的紧密结合，进一步深化劳动制度改革，依法做好职业培训工作。会议还针对职业教育与基础教育、高等职业教育、农村以及艰苦行业、中西部地区职业教育、职业教育与成人教育、民办职业教育、职业教育的管理等问题进行了分析和探讨，提出了对《职业教育法》充分认识和贯彻会议精神，加快职业教育改革和发展的问题。[①] 第三次全国职教会议的召开，对落实《职业教育法》和进一步深化职业教育改革、大力发展职业教育等具有重要的意义。

二 《高等教育法》的颁布和教育法制建设目标的确立

为了落实"科教兴国"战略和《中国教育改革和发展纲要》提出的"争取到本世纪末，初步建立教育法律、法规体系的框架"这一教育法制现代化的建设目标，全国人大及其常委会提出了建立中国特色教育法律体系的要求，这些都加快推动了中国职业教育法制现代化建设的

[①] 何东昌主编：《中华人民共和国重要教育文献汇编》（1991—1997），海南出版社1998年版，第4017—4029、4033—4035页。

进程，这一时期高等教育法律制度的确立进一步完善了中国职业教育的法制体系。

（一）高等教育根本法律制度的建立

经过近10年的反复酝酿和修订，几经易稿，多次探讨和征询意见，中国高等教育法制建设终于取得了重大突破。1998年8月29日，《高等教育法》由第九届全国人大第四次会议通过，并于当年10月1日正式实施，中国高等职业教育也终于纳入了高等教育法制运行的体系中，中国的高等教育根本法律制度得到了确定。

《高等教育法》从国家立法的角度，明确了高等教育的办学方向、高等教育的基本内容、高校的教学与科研制度、高校的设置以及管理体系、管理制度、教师与学生、高等教育的经费与扶持等高等教育的基本法律制度，大大推动了中国高等职业教育的改革和发展。同时，为了保障《高等教育法》的实施，全国人大、国务院以及教育部纷纷出台了细化《高等教育法》的意见和宣传《高等教育法》的通知，要求认真落实《高等教育法》，推动高等教育的依法发展、依法行政。

（二）教育法制建设目标的确立

为了进一步落实中共十五大提出的依法治国的基本方略和宪法的规定，加强教育法制建设，推动依法治教，1999年12月2日，教育部颁布了《关于加强教育法制建设的意见》，该意见明确指出建立起以法制手段为基础的教育体制是市场经济的基本要求，要实现21世纪中国教育改革和发展就必须实现依法治教。建立完善的教育法制，保障公民的教育权益，利用法律手段解决教育领域出现的问题。教育行政部门依法办事，全面推动素质教育和全民教育，利用制度手段保证教育的发展，为21世纪培养大批社会主义建设的合格人才。

未来21世纪头10—20年中国教育法制发展的目标是：

（1）到2005—2010年间，按照社会主义法制建设的原则和整体目标，全面建立教育法制体系，将教育事业整体纳入法制轨道中。

（2）健全教育行政决策和管理制度，依法行使权力，提高依法行政的能力。

（3）建立健全教育执法队伍和监督机制。

（4）依法治校，加强学校的办学自主权。

(5) 加强教育法律的宣传和普及工作，提高广大公民的教育法制意识和观念，形成依法治教的社会共识。①

三 各类职业教育规章建设的展开

《职业教育法》以及与职业教育相关立法工作的开展，带动了职业教育法制的全面建设。围绕着《职业教育法》的制定和实施，各类职业教育规章制度的建设全面展开，极大地推动了有中国特色职业教育法制进程。

（一）中等职业教育

20世纪90年代中后期，围绕着《职业教育法》的实施，伴随着社会主义市场经济体制的建立和中央部委机关改革的脚步，中等职业教育在这一时期呈现了管理体制并轨、办学结构调整、逐步推进中等职业教育改革的趋势。中等专业技术教育、技工学校、职业中学等原有中等职业学校教育规章进一步丰富，逐步汇总、统一为中等职业教育规章，推动了中等职业教育法制体系的进一步发展。

1. 中等职业教育规章的制定

1996年开始，围绕着《职业教育法》的颁布实施，中等职业教育规章出现了统一规划、统筹管理的形势。这一时期中等职业教育规章主要如表3—23所示。

表3—23　　　　1996—2001年中等职业教育规章概况表②

序号	颁布时间	颁布部门	规章和文件等名称
1	1996年2月6日	国家教委	国家教委关于中等职业学校财经、政法类专业政治课程设置的意见
2	1997年6月9日	国家教委	关于加强和改进职业学校德育工作的意见

---

① 何东昌主编：《中华人民共和国重要教育文献汇编》（1998—2002），海南出版社2003年版，第434—435页。

② 根据教育部政策研究与法制建设司编《中华人民共和国现行教育法规汇编》（1996—2001）（上、下）卷（高等教育出版社2002年版）相关内容编制。

续表

序号	颁布时间	颁布部门	规章和文件等名称
3	1997年9月24日	国家教委	关于加强中等职业学校教师队伍建设的意见
4	1998年2月16日	国家教委	面向21世纪深化职业教育教学改革的若干意见
5	1999年9月9日	教育部	关于调整中等职业教育学校布局结构的意见
6	2000年3月21日	教育部	关于全面推进素质教育、深化中等职业教育教学改革的意见
7	2000年3月21日	教育部	关于制定中等职业教育学校教学计划的意见
8	2000年5月31日	教育部	关于公布首批国家级重点中等职业教育学校的通知
9	2000年8月1日	教育部	关于颁发中等职业教育学校语文课程教学大纲（试行）的通知
10	2000年9月25日	教育部	中等职业学校专业目录
11	2000年9月25日	教育部	关于中等职业学校专业设置管理的原则意见
12	2001年1月18日	教育部	中等职业教育国家规划教材申报、立项及管理意见
13	2001年3月5日	教育部	关于调整部分全国重点建设职业教育师资培训基地的通知
14	2001年7月2日	教育部	中等职业教育学校设置标准（试行）
15	2001年8月17日	教育部办公厅	关于在职业学校进行学分制试点工作的意见
16	2001年10月19日	卫生部	中等医学教育结构调整的指导意见
17	2001年11月1日	国家体育总局	中等体育运动学校设置标准（试行）
18	2001年11月7日	教育部	关于制定中等职业教育学校学生学籍管理规定的原则意见
19	2001年11月21日	教育部	关于"十五"期间加强中等职业学校教师队伍建设的意见
20	2001年12月12日	文化部	中等艺术学校设置标准（试行）

1996—2001 年间，中等职业教育规章主要围绕着调整中等职业教育结构、深化中等职业教育的教育教学改革而展开的。主要涉及中等职业教育的布局、重点中等职业教育学校建设、重点职业教育师资培训基地建设、中等职业教育学校的专业设置、教学改革、管理机制的完善、学分制试点等各个方面。通过一系列对中等职业教育的结构调整和完善管理，使以后中等职业教育走上了进一步深化改革、适应社会和市场需要的发展道路。

2. 各类中等职业教育规章的发展

（1）中等专业技术学校。

20 世纪 90 年代中后期中等专业技术学校规章发展概况如表 3—24 所示。

表 3—24　　　　　1996—2001 年中专技术学校规章概况表①

序号	颁布时间	颁布部门	规章和文件等名称
1	1997 年 4 月 7 日	国家教委	中等专业学校图书馆规程
2	1997 年 12 月 25 日	国家教委、国家计委	关于普通中等专业学校招生并轨改革的意见
3	2000 年 10 月 19 日	教育部	关于中等专业学校管理体制调整工作中防止中等职业教育资源流失问题的意见

这一时期中等专业技术教育正处于管理体制调整和改革的关键时期，中等技术教育在这一时期不断分化和演变，由过去几十年间形成的计划经济体系下的行业、集体和国家办学的模式，逐步转化为以市场为导向，实行学生上学缴费、大多数毕业生在一定范围内自主择业的就业制度，彻底实现招生并轨，改革以往的中专教育模式。这一时期全国中等专业技术学校概况如表 3—25 所示。

---

① 根据教育部政策研究与法制建设司编《中华人民共和国现行教育法规汇编》（1996—2001）（上、下）卷（高等教育出版社 2002 年版）相关内容编制。

表 3—25　　　　1996—2001 年全国中专技术学校基本概况表①　　　　单位：万人

年份	学校数（所）	毕业生数	招生数	在校生数	教职工数	专任教师数
1996	3206	73.0792	119.4790	332.1009	42.9777	20.4292
1997	3251	85.5925	128.6245	371.4060	43.9584	21.2554
1998	3234	97.8615	134.1902	402.8445	43.5017	21.5035
1999	3147	109.25	134.25	424.98	42.14	21.18
2000	2963	119.58	111.57	412.54	39.80	20.38
2001	2690	122.46	108.15	391.74	35.28	18.44

（2）技工学校。

20 世纪 90 年代中后期全国技工学校管理经历了管理体制的变革，随着国务院机构调整，部门技工学校划转地方或行业部门管理，技工学校办学出现了部分结构调整和管理权限的重新划分。这一时期关于技工学校管理的主要规章和文件概况如表 3—26 所示。

表 3—26　　　　　　1996—2001 年技工学校规章概况表②

序号	颁布时间	颁布部门	规章和文件等名称
1	1996 年 9 月 3 日	劳动部	关于加强技工学校及就业训练中心等职业培训机构教师队伍建设的通知
2	2000 年 2 月 23 日	教育部、劳动和社会保障部	关于在调整国务院部门（单位）所属学校管理体制工作中做好技工学校划转工作的通知
3	2000 年 5 月 12 日	劳动和社会保障部	关于加快技工学校改革工作的通知

---

① 根据《中国教育年鉴》编辑部《中国教育年鉴》1997、1998、1999、2000、2001、2002 年鉴统计数据编制，不包括中等师范学校。

② 根据何东昌主编《中华人民共和国重要教育文献汇编》（1991—1997），海南出版社 1998 年版；《中华人民共和国重要教育文献汇编》（1998—2002）（海南出版社 2003 年版）相关内容编制。

这一时期全国技工学校发展概况如表 3—27 所示。

表 3—27　　　　1996—2001 年全国技工学校概况表① 　　　　单位：万人

年份	学校数（所）	毕业生数	招生数	在校生数	教职工数	专任教师数
1996	4467	71.64	75.90	191.81	33.49	15.44
1997	4395	69.94	73.40	193.10	30.95	11.57
1998	4395	69.09	57.86	173.00	30.95	15.34
1999	4098	66.25	51.55	156.05	26.98	15.03
2000	3792	64.42	50.38	140.10	23.96	14.00
2001	3470	47.70	55.10	134.70	21.96	13.40

（3）职业中学。

1996—2001 年间全国职业中学管理规章市场经济体系建立，加强了职业中学教学管理和专业设置等，并进行了国家级重点职业高中的评定工作。1996—2001 年间职业中学主要规章如表 3—28 所示。

表 3—28　　　　1996—2001 年职业中学规章概况表②

序号	颁布时间	颁布部门	规章和文件等名称
1	1996 年 4 月 29 日	国家教委	国家教委关于审批认定国家级职业高级中学的通知
2	1998 年 7 月 9 日	教育部办公厅	关于制定职业高级中学专业目录的通知

这一时期全国职（农）业中学发展概况如表 3—29 所示。

---

① 根据《中国教育年鉴》编辑部《中国教育年鉴》1997、1998、1999、2000、20001、2002 年鉴统计数据编制。

② 根据教育部政策研究与法制建设司编《中华人民共和国现行教育法规汇编》(1996—2001)（上、下）卷（高等教育出版社 2002 年版）相关内容编制。

表 3—29　　　1996—2001 年全国职（农）业中学概况表①　　　单位：万人

年份	学校数（所）	毕业生数	招生数	在校生数	教职工数	专任教师数
1996	10049	139.55	188.91	473.27	45.17	30.76
1997	10047	150.10	211.22	511.89	45.17	32.24
1998	10074	162.77	217.57	541.62	47.78	33.57
1999	9636	167.83	194.14	533.92	—	33.55
2000	8849	176.28	182.66	503.21	44.69	32.00
2001	7802	166.50	185.02	466.43	43.01	30.59

（二）高等职业教育

《高等教育法》的颁布使中国高等职业教育法制建设迎来了新一轮的高潮。这一时期中国高等职业教育法制建设取得了长足发展，具体情况如表 3—30 所示。

表 3—30　　　1996—2001 年高等职业教育规章概况表②

序号	颁布时间	颁布部门	规章和文件等名称
1	1997 年 5 月 27 日	国家教委	关于招收应届中等职业学校毕业生举办高等职业教育试点工作的通知
2	1997 年 9 月 24 日	国家教委	关于高等职业学校设置问题的几点意见
3	1997 年 11 月 6 日	国家教委	关于中等专业学校举办高等学历教育有关问题的意见
4	1999 年 1 月 13 日	教育部、国家计委	试行按新的管理模式和运行机制举办高等职业技术教育的实施意见

---

① 根据《中国教育年鉴》编辑部《中国教育年鉴》1997、1998、1999、2000、2001、2002 年鉴统计数据编制，其中统计数据包含职（农）业高中和初中。

② 根据教育部政策研究与法制建设司编《中华人民共和国现行教育法规汇编》（1996—2001）（上、下）卷（高等教育出版社 2002 年版）相关内容编制。

续表

序号	颁布时间	颁布部门	规章和文件等名称
5	2000年1月14日	国务院办公厅	关于国务院授权省、自治区、直辖市人民政府审批设置高等职业学校有关问题的通知
6	2000年1月17日	教育部	关于组织实施《新世纪高职高专人才培养模式和教学内容体系改革与建设项目计划》的通知
7	2000年1月17日	教育部	关于加强高职高专教育人才培养工作的意见
8	2000年3月15日	教育部	高等职业学校设置标准（试行）
9	2000年6月28日	教育部	关于确定北京工业职业技术学院等15所高等院校为示范性职业技术学院建设单位的通知
10	2000年9月14日	教育部	关于启动第一批示范性职业技术学院建设的通知
11	2001年6月15日	教育部	关于确定北京联合大学等高等学校为第二批示范性职业技术学院建设单位的通知
12	2001年12月3日	教育部、国家计委	关于批准有关高等学校试办示范性软件学院的通知

20世纪90年代中后期，中国高等职业教育的规章建设也伴随着《高等教育法》和《职业教育法》等法律的实施有了质的飞跃，这个时期高等职业教育规章建设围绕高等职业学校的审批权限、建设规模、设置标准、管理模式、教学规划等几个方面展开的，其中主要涉及高等职业学校全面建设的问题和示范性职业技术院校办学模式的改革。高等职业教育规章的发展促进了高等职业教育的发展，这个阶段全国高等职业教育发展概况如表3—31所示。

表 3—31　　1996—2001 年全国高等职业教育发展概况表① 　　单位：所

年份	职业大学	职业技术学院	成人高校	重点中专办高职班	高等技术专科学校
1996	72	5	188	18	18
1997	77	8		18	3
1998	101	—			
1999	—	161			
2000	184				
2001	—	386			

（三）农民职业技术培训、加强中西部职业教育

1996—2001 年间正是中国经济改革和社会发展的转型时期，农业产业面临升级，大量的农村剩余劳动力进一步涌向城市谋求就业，大量农民工急需劳动技能和职业技术的培训。为了进一步推动中国经济深入发展，加快中西部地区建设，中共中央、国务院制定了西北部大开发的发展战略，围绕着这一时期的农民职业技术培训和中西部职业教育发展的客观需求，中央教育主管部门先后出台了一批农村职业教育和加快中西部职业教育的规章，概况如表 3—32 所示。

表 3—32　1996—2001 年间农村、中西部地区职业教育规章概况表②

序号	颁布时间	颁布部门	规章和文件等名称
1	1996 年 4 月 29 日	国家教委	关于进一步办好农村中等职业教育学校农业类专业的意见
2	1997 年 2 月 9 日	国务院办公厅转发农业部、国家教委等 11 个单位	关于进一步办好农业广播电视学校意见的通知

---

① 根据《中国教育年鉴》编辑部《中国教育年鉴》1997、1998、1999、2000、2001、2002 年鉴以及 2001、2002 年全国教育事业发展公报相关统计数据编制。

② 根据何东昌主编《中华人民共和国重要教育文献汇编》（1991—1997），海南出版社 1998 年版；《中华人民共和国重要教育文献汇编》（1998—2002）（海南出版社 2003 年版）相关内容编制。

续表

序号	颁布时间	颁布部门	规章和文件等名称
3	1998年2月11日	国家教委	关于加快中西部地区职业教育改革与发展的意见
4	1998年12月11日	教育部	关于贯彻十五届三中全会精神，促进教育为农业和农村工作服务的意见
5	2001年5月14日	教育部	关于中等职业学校面向农村进城务工人员开展职业教育与培训的通知

这一时期农村职业教育和中西部职业教育主要包括了三个方面的内容：

（1）继续办好各类涉农职业技术学校的建设，特别是中央农业广播电视学校的建设，推动农民技术教育。

（2）对进城务工人员加大专业技术培训的力度，提高农民工劳动就业技能。

（3）加快中西部地区和少数民族地区的职业教育事业发展，配合西部大开发战略的实施，提高中西部地区劳动者的整体素质，促进中西部地区的经济发展，提高中西部地区劳动者的收入。这一时期全国农村职业教育发展概况如表3—33所示。

表3—33　　　1996—2001年全国农民职业教育概况表[①]　　　单位：万人

年份	学校类别	学校数（所）	学生数			教职工数	
			毕业生	招生数	在校学生数	计	其中：专任教师
1996	农民高校	4	0.04	0.05	0.10	0.03	0.01
	农民中专	519	8.04	11.37	27.22	2.08	1.25
	农民技术培训学校	430013	7648.37	6366.67	5243.77	34.88	12.65

① 根据《中国教育年鉴》编辑部《中国教育年鉴》1997、1998、1999、2000、2001、2002年相关统计数据编制。

续表

年份	学校类别	学校数（所）	学生数 毕业生	学生数 招生数	学生数 在校学生数	教职工数 计	教职工数 其中：专任教师
1997	农民高校	4	0.04	0.04	0.08	0.02	0.01
1997	农民中专	—	—	—	—	—	—
1997	农民技术培训学校	441156	8021.52	6514.63	5340.65	38.17	13.25
1998	农民高校	3	0.04	0.04	0.08	0.02	—
1998	农民中专	421	7.63	7.59	4.22	6.84	1.88
1998	农民技术培训学校	454924	8201.86	6991.20	5983.02	41.61	13.96
1999	农民高校	3	0.05	0.04	0.10	0.02	0.01
1999	农民中专	440	8.28	7.34	21.93	2.09	1.35
1999	农民技术培训学校	522889	9547.65	8277.42	6750.23	44.71	13.87
2000	农民高校	3	0.04	0.04	0.08	0.02	0.01
2000	农民中专	381	6.99	5.87	16.48	1.81	1.17
2000	农民技术培训学校	474926	8807.33	7516.56	6022.58	40.51	14.59
2001	农民高校	3	0.03	0.03	0.08	0.03	0.02
2001	农民中专	342	5.24	5.28	12.66	1.39	0.91
2001	农民技术培训学校	496384	8732.31	7557.54	6417.11	41.35	13.42

（四）职工职业技术培训、职业资格认定与证书制度

20世纪90年代中后期中国经济改革正处于转轨时期，国有企业改制、下岗职工分流、企业破产、重组与兼并等均在这一时期出现，成为社会突出的焦点问题之一。为了更好地解决下岗职工的劳动就业，提高

劳动者就业竞争能力，促进劳动就业，国家有关职业教育管理部门先后出台了一批针对下岗职工和职业技能培训、鉴定制度的规章。这一时期职工培训和职业资格认定方面的主要规章如表3—34所示。

表3—34　1996—2001年间职工职业培训与职业资格认定主要规章概况表①

序号	颁布时间	颁布部门	规章和文件等名称
1	1996年6月3日	劳动部	关于进行综合性职业培训基地建设有关问题的通知
2	1996年10月30日	劳动部、国家经贸委	企业职工培训规定
3	1996年11月5日	劳动部	关于加强职业技能鉴定质量管理的通知
4	1996年11月7日	劳动部	职业技能鉴定工作规则
5	1996年12月31日	劳动部	关于进行劳动预备制度试点工作的通知
6	1997年11月	劳动部	关于进一步推行职业资格证书有关问题的通知
7	1998年3月	劳动和社会保障部	关于引进国外职业资格证书加强管理的通知
8	1998年4月15日	教育部	关于动员各类学校大力开展再就业培训的通知
9	1998年6月11日	全国总工会、教育部	全国职工自学成才奖励条例
10	1998年8月3日	劳动和社会保障部教育部等六部门	关于加强国有企业下岗职工管理和再就业服务中心建设有关问题的通知
11	1999年6月27日	劳动和社会保障部教育部等六部门	关于积极推进劳动预备制度加快提高劳动者素质的意见
12	2000年4月	劳动和社会保障部	关于大力推进职业资格证书制度建设的若干意见

---

① 根据何东昌主编《中华人民共和国重要教育文献汇编》（1991—1997），海南出版社1998年版；《中华人民共和国重要教育文献汇编》（1998—2002）（海南出版社2003年版）相关内容编制。

这一时期职工培训与职业鉴定主要围绕四个方面展开：

（1）下岗职工的再就业培训，提高国有企业下岗职工的劳动技术水平，为实现下岗职工再就业提供保障。

（2）施行劳动预备制度，提高即将进入社会劳动力的整体技能水平，提高就业能力。

（3）加强企业在职职工的职业技能培训，使企业职工技能培训制度化。

（4）进一步推进职业资格认定工作，完善职业技能鉴定与职业资格证书制度，为提高劳动者就业提供职业资格证明。

这一时期全国职工职业教育发展概况如表3—35所示。

表3—35　　　1996—2001年全国职工职业教育概况表①　　　单位：万人

年份	学校类别	学校数（所）	学生数 毕业生	学生数 招生数	学生数 在校学生数	教职工数 计	教职工数 其中：专任教师
1996	职工高校	680	9.33	11.47	32.62	8.31	3.92
1996	职工中专	1978	34.95	43.34	109.22	8.36	4.33
1996	职工技术培训学校	12755	688.66	734.87	405.10	7.69	4.28
1997	职工高校	664	11.45	12.0	32.52	8.39	4.02
1997	职工中专	—	—	—	—	—	—
1997	职工技术培训学校	10858	557.74	608.30	386.22	8.12	4.32
1998	职工高校	567	9.61	11.71	32.75	8.16	—
1998	职工中专	2026	32.14	31.64	15.83	29.98	8.89
1998	职工技术培训学校	9926	480.53	497.21	310.08	9.41	5.60

① 根据《中国教育年鉴》编辑部《中国教育年鉴》1997、1998、1999、2000、2001、2002年相关统计数据编制。

续表

年份	学校类别	学校数（所）	学生数 毕业生	学生数 招生数	学生数 在校学生数	教职工数 计	教职工数 其中：专任教师
1999	职工高校	507	10.17	12.40	32.80	5.32	2.57
1999	职工中专	2093	29.13	25.24	80.89	8.83	4.78
1999	职工技术培训学校	11326	609.23	599.11	386.40	9.00	4.71
2000	职工高校	466	9.86	14.18	33.24	7.38	3.81
2000	职工中专	1807	29.67	19.27	65.09	7.83	4.26
2000	职工技术培训学校	10630	588.89	542.88	364.07	8.89	4.74
2001	职工高校	409	9.03	15.10	35.11	6.58	3.43
2001	职工中专	1514	24.04	17.51	51.54	6.58	3.59
2001	职工技术培训学校	11500	538.13	465.11	340.68	7.15	4.05

综览20世纪90年代中后期中国职业教育法制现代化的进程，1996年《职业教育法》的颁布，结束了中国职业教育无法可依的窘境，中国职业教育终于有了根本法律制度。围绕着《职业教育法》的颁布和实施，第三次全国职业教育会议召开，国家教育行政主管部门颁布了《关于实施〈职业教育法〉发展职业教育的若干意见》，加强了《职业教育法》的贯彻和普及，一系列的举措极大地推动了中国职业教育的发展。《职业教育法》各种配套的法规和规章也不断完善和发展起来，中等职业教育、高等职业教育、农民职业技术培训、职工培训和职业培训、鉴定等规章与制度也进一步完善，中国职业教育有了坚实的法律保障。《高等教育法》的颁布成为高等教育法制建设的重要里程碑，从此，中国高等职业教育又多了一层法律制度的保障，这些直接推动了中国高等职业教育的进一步改革和发展。《关于加强教育法制建设的意见》的颁布，明确了21世纪头10年中国整体教育法制建设的目标和方

向，中国职业教育法制建设也进一步明确了前进的方向。随着西部大开发设想付诸实践，加快中西部地区职业教育的发展，促进中西部和少数民族地区经济发展，成为中国职业教育发展的一个重要内容。为此，国家教委颁布了《关于加快中西部地区职业教育改革与发展的意见》，对加快中西部职业教育发展提出了规划。党的十五大提出了全面建设小康社会、加快中国职业教育发展的整体设想，为了落实十五大精神，全面面向21世纪，进一步推动中国职业教育的发展，国家教委颁布了《面向二十一世纪深化职业教育教学改革的原则意见》。这一时期高等职业教育规章的发展成为规范高等职业教育的重要内容。

小结　20世纪90年代中国职业教育法制状况分析

进入20世纪90年代，在经历了十多年改革开放的探索和不断发展以后，中国整体的社会经济取得了巨大的进步，国家的科技、教育、文化、法制建设等都迎来了中华民族历史上高速发展的崭新时代，中国现代化的步伐大大加快，进入了经济繁荣、社会发展、人民生活得到彻底改善的历史时期。20世纪90年代在中共中央第三代领导集体的正确领导下，积极推进"依法治国"、"依法治教"的教育法制工作方针，中国职业教育法制建设取得了长足的发展，中国职业教育法制现代化的进程得以全面展开。

一　具有中国特色职业教育法制体系的建立

这一时期中国职业教育法制体制最终得到了确立，形成了具有中国特色的职业教育法制体系和结构。这一时期通过的《教育法》、《劳动法》、《教师法》、《职业教育法》、《高等教育法》、《立法法》等法律和国务院涉及职业教育的法规，以及国务院部门规章、地方人大和政府通过的职业教育法规或规章等从上而下构成了中国职业教育法制基本体系，按照法律效力层级以及本书对职业教育法制广义上的定义，笔者认为这个时期形成的中国职业教育法制体系从上而下，可以纵向地划分为几个层次，如图3—1所示。

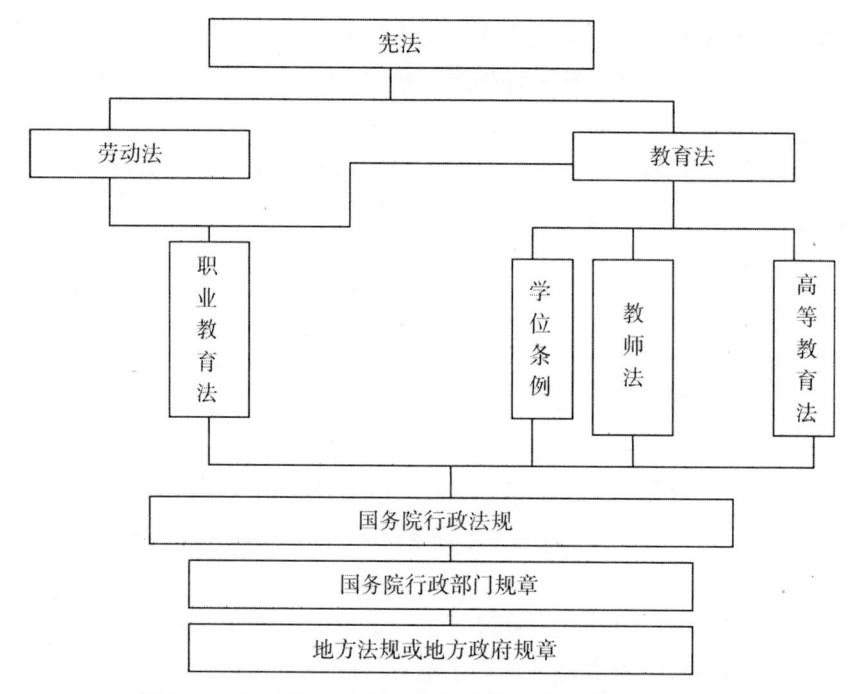

```
                    ┌─────────┐
                    │  宪法   │
                    └────┬────┘
              ┌──────────┴──────────┐
         ┌────┴────┐           ┌────┴────┐
         │ 劳动法  │           │ 教育法  │
         └────┬────┘           └────┬────┘
              │         ┌───────────┼───────────┐
         ┌────┴────┐ ┌──┴──┐   ┌────┴────┐ ┌────┴────┐
         │ 职业   │ │学位 │   │ 教师   │ │ 高等    │
         │ 教育   │ │条例 │   │  法    │ │ 教育法  │
         │  法    │ │     │   │        │ │         │
         └────┬───┘ └──┬──┘   └────┬───┘ └────┬────┘
              └────────┴───────────┴──────────┘
                           │
                  ┌────────┴────────┐
                  │ 国务院行政法规  │
                  └────────┬────────┘
                  ┌────────┴──────────┐
                  │ 国务院行政部门规章 │
                  └────────┬──────────┘
                  ┌────────┴──────────┐
                  │ 地方法规或地方政府规章 │
                  └───────────────────┘
```

图3—1　20世纪90年代中国职业教育法制体系层次划分

如图3—1所示，这个时期形成的中国职业教育法制体系从纵向上主要包含以下层次：

1. 宪法

宪法是一切法律法规的基础和核心，是一切法律法规的"母法"，是一切法律法规的立法根本来源，一切法律法规都是根据宪法制定的，作为职业教育法律法规也必须遵循宪法的基本规定和立法原则。

2.《劳动法》和《教育法》

《劳动法》和《教育法》根据宪法制定，分别是劳动领域和教育领域调节各类法律关系的基本法律，是各自领域自定其他法律法规的依据。作为职业教育从属于劳动和教育两个领域共同结合形成的教育形式，职业教育法律法规的制定也必须根据《劳动法》和《教育法》的规定和原则来制定，这是《职业教育法》制定的基本来源，也是《职业教育法》中明确规定的原则。

3. 职业教育法相关平行法律

对于职业教育法制体系来讲，虽然按照本书对于职业教育法制狭义的定义，职业教育法制应该只是单行本的《职业教育法》，但是《职业教育法》不可能囊括所有与职业教育相关的法律问题，必须依托其他法律法规来调节和完善职业教育领域的法律关系，在此层次上，与《职业教育法》平行的相关法律成为与《职业教育法》相互依托和相互补充的法律体系，20世纪90年代由国家立法机关（全国人大及其常委会）通过的职业教育相关平行法律主要有：《教师法》、《高等教育法》、《学位条例》（修订）等。

4. 国务院行政法规

按照《立法法》的规定和原则，国务院拥有在宪法和其他法律许可的范围内，根据行政管理的实际需要，制定法规来完善宪法和其他法律的执行的权力，国务院也可以根据宪法和其他法律的规定制定单行本的法规，来调节某一社会领域的关系。作为对《职业教育法》的补充和其他调节职业教育法律关系的国务院法规，也是职业教育法制体系中重要的组成部分。20世纪90年代，随着国家立法的深入和法制建设的不断完善，国务院先后颁布了一系列有关职业教育领域的法规，作为调节职业教育领域法律关系的重要构成，其中涉及职业教育比较重要的国务院法规有：1991年10月17日国务院《关于大力发展职业技术教育的决定》、《教师资格条例》、国务院《关于修改〈征收教育费附加的暂行规定〉的决定》、《社会力量办学条例》等。

5. 国务院行政部门规章

涉及职业教育的国务院行政主管部门主要包括教育部（原国家教委）、劳动和社会保障部（人力资源和社会保障部）、农业部等部门。虽然部门规章的法律效力层级低于国家法律和国务院法规，但是涉及的范围更广、调节的领域更贴近职业教育领域管理的实际情况，在具体领域中更能发挥重要作用。这一时期国务院行政主管部门通过的规章主要涉及中等职业教育、高等职业教育、农村（民）职业教育、职工职业技术培训等各个方面。

6. 地方法规或地方政府规章

根据《立法法》的原则规定和各地实施《职业教育法》的具体情

况，在与国家宪法、法律、法规和部门规章不相抵触的条件下，各级地方人大和地方政府可以制定本行政区域内的职业教育法规或规章。这一时期全国各地方根据本地区实际，制定或修订了本地区内的职业教育条例或规章。例如：全国较早通过职业教育条例的山东省、上海市、河北省等先后根据《职业教育法》和《立法法》的规定，修改了本地区的职业教育条例。

从横向上看，20世纪90年代形成的中国职业教育法制体系中，在《劳动法》和《教育法》两部职业教育法制来源的两部法律外，与《职业教育法》平行的法律已经有了《教师法》和《高等教育法》，加之已经通过的《义务教育法》、《学位条例》等教育法律，由国家立法机关制定并通过的职业教育法律得到确立。在国务院部门规章层面上，为了保障职业教育法律的实施，各行政主管部门先后制定了大量的行政规章或文件，保障职业教育法律法规的实施。全国各级地方人大和各级地方政府也根据国家宪法、法律和本行政辖区的实际情况制定和修改了本地区的职业教育条例或政府职业教育规章。

二 各类职业教育规章、制度的发展

（一）中等职业教育

1. 中等专业教育

进入20世纪90年代以后，中等专业教育制度建设主要集中在中专教育评估工作方面。从1990年开始，国家教委会同部分省市中专教育管理部门，对全国范围内的中专学校的教学和管理进行了评估，颁布了一系列的评估标准和体系标准。评估分为合格评估、办学水平评估、选优评估三个阶段，最后评选出国家级重点中专学校。继续推进农业中专招生分配制度的改革，为科技兴农服务。为了推进新时期中专教育的改革和发展，修订了新的《中等专业学校专业目录》。实行中专教育的改革，兴办骨干示范性学校，中专学校实行分级管理、地方政府为主的管理模式，改革招生"双轨制"，实行统一招生，不再分国家计划和调节性计划的双重招生制度。改革毕业生分配制度，实行学生上学缴费、毕业自主择业的制度。改变中专教育以国家财政拨款为主的经费来源体制，多渠道筹集资金、加大对中专教育的投入。

2. 职业中学

20 世纪 90 年代职业中学制度建设主要集中在以下两个方面：

（1）通过重点职业中学的评估工作，改革职业中学的教学和专业设置，明确培养目标：颁布了省级重点职业中学建设标准和评估指标，制定了新的三年制职业中学的教学计划意见，明确职业中学培养目标是培养中级技术工人、农民以及管理和其他从业人员。突出专业教育，着重技能训练，减少文化课程、增加教学实践课程。通过制定新的教学大纲、专业（工种）目录，拓宽学生的专业面，加强实践教学，培养动手能力。通过举办专业技能比赛的形式，促进职业中学的教学改革。全面启动职业中学的评估工作，确立了一批省级重点职业中学，带动职业中学的建设。借鉴德国"双元制"的模式，让更多的企业参与职业中学的教学改革，直接为企业培养熟练的技术工人，效果比较突出。

（2）通过加强职业中学校长培训、持证上岗和职业中学师资基地建设等措施，加强职业中学的教学和管理工作，加强教师和学生的德育工作，提高培养质量。

3. 技工学校

20 世纪 90 年代技工学校管理制度的发展主要集中在以下方面：

（1）通过国家级重点技工学校的评估工作和申办高级技工学校，细化技工学校各项管理制度，加快技工学校的发展。从 1990 年起，劳动部（劳动和社会保障部）对全国的技工学校进行了教学和管理的评估，颁布了评估创建的标准和实施细则，通过评估改善了技工学校的办学和教学条件，提高了学生的培养质量。

（2）深化技工学校的改革、调整技工学校的布局和结构：从 2000 年起，为了适应新形势下技工学校的发展，劳动部决定用 3 年时间对全国技工学校进行调整和改革，形成职业培训机构、建立起与职业资格相适应的职业培训体系。通过对技工学校、就业训练中心、职业实训基地等的重组、合并、转制，地级市以上城市建立综合性职业培训基地，县办技工学校和就业训练中心合并为农村职业教育培训中心，建立县、乡、村三级培训网络。改革企业办的技工学校，建立职工培训中心。鼓励社会力量举办职业培训机构。提高培养层次，发展高级职业培训。推行劳动预备制度，鼓励技工学校扩大办学自主权。加强统筹规划，建立起一条龙式的职业培训服务体系,实现从市场职业需求、职业培训、就业指导、技能鉴定、就业服务一体化服务。

面对提高素质教育的要求和中等职业教育的实际状况,从20世纪90年代末开始,针对中等职业教育规模效益差、办学质量差、原有学校专业不能适应新兴的产业和职业岗位要求的情况,教育部决定对已有的中等职业教育资源进行调整和重组,通过合并、划转、共建、联办等形式,实现以地方政府管理为主、统筹规划本地区内的中等职业教育发展,充分配置和利用整体职业教育资源。20世纪90年代,中等职业教育规章还突出了职业教育中的思想道德和纪律教育,颁布了新的中等职业学校专业目录和原则意见。改进中等职业教育的教学和教材建设,全面推进面向21世纪、以提高素质和培养能力为中心的教学改革。

(二) 高等职业教育

20世纪90年代是中国高等职业教育飞速发展的重要时期,作为对普通高等教育的补充和缓解升学等压力的办学手段,高等职业教育的起步和转型充满了艰辛和曲折,但是在突破以往招生和就业制度之后,高等职业教育从过去单一和不受重视的层面逐步走到了高等教育的大雅之堂,并逐渐焕发出勃勃生机,成为中国教育领域中异军突起的力量。20世纪90年代中国高等职业教育制度的发展主要集中在以下几个方面。

1. 探索各种高等职业教育的办学模式和形式

创办高职三年制大专班和招收初中毕业生的五年制大专班,中等专业技术学校试办高职教育,以及扩大成人高校招收高职班的试点工作,推动职业大学的改革和发展。结合经济发展和行业特点,逐步建立起高职教育的教学和管理制度,学生实行"双证教育",注重学生业务能力和实践性环节的教育,一般学生实践课程课时占总学时数的1/2。毕业生由学校或社会推荐,参加供需见面,双选择业或自主择业。这一时期形成的高等职业教育办学基本目标是培养一线岗位高素质劳动者,以工科应用型专业为主,加强从业能力的培训,与企业、行业的需求紧密结合,多渠道联合办学,定向培养等。

2. 探索高等职业教育的管理和运行机制

进一步完善高等职业院校的设置,确定高等职业院校的标准和程序,按照新的管理模式和运行机制,更名已有的职业院校为职业技术学院。扩大地方政府兴办高等职业教育的权限。招生采取指导性计划，以学生缴纳学费为主，不包分配，自由择业，不发派遣证。办学主体扩大为民办高校、高等专科学校、普通本科院校的二级学院等，采取多种形式、多渠道、多方力量共同办学的模式。

（三）农村及中西部、民族地区职业教育

1. 农村成人文化（技术）学校建设

20世纪90年代中国农村经济发展经历了"七五"和"八五"两个五年计划时期，农村产业结构调整和产业升级成为这个时期中国农村经济发展的主要方面。围绕着农村经济发展的实际需求，在农村职业教育方面突出了科技兴农、促进科研成果转化和结合发展经济为主要内容的农民技术培训工作。以农民成人文化（技术）学校建设为中心，加强农村职业教育网络建设，形成覆盖面广、形式多样、普及实用科技知识和生产技能为主要教育形式的格局，为促进农村经济发展提供技术和信息服务。为了加强农民文化（科技）学校建设，国家先后出台了相应的学校规程、教师队伍建设意见和学校校长培训的制度和政策，推动农村成人学校建设。

2. 加快中西部、民族地区职业教育发展

加快中西部、民族地区职业教育，普及科技和技能知识，注重技术培训，提供多方面服务成为这一时期农村职业教育的一个重要侧面。在促进中西部地区发展中注意东西部相结合，开展多方面、多层次的交流和合作，促进中西部地区、民族地区的人口就业和经济发展。

（四）职工职业技术培训以及职业资格证书、职业技能鉴定、职业技术等级制度

1. 坚持开展岗位培训和下岗职工的再就业培训工作

20世纪90年代职工在岗培训工作的重点还是放在了岗位培训方面，国家先后出台了企业职工培训的有关规定和职工自学成才条例，鼓励企业职工立足本岗位成才，结合工作实际，提高自身的劳动素质和技能水平。这一时期企业职工岗位培训工作呈现了不断深入和细化的趋势，各级地方政府和广大企业纷纷出台相应的措施和决定，加强了岗位培训工作。

2. 全面建立职业资格证书、职业资格鉴定体系和制度

《劳动法》的颁布成为中国职业培训工作新的起点。为了推动职业培训工作的开展，实现与国际职业教育的接轨，参考国内外职业资格认定工作的有关经验和措施，从1995年起，国家劳动部会同有关部门开始了《职业分类大典》的编撰工作，并于1999年、2005年先后出版和再版，为职业培训工作提供了基础性的参考。根据分类大典和职业技术等级的划分，国家先后确立了400多种、1500多个小项的职业从业资格认定，全面建立了职业资格证书制度，健全职业鉴定和职业准入体系，从制度到实践各个层面全面建立起职业培训服务体系。

纵观20世纪90年代中国职业教育法制的发展，中国职业教育法制现代化步伐的总趋势是处于全面展开的阶段。在以江泽民为核心的中共中央第三代领导集体的带领下，在总结中外职业教育发展的规律和继承、发扬邓小平关于科技、教育、法制思想的基础上，结合中国职业教育发展的实际情况，不断创新理论，不断开拓进取，与时俱进，把中国职业教育法制建设不断推向前进，使中国职业教育的发展适应国内外经济和社会发展的形势要求，开创了中国职业教育法制建设的新局面，也使中国职业教育的改革和发展不断向前迈进，极大地提升了中国职业教育法制的水平和层次，培养了一批又一批高素质的劳动者和建设者，为推动中国特色社会主义现代化建设打下了良好的基础。

第四章

中国职业教育法制现代化进程的推进与深化

中国共产党十六届一中全会确立了以胡锦涛为核心的第四代中共中央领导集体。随着"十五"计划的实施和中共十六大的召开,中国的社会主义现代化建设又进入了一个新的历史阶段。在中国社会现代化加速发展的大环境下,中国职业教育法制现代化进程也进入了不断推进和深化发展的新阶段。

第一节 中国职业教育法制现代化的推进

从20世纪90年代末开始,中国正式申请加入WTO,一方面给中国社会经济发展带来了新的历史机遇,国际先进的生产技术和管理经验的涌入不断提升中国经济发展的层次,促使中国产业结构的升级和生产技术、设备的更新换代;另一方面由于原有的国有企业技术落后、人员素质低,产品缺乏国际竞争能力,迫使中国国有企业进入了重组、合并、破产的"阵痛"时期,伴随着是大批工人下岗失业,加之农村大量的剩余劳动力需要转移到城市就业,以及每年新增大量的劳动力人口,使中国社会经济发展和就业形势出现了新的矛盾和严峻形势。在这种形势下,中共中央第四代领导集体从保障中国现代化建设的大局出发,采取了一系列积极措施和政策,进一步推进和深化了中国职业教育法制结构,带动了中国职业教育的大发展。

一 第四次全国职业教育会议的召开和国务院《关于大力推进职业教育改革与发展的决定》的颁布

进入21世纪头10年以后,中国经济社会进入高速发展时期,社会对高素质劳动者的需求越来越紧迫,人口就业压力也逐步增大,职业教育面临更多的机遇和挑战。为了更好地推进职业教育的发展,满足社会经济发展对人口素质的要求,国家出台了一系列职业教育法规和政策,积极推进职业教育的改革和发展。

(一) 第四次全国职教会议的召开

为了落实"科教兴国"战略,努力开创中国职业教育改革和发展的新局面,2002年7月28日至30日,国务院召开了全国职业教育工作会议。会议总结了改革开放20多年来中国职业教育的发展状况,认为经过多年发展,中国已经形成了整体的职业教育体系,中等和高等职业教育以及职业技术培训等工作均取得了巨大的成就。进入21世纪中国职业教育又迎来了一个历史发展的机遇期,通过有效的职业教育培训出更多的高素质劳动者成为时代的强烈要求。但是,中国职业教育仍存在诸多现实困难和问题:职业教育办学条件差、招生不足、投入不足、就业准入与职业资格证书、学历证书等制度衔接不够、职业教育的教学和师资队伍建设不能满足生产一线的实际需求。会议提出必须加强对职业教育的认识,将职业教育作为整体教育发展中的"重中之重",提高服务质量,把职业教育作为服务于经济结构调整和技术进步、服务于就业和再就业、服务"三农"、服务于西部大开发的重要手段,积极建立起现代化职业教育体系。职业教育必须面向市场采取多种灵活的办学方式,构建人才培养的"立交桥",全面推进职业教育的发展。[①]

为了进一步贯彻落实《职业教育法》和《劳动法》,促进落实"科教兴国"战略,2002年8月24日,国务院颁布了《关于大力推进职业教育改革与发展的决定》(以下简称《决定》),《决定》成为21世纪中

[①] 国家教育行政学院组编:《职业教育法律法规文件选编》(1996—2009),中央文献出版社2010年版,第8—13页。

国职业教育改革和发展的纲领性文献之一，为未来中国职业教育的发展指明了前进的方向。《决定》明确了"十五"期间中国职业教育的发展目标。《决定》确立了将经济、社会与职业教育管理体制的改革紧密结合的原则。《决定》要求按照社会和企业的实际需求推动职业教育的教学改革。采取有效措施，加强农民和中西部地区的职业教育。严格职业准入制度，加强职业教育和就业准入的法制建设，完善执法监督机制，加大执法力度，提高依法治教的水平。[1]

(二)《民办教育促进法》的颁布

自从1982年《宪法》中规定国家鼓励各种社会力量举办各种教育事业和1985年中共中央《关于教育体制改革的决定》以及1993年中共中央、国务院颁布的《中国教育改革和发展纲要》提倡和鼓励社会力量办学以来，在此后的《教育法》、《义务教育法》、《教师法》、《职业教育法》、《高等教育法》、《劳动法》等教育法律中，都有涉及社会力量举办教育的条款，但是涉及专门性的社会力量和民间机构办学的国家立法一直是空白，只有一些作为专门规范社会力量办学的法规，如1984年5月教育部转发的《北京市社会力量办学试行办法的通知》和1987年原国家教委制定的《关于社会力量办学的若干暂行规定》以及1997年国务院颁布的《社会力量办学条例》。随着我国民办职业教育的快速发展，制定民办教育专门性法律的必要性也越来越大。

2002年12月28日，九届全国人大常委会第31次会议通过了《民办教育促进法》，从2003年9月1日起开始实施，同时1997年7月31日国务院颁布的《社会力量办学条例》废止。《民办教育促进法》的颁布是对改革开放30年社会力量和民间力量兴办教育发展历程和结果在国家立法层面的确定。《民办教育促进法》分别对涉及民办教育的重点问题一一做出了法律规定。

《民办教育促进法》明确了民办教育的范围，改变以前的关于社会力量办学概念中一直存在的争议，同时明确规定了民办学校与公办学校

---

[1] 何东昌主编：《中华人民共和国重要教育文献》（1998—2002），海南出版社2003年版，第1323—1326页。

同等法律地位，使长期以来的民办教育彻底摆脱"低人一等"的困局，走上了正常发展的轨道。同时，《民办教育法》规定了民办教育属于公益性事业，对于民办教育回报问题也做出了规定。另外，民办教育最终被赋予了公办教育同等的教师和受教育者权利和义务。为了配合《民办教育法》的实施，国务院随后颁布了《实施条例》，将《民办教育法》进行了具体化，进一步推动了民办职业教育法制的完善。

总之，《民办教育促进法》的实施，是对改革开放以来社会力量办学发展到一定阶段的法律地位的集中总结，也为以后中国职业教育中民办教育的发展提供了有力的立法保障，极大地促进了民间兴办职业教育的积极性。

二 第五次全国职业教育会议的召开和《关于进一步加强职业教育工作的若干意见》的颁布

随着中国经济改革的进一步深入，市场对高素质劳动者的需求越来越迫切，而职业教育不能满足实际迫切需求的矛盾也日益凸显，为了把职业教育放在进一步发展的突出位置，国务院及相关部门在这一时期召开全国职教会议，进一步加强职业教育政策和法制的建设。

（一）第五次全国职教会议的召开

21世纪伊始，中国劳动就业市场和职业教育之间就凸显了严重的矛盾和问题：一方面众多适龄的劳动者就业能力和技术水平与劳务市场的需求仍存在巨大差距，生产一线普遍缺乏技能型特别是高技能型人才；另一方面职业教育自身困难重重，办学硬件和教学软件以及各类职业教育的指标等不能适应社会的需求。为了加快职业教育的发展，2004年6月17日至19日，教育部等七部门在京联合召开了全国职业教育工作会议。会议分析了自2002年全国职教会以来职业教育综合发展概况，认为全国职业教育有了长足的发展，特别是高等职业教育已经占到高等教育招生人数的1/2以上，社会各方面对职业教育的认识有所加强，在实践中积累了很多新的经验和做法。会议认为21世纪前20年中国经济正面临人均GDP达到10000美元的历史阶段，这一阶段正是中国新型工业化和城镇化的"黄金时期"，也是经济社会发展的"矛盾凸显期"，一方面消费和产业结构的升级带来了更多的经济发展机遇,另一方面由于资源和环境的影响,社会矛盾凸显,就业压力加大,城乡差距进一步拉大,必须依靠科技进步和提高劳动者素质来走新型工业化、信息化的发展道路。必须通过职业教育,改善"三农"问题,促进就业和劳动力的转岗、再就业,实现将沉重的人口负担转化成巨大的人才优势的转变。坚持"三个转变"和"两个加强",突出职业教育的战略地位,提高职业教育的投入与产出的效益。①

为了落实会议精神,促进中国职业教育的快速发展,2004年9月14日,教育部等七部门联合下发了《关于进一步加强职业教育工作的若干意见》。该意见提出在坚持"三个代表"和科学发展观的前提下,积极推动职业教育健康发展。在职业教育实施中,必须坚持以就业为导向,让职业教育更多地参与到服务社会经济发展之中。在今后一段时期内,职业教育工作重点主要放在:

(1) 技能型人才培养,应对新型工业化对高技能人才的需求;

(2) 配合农村劳动力转移计划,带动农村职业培训;

(3) 增强职业院校职业资格鉴定工作;

(4) 加强职业资格证书制度和就业准入制度;

(5) 提供学生职业技能培养,加强职业培训基地建设;

(6) 深化体制改革,增加办学渠道,实现职业教育办学的多元化、投资多元化、职业培训的社会集团化;

(7) 加强职业教育师资建设。②

(二)《中外合作办学条例》的颁布

随着我国改革开放和现代化建设步伐的加快,中国与国际间的职业教育合作和交流逐年增多。以中德之间的职业教育交流和合作为例,早在20世纪80年代初中国与德国就开始了职业教育合作。德国的"双元制"职业教育模式在中国得到了一定的推广和实践。通过多种与国外合

---

① 何东昌主编:《中华人民共和国重要教育文献》(2003—2008),新世界出版社2010年版,第434—444页。

② 同上书,第502—505页。

作兴办职业教育的形式有助于中国整体职业教育水平的提高。为此，国家教委和各有关部门先后颁布了《关于境外机构和个人来华合作办学问题的通知》、《中外合作办学暂行规定》等文件和规章，规范中外合作办学活动。但是随着时间的推移，中外合作办学的规模和层次越来越复杂多样，原有的规章已经很难适应客观形势的发展，为了进一步规范中外合作办学，解决中外合作办学中出现的法律问题，2003年3月1日和2004年3月5日，国务院和教育部颁布了《中外合作办学条例》（以下简称《条例》）及其实施办法，《条例》及其实施办法对中外合作兴办职业教育做出了详尽的规定：国家鼓励中外合作兴办职业教育，对于合作办学中学生接受职业培训后，可以经过国家职业资格鉴定机构鉴定取得相应的职业资格证书。这些规定充分将中外职业教育的合作与交流活动纳入了中国整体职业教育体系之中。《条例》的颁布有利于中国职业教育与国际教育大环境的接轨，也在更大范围和领域中增加了普通受职业教育者接受更优质职业教育的机会，促进了中国职业教育办学层次和水平的发展，从此中国职业教育国际化合作与交流的深度与范围不断扩大，使更多的职业教育理念和形势、内容等融入了当代中国职业教育之中，大大提升了中国职业教育的水平和档次。

三 各类职业教育规章建设的推进

为了落实21世纪中国职业教育发展的一系列政策和措施，推动21世纪初年中国职业教育的改革和发展，从2002年起，教育部等职业教育主管行政部门先后出台了一批规章和文件，使中国职业教育规章建设得到了进一步推进。

（一）技能型紧缺人才培养工程的实施

为了进一步促进职业教育服务于现代化建设，满足生产和服务等具体一线行业对技能型人才的需要，缓解劳动力市场上各种技能型人才紧缺的状况，从2003年起，教育部会同相关领域和行业的主管部门制定了一系列鼓励培养技能型人才的职业教育规章，实施各类紧缺型人才培养培训工程，加速技能型紧缺专业人才培养。这一时期通过的技能型紧缺人才培养工程相关的规章如表4—1所示。

表 4—1 2003—2004 年全国技能型紧缺人才培养工程主要规章概况表①

序号	颁布时间	颁布部门	规章和文件等名称
1	2003 年 7 月 8 日	教育部办公厅	关于试办示范性软件职业技术学院的通知
2	2003 年 11 月 26 日	教育部	关于批准高等学校试办示范性软件职业技术学院的通知
3	2003 年 12 月 3 日	教育部、劳动保障部、国防科工委、信息产业部、交通部、卫生部	关于实施"职业院校制造业和现代服务业技能型紧缺人才培养培训工程"的通知
4	2003 年 12 月 3 日	教育部办公厅、信息产业部办公厅	关于确定职业院校开展计算机应用与软件技术专业领域技能型紧缺人才培养培训工作的通知
5	2003 年 12 月 3 日	教育部办公厅、国防科工委办公厅、中国机械工业联合会	关于确定职业院校开展数控技术应用专业领域技能型紧缺人才培养培训工作的通知
6	2003 年 12 月 3 日	教育部办公厅、卫生部办公厅	关于确定职业院校开展护理专业领域技能型紧缺人才培养培训的通知
7	2003 年 12 月 3 日	教育部等六部门	关于实施职业院校制造业和现代服务业技能型紧缺人才培养培训工程的通知
8	2003 年 12 月 3 日	教育部办公厅、交通部办公厅、中国汽车工业协会、中国汽车维修行业协会	关于确定职业院校开展汽车运用与维修专业领域技能型紧缺人才培养培训工作的通知
9	2004 年 10 月 28 日	教育部、建设部	关于实施职业院校建设行业技能型紧缺人才培养培训工程的通知
10	2004 年 11 月 15 日	教育部办公厅	关于增加部分职业院校参加技能型紧缺人才培养培训工程的通知

---

① 根据教育部政策研究与法制建设司编《中华人民共和国现行教育法规汇编》(2002—2007)(上卷),法律出版社 2008 年版,职业教育部分中 2003 年至 2004 年发布的一系列相关通知和规定编制。

2003年12月，由教育部牵头，相关部委、行业组织纷纷印发技能型人才工程培养的具体方案，并公布了校企合作的单位名单，正式启动了"职业院校制造业和现代服务业技能型紧缺人才培养培训工程"。[①] 2003—2004年间一系列相关专业领域技能型紧缺人才培养培训规章和文件的颁布一方面反映了各类技能型人才紧缺的社会现实情况，另一方面也反映出加速技能型人才培养的迫切性和职业教育更要面对市场需求，及时培养社会需求的专业技能型人才的客观事实，也为今后职业教育的发展和调整提出了要求。

（二）中等职业教育

2002—2004年间为了进一步加强中等职业教育教育教学工作，适应中等职业教育改革和发展的需要，教育部等部门先后出台了一批规章，完善中等职业教育的管理，主要概况如表4—2所示。

表4—2　　　　2002—2004年间中等职业教育主要规章概况表[②]

序号	颁布时间	颁布部门	规章和文件的名称
1	2002年10月31日	教育部	关于加强职业技术学校职业指导工作的意见
2	2002年11月26日	教育部	关于公布全国中等职业教育首批示范专业（点）和加强示范专业建设的通知
3	2002年11月29日	教育部	关于进一步推动职业学校实施职业资格证书制度的意见
4	2003年10月9日	教育部	关于进一步加强职业技术学校校长培训工作的意见
5	2003年12月18日	教育部办公厅	关于进一步加强中等职业学校实习管理工作的通知

---

① 《中国教育年鉴》编辑部：《中国教育年鉴》（2004），人民教育出版社2004年版，第163页。

② 根据何东昌主编《中华人民共和国重要教育文献》（1998—2002），海南出版社2003年版；《中华人民共和国重要教育文献》（2003—2008），新世界出版社2010年版相关内容编制。

续表

序号	颁布时间	颁布部门	规章和文件的名称
6	2004年3月15日	教育部办公厅	关于公布新调整认定的首批国家级重点中等职业学校名单的通知
7	2004年4月28日	教育部	关于做好中等职业学校毕业生就业服务工作的通知
8	2004年4月30日	教育部、财政部	关于推进职业教育若干工作的意见
9	2004年7月15日	教育部	关于贯彻落实全国职业教育工作会议精神、进一步扩大中等职业学校招生规模的意见
10	2004年7月21日	财政部、教育部	职业教育实训基地建设专项资金管理暂行办法
11	2004年10月25日	教育部	中等职业学校德育大纲

2002—2004年间中等职业教育规章主要集中在加强职业学校教学与实践工作，加大中等职业教育招生规模，进一步促进中等职业教育发展方面：

（1）加强职业技术学校职业指导工作，充分认识职业技术学校职业指导工作的重要性，加强职业指导工作的组织领导和条件保障建设，保障接受职业教育的毕业生充分就业。

（2）加强中等职业教育示范性专业建设，要求各地教育行政部门应把示范专业的建设与当地中等职业学校专业结构调整结合起来，示范性专业要采取灵活多样的教学方式，直接面对市场需求调整专业、课程以及教学内容等，并及时将学生培养与职业资格证书挂钩，毕业生在校学习期间就可以获得相关的职业资格证书。实现学生、行业、企业、职业资格鉴定等一条龙"流水线"作业，保障学生的就业。

（3）为了加快中等职业教育的发展，改善中等职业教育招生规模逐年下降的趋势，2004年7月，教育部发布意见，决定在2004—2007年间，提高高中阶段的中等职业教育比例，逐步实现中等职业教育规模大于普通高中规模的格局。还决定从2004年起，教育部建立职业教育事业发展年度报告制度，加强对中等职业教育的规范和管理。

这一时期全国中等职业教育发展概况如表4—3、表4—4、表4—5所示。

表4—3 　　　　2002—2004年全国普通中专学校概况表① 　　　单位：万人

年份	学校数（所）	毕业生数	招生数	在校生数	教职工数	专任教师数
2002	2953	144.15	155.31	456.35	38.15	20.78
2003	3065	148.4471	183.8777	502.3708	34.7013	19.8550
2004	3047	140.5817	203.8445	554.4733	33.2770	19.7084

表4—4 　　　　2002—2004年全国技工学校概况表② 　　　单位：万人

年份	学校数（所）	毕业生数	招生数	在校生数	教职工数	专任教师数
2002	3470	47.70	69.51	158.70	21.96	13.40
2003	2970	45.2566	91.6363	193.1423	20.2190	15.2960
2004	2884	53.5	109.7	234.50	20.5	16.5

表4—5 　　　　2002—2004年全国职（农）业中学概况表③ 　　　单位：万人

年份	学校数（所）	毕业生数	招生数	在校生数	教职工数	专任教师数
2002	7402	145.43	216.88	511.50	43.03	31.01
2003	6843	114.9468	222.0743	528.1709	40.2612	28.8733
2004	6478	142.4739	229.0755	569.4380	40.5218	29.4292

（三）高等职业教育

2002—2004年间高等职业教育得到了飞速发展，为了规范高等职

---

① 根据《中国教育年鉴》编辑部《中国教育年鉴》2003、2004、2005年鉴统计数据编制，包括中等师范学校在内的普通中专学校。

② 根据《中国教育年鉴》编辑部《中国教育年鉴》2003、2004、2005年鉴统计数据编制。

③ 根据《中国教育年鉴》编辑部《中国教育年鉴》2003、2004、2005年鉴统计数据编制，其中统计数据包含职（农）业高中和初中。

业教育的发展，加强对高等职业教育的管理，教育部等部门先后制定了有关高等职业教育的规章，主要概况如表4—6所示。

表4—6　　　　2002—2004年高等职业教育规章概况表[①]

序号	颁布时间	颁布部门	规章和文件的名称
1	2002年3月27日	教育部	关于进一步办好五年制高等职业技术教育的几点意见
2	2002年5月15日	教育部办公厅	关于加强高等职业高专院校师资队伍建设的意见
3	2004年4月19日	教育部办公厅	关于全面开展高职高专院校人才培养工作水平评估的通知
4	2004年10月22日	教育部	普通高等学校高职高专教育专业设置管理办法（试行）
5	2004年10月22日	教育部	普通高等学校高职高专教育指导性专业目录（试行）

2002—2004年间高等职业教育规章建设主要集中在以下方面：

（1）加强高等职业院校的管理和教学改革，以独立的职业院校为单位，突出办学和专业特色，提高教育教学质量。创造条件，增加经费投入。建立招生、收费、学籍和毕业等环节的相关制度，规范审批和评估制度。

（2）切实推进高职高专院校的师资队伍建设工作，提高专任教师业务水平，改善师资队伍学历结构。锻造理论和实践相结合的"双师型"教师队伍，培养更多的合格的高等职业教育教师。

（3）加强高职高专院校专业目录工作建设，要求各地、各院校根据实际情况，按照新的专业目录，对高职高专的专业设置开展调查并逐步进行必要的调整。

2002—2004年全国高等职业教育发展情况如表4—7所示。

[①] 根据何东昌主编《中华人民共和国重要教育文献》（1998—2002），海南出版社2003年版；《中华人民共和国重要教育文献》（2003—2008）（新世界出版社2010年版）相关内容编制。

表 4—7　　　　2002—2004 年全国高等职业教育概况表①　　　　单位：万人

年份	学校数（所）	毕业生数	招生数	在校生数	教职工数	专任教师数
2002	767	27.73	89.05	193.41	28.71	15.59
2003	711	23.2878	88.3848	189.7859	26.8239	14.9473
2004	872	37.0812	118.4266	268.2776	32.7536	19.3432

（四）农民技术培训

2002—2004 年间，为了积极推动农村职业技术教育的不断发展，更好地服务"三农"，提高农民收入，教育部等行政主管部门发布了一批规章和文件，推进农村职业教育的开展，这一时期农村职业教育规章如表 4—8 所示。

表 4—8　　　　2002—2004 年农村职业教育规章概况表②

序号	颁布时间	颁布部门	规章和文件名称等
1	2002 年 4 月 4 日	共青团中央、教育部	关于加强农村青年职业教育和成人教育的意见
2	2002 年 11 月 21 日	教育部	关于进一步加强农村成人教育的若干意见
3	2003 年 1 月 16 日	中共中央、国务院	关于做好农业和农村工作的意见
4	2004 年 3 月 24 日	教育部	农村劳动力转移计划
5	2004 年 8 月 27 日	农业部、教育部等	农村劳动力转移培训阳光工程项目检查验收办法（试行）
6	2004 年 12 月 31 日	中共中央、国务院	关于进一步加强农村工作、提高农业综合生产能力若干问题的意见

---

①　根据《中国教育年鉴》编辑部《中国教育年鉴》2003、2004、2005 年鉴统计数据编制，包括高等职业院校本专科学生数。

②　根据何东昌主编《中华人民共和国重要教育文献》（1998—2002），海南出版社 2003 年版；《中华人民共和国重要教育文献》（2003—2008）（新世界出版社 2010 年版）相关内容编制。

这一时期农村职业教育重点主要有：

（1）加强农村青年和成人教育，推动服务"三农"活动，加强县、乡、村三级农民成人技术学校建设，全面建立开放型、实用型的农民技术文化教育体系。充分利用广播、电视等远程教育手段，推广农业新技术、新的生产知识和信息，保障农业增产、农民增收。

（2）实施农民工和农村富余劳动力转移培训计划，针对1.5亿农民工群体展开转移就业培训，规划自2003年起至2010年全国开展农村中职扩大招生、进城务工人员培训和非农业生产和城镇转移农民工的岗位培训工作。通过就业培训、就业指导和"模块式"、"订单式"培训方式，加强农民工技能和专业教育，面向东部和沿海城市就业。2002年、2004年农民技术培训概况如表4—9、表4—10、表4—11所示。

表4—9　　　　2002年全国农民职业技能训练基本概况表①　　　　单位：万人

学校类别	学校数（所）	学生数			教职工数	
		毕业生	招生数	在校学生数	共计	其中：专任教师
农民高校	3	0.03	0.05	0.10	0.03	0.02
农民中专	221	2.98	4.30	9.21	0.84	0.54
农民技术培训学校	379069	7681.81	6508.41	5752.57	34.27	10.89

表4—10　　　　2004年全国农民高等院校概况表②　　　　单位：人

毕业生数			招生数			在校学生数			预计毕业生数		
合计	本科	专科	合计	本科	专科	合计	本科	专科	合计	本科	专科
474	—	474	2053	—	2053	2136	—	2136	62	—	62

---

① 根据《中国教育年鉴》编辑部《中国教育年鉴》2003年鉴相关统计数据编制。
② 同上。

表4—11　　2004年全国农民成人文化技术学校（机构）概况表① 　　单位：人

办学主体	学校数（所）	教学班（点）（个）	结业学生数	注册学生数	教职工数 共计	其中：专任教师	聘请校外教师
教育部门和集体办	184770	585990	49212599	44682395	260128	100124	308438
县办	1694	154358	2101910	8375640	11790	7177	9363
乡办	27096	149742	20454879	15852490	85514	39728	105303
村办	155980	281890	26655810	20454265	162824	53219	193772
其他部门办	6042	25545	1975456	2042556	6979	3623	14969
民办	892	1049	83897	117394	3408	2638	487
合计	191704	612584	51271952	46842345	270515	106385	323894

（五）职工技术培训

2002—2004年间，职工技术培训工作规章的发展情况如表4—12所示。

表4—12　　2002—2004年职工培训、职业鉴定规章概况表②

序号	颁布时间	颁布部门	规章和文件等名称
1	2002年10月24日	教育部	关于动员各类学校积极开展下岗失业人员再就业培训工作的通知
2	2002年12月2日	教育部、国家经济贸易委员会、劳动和社会保障部	关于进一步发挥行业、企业在职业教育和培训中作用的意见

---

　　① 根据《中国教育年鉴》编辑部《中国教育年鉴》2005年鉴相关统计数据编制。
　　② 根据何东昌主编《中华人民共和国重要教育文献》（1998—2002），海南出版社2003年版；《中华人民共和国重要教育文献》（2003—2008）（新世界出版社2010年版）相关内容编制。

2002—2004年间职工职业培训工作的重点主要有：

（1）积极落实全国再就业和职教会议精神，各级职业学校和职业培训机构积极开展下岗职工的再就业培训，推动地区经济发展和保持社会稳定。2002年，各类职业培训学校开展各类职业技术培训达到437万人次。①

（2）继续发挥企业、行业在职工培训工作中的主阵地作用，围绕优化职工队伍、提高企业职工素质，各类企业积极开展企业职工培训工作。国家推行技术工种准入制度，企业积极承担职工培训费用，加强职工培训的师资队伍建设。

2002年、2004年全国职工培训开展情况如表4—13、表4—14、表4—15所示。

表4—13　　　　　2002年全国职工培训概况表②　　　　单位：万人

学校类别	学校数（所）	学生数			教职工数	
^	^	毕业生	招生数	在校学生数	共计	其中：专任教师
职工高校	357	8.89	15.89	36.73	5.18	2.74
职工中专	1177	16.20	16.60	44.26	4.98	2.79
职工技术培训学校	10435	437.00	438.56	288.87	5.46	3.12

表4—14　　　　2004年全国职工高等院校概况表③　　　　单位：人

毕业生数			招生数			在校学生数			预计毕业生数		
合计	本科	专科	合计	本科	专科	合计	本科	专科	合计	本科	专科
115130	1859	113271	128843	2394	126449	228087	2673	225414	86866	589	86277

---

① 《中国教育年鉴》编辑部：《中国教育年鉴》（2003），人民教育出版社2003年版，第170页。

② 根据《中国教育年鉴》编辑部《中国教育年鉴》2003年鉴相关统计数据编制。

③ 同上。

表4—15　　　2004年全国职工技术培训学校（机构）概况表①　　　单位：人

办学主体	学校数（所）	教学班（点）（个）	结业学生数	注册学生数	教职工数 共计	其中：专任教师	聘请校外教师
教育部门和集体办	1583	14215	1389329	986729	17116	10810	6942
其他部门办	2079	9795	905512	688206	12161	6360	8982
民办	639	2855	185434	177409	5422	3805	1752
合计	4301	26865	2480275	1852344	34699	20975	17676

2002—2004年正是中国社会主义现代化建设的关键时期。中国加入WTO，中国改革开放的力度进一步加大，职业教育也与社会需求不断接轨，但是中国高级技工人才短缺、农民工整体素质还远远满足不了技术升级的要求。为了促进社会民办教育事业的发展，特别是调动社会力量兴办职业教育的积极性，通过了《民办教育促进法》和一系列促进职业教育发展的规章。为了促进中国教育与世界教育接轨，国务院颁布了《中外合作办学条例》规范了中外合作兴办职业教育的管理。2002年和2004年两次全国性职业教育会议的召开和两个加快职业教育发展的决定的颁布极大地推动了中国21世纪初职业教育的发展。技能型紧缺专业人才培养工程的实施，带动了高技能人才培养工作的展开。中等职业教育和高等职业教育也先后发布了一批规章和文件，推动了相关类别职业教育的制度建设。农民技术培训、企业职工技术教育、职业资格鉴定、职业资格证书等制度建设，促进了职业教育的规范发展。

第二节　中国职业教育法制现代化的深化

2005年中国着手制定"十一五"规划。2005年10月，在中共中央

---

① 根据《中国教育年鉴》编辑部《中国教育年鉴》2005年鉴相关统计数据编制。

十六届五中全会上原则通过了"十一五"规划。2006年3月,十届全国人大四次会议通过了"十一五"规划。在加强"人才强国战略"实施的基础上,规划提出在"十一五"期间进一步采取措施和手段,以促进就业为中心,加快职业教育的发展,满足社会经济对专业技能型人才的需要。在此基础之上,从2005年开始,国家进一步通过立法和规章等制度建设,推动职业教育的发展,中国职业教育法制建设得到了深化。

一 第六次全国职业教育会议的召开和《就业促进法》的颁布

为了明确2005—2010年间中国职业教育改革和发展的指导思想、任务目标和政策等,进一步落实国家关于发展职业教育战略部署,国务院和相关部门先后出台了一批措施和决定,为中国职业教育法制的深化提供了前提条件。

(一)《关于大力发展职业教育的决定》的颁布

2005年10月28日,国务院发布了《关于大力发展职业教育的决定》,该决定进一步深化了2002年、2004年两次全国职教会精神和两个发展职业教育的决定。该决定确立了"十一五"期间中国职业教育发展的基本思路:

(1) 从2005年到2010年,全国职业教育招生规模实现中等和高等职业教育均等于同级的普通教育,五年间培养2005万中职毕业生,1100万高职毕业生,培训城乡劳动者1亿人次/年;

(2) 职业教育为提高劳动者的职业能力服务;

(3) 中央建立职业教育专项资金,加强职业实训基地建设;

(4) 加强职业院校的基本建设,建立城乡职教网络、县级职教中心、示范性职业院校建设;

(5) 改革公办职业院校的人事制度,大力发展民办职业教育;

(6) 行业、企业、职业院校紧密合作;

(7) 严格就业准入制度,建立职业教育学生资助制度。[①]

为了进一步落实该决定,推动"十一五"时期中国职业教育的发展,

---

① 《国务院关于大力发展职业教育的决定》,2011年3月7日,中华人民共和国中央人民政府网站(http://www.gov.cn/zwgk/2005-11/09/content_94296.htm)。

2005年11月7日至8日,国务院召开了第六次全国职业教育工作会议,温家宝总理做了讲话。会议分析认为目前中国每年新增劳动力人口中有1000万初中毕业生/年不能升学,500万普通高中毕业生/年不能升学,100万大学毕业生/年不能充分就业,升学与就业之间还是存在巨大的矛盾。未来四年中必须实施职教四大工程,加强职业教育软硬件建设,深化职教改革,坚持就业为主,切实加强对职教工作的领导和管理。[①]

(二)《就业促进法》的颁布

回顾中国近代以来的历史发展,中国近100多年的现代化进程中面临的一个主要困难和矛盾就是人口基数大、就业压力大,人均自然资源和环境资源的占有率始终居于世界末尾。缓解就业压力、解决人民吃饭问题始终是中国现代化进程中的头等大事。进入21世纪之后,中国采取了一系列积极促进就业的政策和措施,如实施再就业工程、创业培训、小额贷款支持个体私营经济等,但是客观的就业形势仍然不容乐观。据相关统计资料显示,"十一五"期间中国城镇劳动力总量保持在2400万人/年,然而现有经济能力供给中只能解决1200万人/年的就业问题,劳动力市场的供需矛盾和结构矛盾十分尖锐。从国家的长久发展和保持社会稳定的大局出发,通过国家立法的形式,促进就业,建立起长效机制解决就业工作中存在的问题和矛盾,明确政府和社会各界在就业过程中的各方法律责任和义务,已经成为刻不容缓的现实需要。[②] 经过反复调研和不断修订、征求意见等环节,2007年8月30日,十届全国人大常委会第29次会议通过了《就业促进法》,于次年1月1日正式实施。同时,为了配合《就业促进法》的细化,人社部和其他国务院主管部门纷纷出台了部门规章和措施,对就业培训、就业援助、就业管理等方面进行了规定,使该法的实施具体化、详细化。

《就业促进法》对发挥职业教育在促进就业中的作用做出了明确的法律规定。《就业促进法》第五章专门针对职业教育和职业培训做出了

[①] 何东昌主编:《中华人民共和国重要教育文献》(1998—2002),海南出版社2003年版;《中华人民共和国重要教育文献》(2003—2008),新世界出版社2010年版,第879—882页。

[②] 刘铮、刘羊旸:《劳动力供远大于求 〈就业促进法〉将给百姓带来什么?》,2011年3月8日,腾讯网(http://news.qq.com/a/20070326/001772.htm)。

规定，在法律层面确立了职业教育在促进就业、解决就业问题中的重要作用，即国家通过大力发展各种不同类型的职业教育和职业培训，提高劳动者的素质和技能，促进就业，改善就业结构。另外，该法对各级政府在职业教育中的作用也做出了规定，明确各级政府在职业教育发挥的主导作用。

《就业促进法》的颁布和实施，是继续实施积极就业政策的法律保障，其中对职业教育在促进就业中重要作用的规定，极大地提高了职业教育在促进就业方面的地位，将职业教育纳入了整体社会就业服务体系之中。

二 各类职业教育规章建设的深化

2005 年以来，面对中国社会经济发展和产业结构调整、升级，以及人口就业压力等诸多社会矛盾，为实现全面建设小康社会的奋斗目标，加快发展职业教育，促进就业和产业升级，国务院以及有关职业教育主管部门加强了职业教育规章等的制定，出台了一系列职业教育规章制度，促进了职业教育法制建设的深化。2005—2010 年间职业教育规章建设主要集中在以下几个方面：

（一）中等职业教育

2005—2010 年间关于中等职业教育的规章和文件主要如表 4—16 所示。

表 4—16　　2005—2010 年间中等职业教育规章概况表[①]

序号	颁布时间	颁布部门	规章和文件等名称
1	2005 年 2 月 28 日	教育部	关于加快发展中等职业教育的意见
2	2006 年 3 月 20 日	教育部	关于中等职业学校面向未升学高中毕业生开展职业教育与培训的意见

---

① 根据教育部政策研究与法制建设司编《中华人民共和国现行教育法规汇编》（2002—2007）（上、下卷），法律出版社 2008 年版和中华人民共和国教育部网站政策和法规查询栏，2012 年 2 月 28 日（http：//www.moe.edu.cn/publicfiles/business/htmlfiles/moe/moe_191/list.html）相关内容编制。

续表

序号	颁布时间	颁布部门	规章和文件等名称
3	2006年4月25日	教育部	关于大力发展中等职业教育的意见
4	2006年7月24日	财政部、教育部	中等职业教育国家助学金管理暂行办法
5	2006年7月24日	财政部、教育部	关于完善中等职业教育贫困家庭学生资助体系的若干意见
6	2006年9月28日	教育部	关于建立中等职业学校教师到企业实践制度的意见
7	2006年12月26日	教育部	关于实施中等职业学校教师素质提高计划的意见
8	2007年5月7日	人力资源和社会保障部、教育部	关于中等职业学校、普通高中、幼儿园岗位设置管理的意见
9	2007年5月13日	国务院	关于建立健全普通本科高校、高等职业学校和中等职业学校家庭经济困难学生资助政策体系的意见
10	2007年5月23日	教育部办公厅、财政部办公厅	关于组织实施中等职业学校专业骨干教师培训工作的指导意见
11	2007年6月26日	教育部、财政部	中等职业学校学生实习管理办法
12	2008年12月13日	教育部	关于进一步深化中等职业教育教学改革的若干意见
13	2009年1月6日	教育部	关于制定中等职业学校教学计划的原则意见
14	2010年3月8日	教育部	中等职业学校专业目录（2010年修订）
15	2010年5月3日	教育部	中等职业学校管理规程
16	2010年5月13日	教育部	中等职业学校学生学籍管理办法
17	2010年7月6日	教育部	中等职业学校设置标准
18	2010年9月10日	教育部	中等职业学校专业设置管理办法（试行）

由上所列，这一时期为了加强中等职业教育管理，促进中等职业教

育的快速发展，国务院以及中央教育行政管理等部门先后围绕着中等职业教育发展制定了一大批规章，这些规章主要涉及中等职业教育管理、专业设置、教师队伍建设、学生实习与就业、学生学籍、教学改革、专业目录建设等各个方面，其中中等职业教育国家助学体系的建立成为这一时期加快中等职业教育的重要举措。在国家颁布的中等职业教育助学体系中，从2006年起，国家对接受中等职业教育的受教育者每年资助1500元，免除接受中等职业教育学生的学费和部分费用，鼓励学生接受中等职业教育。由于一系列政策和措施的相继出台，极大地推动了这一时期全国中等职业教育的发展。2005—2010年全国中等职业教育发展大体概况如表4—17、表4—18、表4—19所示。

表4—17　　　　2005—2010年全国普通中专学校概况表① 　　　单位：万人

年份	学校数（所）	毕业生数	招生数	在校生数	教职工数	专任教师数
2005	3207	156.71	241.13	629.77	33.48	20.30
2006	3698	182.37	278.89	725.84	36.68	22.92
2007	3801	202.27	297.29	781.63	38.85	24.90
2008	3846	220.56	303.78	817.28	40.28	26.14
2009	3789	241.52	311.71	840.43	41.13	27.23
2010	3938	264.64	316.61	877.71	43.50	29.50

表4—18　　　　2005—2010年全国技工学校概况表② 　　　单位：万人

年份	学校数（所）	毕业生数	招生数	在校生数	教职工数	专任教师数
2005	2855	69.0	118.37	275.30	20.40	16.11

---

① 根据《中国教育年鉴》编辑部《中国教育年鉴》2006、2007、2008年鉴相关统计数据以及2008、2009、2010年全国教育事业发展统计公报相关统计数据编制，包括中等师范学校在内普通中专学校。

② 根据《中国教育年鉴》编辑部《中国教育年鉴》2006、2007、2008年鉴相关统计数据以及2008、2009、2010年全国教育事业发展统计公报相关统计数据编制。

续表

年份	学校数（所）	毕业生数	招生数	在校生数	教职工数	专任教师数
2006	2880	86.43	134.76	320.82	21.53	17.72
2007	2995	99.66	158.55	367.15	24.0	20.43
2008	3103	109.57	161.84	398.85	24.88	22.07
2009	3077	115.53	156.75	415.32	25.97	18.64
2010	3008	121.64	159.02	422.05	26.63	19.05

表4—19　　2005—2010年全国职（农）业高中概况表[①]　　单位：万人

年份	学校数（所）	毕业生数	招生数	在校生数	教职工数	专任教师数
2005	5822	153.09	248.21	582.43	38.93	28.25
2006	5765	170.31	278.89	655.64	40.37	29.59
2007	5916	190.88	302.18	725.25	41.73	30.87
2008	5915	211.63	290.66	750.32	42.78	31.97
2009	5652	229.15	313.17	778.42	42.56	32.15
2010	5206	230.20	278.67	726.33	40.32	30.70

（二）高等职业教育

进入2005年以后，全国高等职业院校发展迅速，成为中国高等教育异军突起的中坚力量，高等职业教育成为高校扩招以后高等教育部分中增加最快的部分，为中国高等教育的升级和实现高等教育大众化的目标做出了划时代的贡献。这一时期为了加强高等职业教育的管理，促进高等职业教育的健康发展，教育部会同有关部门先后制定和颁布了一批

[①] 根据《中国教育年鉴》编辑部《中国教育年鉴》2006、2007、2008年鉴相关统计数据以及2008、2009、2010年全国教育事业发展统计公报相关统计数据编制，不包含职（农）业初中。

高等职业教育规章和文件，规范高等职业教育的教育教学。2005—2010年间高等职业教育主要规章如表4—20所示。

表4—20　　2005—2010年高等职业教育主要规章和文件概况表[①]

序号	颁布时间	颁布部门	规章和文件等名称
1	2005年3月17日	教育部	关于进一步推进高职高专院校人才培养工作水平评估的若干意见
2	2006年3月30日	教育部	关于职业院校试行工学结合、半工半读的意见
3	2006年10月31日	教育部、财政部	关于实施国家示范性高等职业院校建设计划、加快高等职业教育改革与发展的意见
4	2006年11月16日	教育部	关于全面提高高等职业教育教学质量的意见
5	2007年6月26日	教育部、财政部	关于认真做好高等学校家庭经济困难学生认定工作的指导意见
6	2007年6月26日	教育部、财政部	普通本科高校、高等职业学校国家奖学金管理暂行办法
7	2007年6月27日	教育部、财政部	普通本科高校、高等职业学校国家助学金管理暂行办法
8	2007年6月27日	教育部、财政部	普通本科高校、高等职业学校国家励志奖学金管理暂行办法
9	2007年7月4日	教育部、财政部	国家示范性高等职业学校建设计划管理暂行办法
10	2009年2月20日	教育部	关于加快高等职业教育改革、促进高等职业院校毕业生就业的通知

---

① 根据教育部政策研究与法制建设司编《中华人民共和国现行教育法规汇编》（2002—2007）（上、下卷），法律出版社2008年版和中华人民共和国教育部网站政策和法规查询栏，2012年2月28日（http://www.moe.edu.cn/publicfiles/business/htmlfiles/moe/moe_191/list.html）相关内容编制。

2005—2010年间，中国高等职业教育规章发展主要体现在两个方面：

（1）进一步深化高等职业教育的体制和教学改革，全面建立面向21世纪的新型高等职业教育发展的模式，继续加强国家示范性高等职业院校的创建，推动高等职业教育的规范化；

（2）全面建立起高等职业教育国家助学体系，提供国家级奖学金、助学金，鼓励优秀学生接受高等职业教育，完善国家高等职业教育助学制度。这一时期高等职业教育得到了进一步的长足发展，概况如表4—21所示。

表4—21　　2005—2010年全国高等职业教育概况表[①]　　单位：万人

年份	学校数（所）	毕业生数	招生数	在校生数	教职工数	专任教师数
2005	921	57.8338	144.3982	348.9701	36.2066	22.0994
2006	981	88.0687	177.0937	438.4068	42.0952	26.6609
2007	1015	122.0354	182.6224	516.5185	46.9151	30.7443
2008	1184	—	—	—	—	—
2009	1215	—	—	—	—	—
2010	1246	—	—	—	—	—

（三）农村职业技术培训

2005年以来，随着大力提倡职业教育的社会大环境的形成，中国农村职业教育也伴随着"十一五"计划的实施，进入了一个新的历史发展阶段。这一历史阶段形成的农村职业教育主要规章、文件概况如表4—22所示。

[①] 根据《中国教育年鉴》编辑部《中国教育年鉴》2006、2007、2008年鉴相关统计数据以及2008、2009、2010年全国教育事业发展统计公报相关统计数据编制，包括高等职业院校本专科学生数。

表 4—22　　2005—2010 年农村职业教育规章和文件概况表①

序号	颁布时间	颁布部门	规章和文件等名称
1	2005 年 3 月 17 日	教育部	关于实施农村实用技术培训计划的意见
2	2006 年 5 月 17 日	教育部	关于教育系统贯彻落实《国务院关于解决农民工问题的若干意见》的实施意见
3	2006 年 10 月 27 日	国家安全生产监督管理总局、教育部等七部门	关于加强农民工安全生产培训工作的意见
4	2008 年 11 月 24 日	教育部办公厅	关于中等职业学校面向返乡农民工开展职业教育培训工作的紧急通知
5	2009 年 2 月 20 日	教育部	关于切实做好返乡农民工职业教育和培训等工作的通知

2005—2010 年间农村职业教育规章建设主要围绕着两个方面展开：

（1）由于受到 2008 年前后美国次贷危机的影响，全球爆发金融危机，作为劳动密集型和出口导向型为主的中国沿海企业先后出现了出口订单下降，中小型企业纷纷倒闭，产品积压等状况，以外来务工为主体的珠三角、长三角经济发达地区的农民工纷纷返乡，面对农民工返乡、收入减少引发的一系列社会问题，为了提高农民工技能，创造更多的就业机会，加强农民工的职业技术培训成为这一时期农村职业教育的"重中之重"；

（2）农民工承担着国家各项建设事业的基础工作，但是由于长期以来对农民工安全生产技能的培训缺失，造成了一定范围内的农民工安

---

① 根据何东昌主编《中华人民共和国重要教育文献》（2003—2008），新世界出版社 2010 年版相关教育文献和中华人民共和国教育部网站政策和法规查询栏（http://www.moe.edu.cn/publicfiles/business/htmlfiles/moe/moe_191/list.html）以及中华人民共和国农业部网站政策与法规查询栏，2012 年 2 月 28 日（http://www.moa.gov.cn/zwllm/zcfg/）相关内容编制。

全生产事故频发，加强农民工的生产安全教育、有效避免安全生产事故的发生也是这一时期农民工技能培训的重点。

2005—2007 年间全国农民技术培训概况如表 4—23、表 4—24 所示。

表 4—23　　　2005—2007 年全国农民高等学校概况表①　　　单位：人

年份	毕业生数			招生数			在校学生数			预计毕业生数		
	合计	本科	专科	合计	本科	专科	合计	本科	专科	合计	本科	专科
2005	26	—	26	978	—	978	3086	—	3086	2072	—	2072
2006	1845	—	1845	1116	—	1116	2130	—	2130	994	—	994
2007	916	—	916	1073	—	1073	2209	—	2209	1007	—	1007

表 4—24　　　2005—2007 年农村成人文化技术培训概况表②　　　单位：人

年份	学校数（所）	教学班（点）（个）	结业学生数	注册学生数	教职工数		聘请校外教师
					共计	其中：专任教师	
2005	166601	4287711	47931805	37293423	250694	108821	280392
2006	150955	389497	45205798	38423598	232579	103116	248487
2007	153303	401805	467034495	37876621	223665	102823	238820

（四）职工职业培训和职业资格鉴定

2005—2010 年间企业职工技术培训和职业技能鉴定规章也得到了进一步的深化、发展。这一时期职工职业培训和职业资格鉴定主要规章如表 4—25 所示。

---

① 根据《中国教育年鉴》编辑部《中国教育年鉴》2006、2007、2008 年鉴相关统计数据编制。

② 同上。

表4—25　2005—2010年职工培训和职业资格鉴定规章和文件概况表[①]

序号	颁布时间	颁布部门	规章和文件等名称
1	2005年11月24日	劳动和社会保障部	关于进一步做好职业培训工作的意见
2	2006年6月19日	财政部、教育部等11个部门	关于企业职工教育经费提取与使用管理的意见
3	2010年10月20日	国务院	关于加强职业培训、促进就业的意见
4	2010年12月9日	国务院、中央军委	关于加强退役士兵职业教育和技能培训工作的通知

这一时期职工技术培训与职业资格鉴定方面的规章发展主要集中在：

（1）加强职业培训工作、积极促进就业依然是职业技能培训的重点。加强职业培训，结合职业资格证书制度，通过培训取得相应的职业资格证书，拥有进入职业领域的"敲门砖"，已经成为职业培训的必然途径；

（2）加强退转军人的职业教育培训已成为这一时期职业培训工作的另一个侧重点。

2005—2007年间全国职工技术培训工作情况发展如表4—26、表4—27所示。

表4—26　　　　2005—2007年全国职工高等学校概况表[②]　　　单位：人

年份	毕业生数			招生数			在校学生数			预计毕业生数		
	合计	本科	专科	合计	本科	专科	合计	本科	专科	合计	本科	专科
2005	74043	181	73862	96876	2676	94200	222599	5336	217263	65040	2392	62648
2006	53997	2181	51816	86998	2124	84874	223480	4797	218683	80342	2035	78307
2007	69248	1117	68131	91429	2087	89342	225694	4830	220864	76476	2220	74256

---

① 根据国家教育行政学院组编《职业教育法律法规文件选编》（1996—2009）（中央文献出版社2010年版）以及国务院法制办法律法规查询（http://search.chinalaw.gov.cn/search2.html）、中华人民共和国人力资源和社会保障部网站法规政策查询，2012年2月29日，（http://www.mohrss.gov.cn/page.do?pa=40288020246a7c6601246ad809e8032b）相关内容编制。

② 根据《中国教育年鉴》编辑部《中国教育年鉴》2006、2007、2008年鉴相关统计数据编制。

表 4—27　　　　2005—2007 年全国职工技术培训概况表①　　　　单位：人

年份	学校数（所）	教学班（点）（个）	结业学生数	注册学生数	教职工数 共计	其中：专任教师	聘请校外教师
2005	4230	24747	1933667	1723388	50589	28541	18485
2006	3177	26526	2251861	1921148	42573	28410	15303
2007	3719	35167	2646635	2515951	65474	33847	18070

2005—2010 年间，中国职业教育取得了长足发展，中国职业教育法制建设也不断深化。《就业促进法》的颁布将职业教育以法律的形式明确纳入了就业培训体系之中。第六次全国职业教育会议的召开和国务院《关于大力发展职业教育的决定》的颁布又进一步深化了中国职业教育法制结构。以不断改善民生、促进就业为核心的职业教育规章进一步深化，中等和高等职业教育国家资助体系和助学体系的建立促进了职业教育的发展，鼓励学生接受职业教育的环境逐步形成。加强中等职业教育的教育教学改革，完善整体中等职业教育的教学和管理制度，积极推动中等职业教育发展也是这一时期职业教育法制发展重点之一。

小结　2000 年代中国职业教育法制状况分析

中国十六大以后以胡锦涛总书记为核心的中共第四代领导集体，在立足中国发展的实际国情，借鉴和总结国内外发展经验的基础上，继承和发扬邓小平理论和"三个代表"重要思想，提出了科学发展观。中共十六大以来，在深化贯彻落实科学发展观的过程中，落实"人才强国"战略，中国的职业教育法制建设又取得了新的成就，进一步推动了中国职业教育法制的现代化进程。

---

① 根据《中国教育年鉴》编辑部《中国教育年鉴》2006、2007、2008 年鉴相关统计数据编制。

一 具有中国特色职业教育法制结构的深化

21世纪第一个十年间，随着《民办教育法》、《就业促进法》、《劳动合同法》等一批法律通过实施，以及《国务院关于大力推进职业教育改革与发展的决定》、《国务院关于大力发展职业教育的决定》等法规的制定，使中国职业教育法制结构进一步深化，进一步构建起适合中国国情的职业教育法制体系，为促进中国职业教育的发展提供法制的保障。按照《立法法》规定的法律效力层级以及本书对职业教育法制广义上的定义，笔者认为这一时期中国职业教育法制结构变化从上而下，可以纵向地划分为几个层次，如图4—1所示。

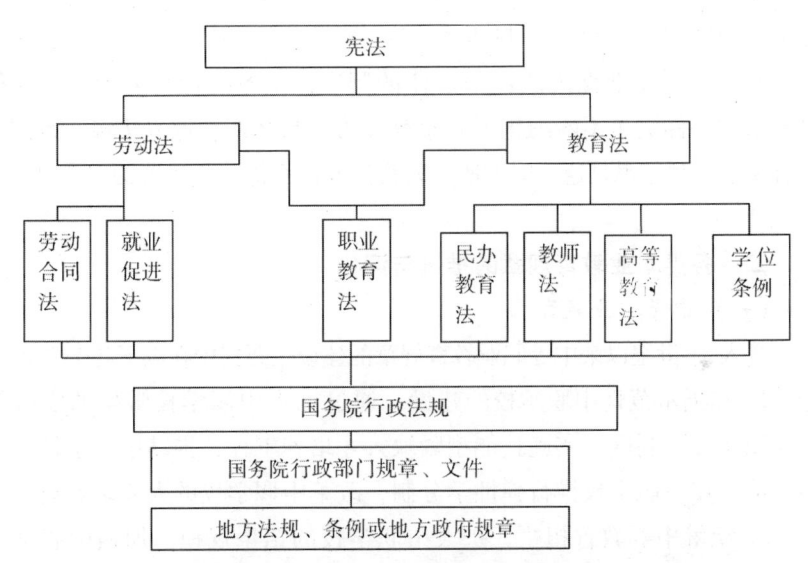

图4—1 21世纪第一个十年中国职业教育法制结构层次划分

（1）职业教育最顶端、法律效力最高层级——《宪法》。

（2）职业教育"母法"，即来源法律——《劳动法》和《教育法》。

（3）职业教育平行法律，这一时期制定了《民办教育法》和《劳动合同法》。

（4）国务院行政法规：这一时期国务院通过的与职业教育相关的法规主要有：《中外合作办学条例》、《民办教育促进法实施条例》、《国务院关于大力推进职业教育改革与发展的决定》、《国务院关于大力发展职业教育的决定》等。

（5）国务院行政部门规章或文件：进入 21 世纪以来，为了加快职业教育的大发展，适应社会经济对高素质劳动者的客观需求，国务院行政主管部门先后颁布并实施了一大批职业教育规章或文件等，涉及高等职业教育、中等职业教育、职业培训、职业资格鉴定、职业资格证书、农民技术培训等各个方面。

（6）地方法规、条例或地方政府规章：这一时期各级地方人大和政府，根据国家宪法和法律、法规等的规定，纷纷制定本地区职业教育发展的法规、条例或政府规章等，推动本辖区内职业教育的发展。

从横向上看，这一时期中国职业教育进一步深化，基本上建构起适应中国国情的职业教育法制体系。这个时期，国家立法中完成了《劳动合同法》、《就业促进法》等法律的制定，国务院行政主管部门的行政规章和文件更是不断细化了职业教育的法制体系。地方法规、条例和政府规章的制定也是这一时期职业教育法制体系深化、发展的一个亮点。

二　各类职业教育规章的推进与深化

（一）中等职业教育

进入 21 世纪以来中等职业教育规章的建设主要集中在以下几个方面：

1. 加强示范性中职学校的建设，通过加强中职学校学生的实践教学和职业证书制度，实施技能型紧缺人才培养工程，推动中职学校的教学改革。在中职学校推行弹性学分制，改革中职学校的人才培养模式。

2. 统筹中等教育招生，扩大中职学校的招生规模。加强中职学校校长和师资队伍的培训和建设工作，建立中职学校教师到企业实践的制度。建立中职学校学生资助体系，加强中职学校德育工作以及教材建设，加强职业教育实践基地的建设，鼓励接受中职教育。

（二）高等职业教育

（1）通过开展高职高专人才培养的评估工作，颁布高职高专指导性专业目录和原则办法，推动以就业为中心的职业证书认定工作和提高就业率的人才培养模式的改革，推行半工半读制度和弹性学分制，实现学习方式从升学型到就业型的转变。

(2) 全面建立高职学生国家助学体系，鼓励学生接受高职教育。加强高职院校的软硬件建设，提高办学水平和教学质量。

(三) 农民技术培训

通过实施农村劳动力转移计划和农村实用技术培训计划，加强县级职教中心和乡村农民成人技术学校建设，带动农村职教"一网两工程"建设，促进农村劳动力转移和进城务工人员的技能培训。面对金融危机的影响，加强返乡农民工的技能培训工作和安全生产技术教育。

(四) 职工技能培训

(1) 再就业工程的实施，根据下岗失业工人的特点，展开"实际、实用、实效"的定点培训，加强就业培训工作的时效性和针对性。

(2) 进一步发挥企业行业在职工培训工作中的主力军作用，通过创建"建设学习型组织、争做学习型职工"活动，推动职工教育。启动行业职工教育统计活动，全面加强行业职工教育体系建设。通过中央和国有重点企业的职工培训活动，带动全国范围内行业职工教育。

三 民办职业教育的异军突起

2002年《民办教育促进法》及其实施意见的发布极大地促进了中国民办职业教育的发展。为了推动中职发展，改变中职教育单一的办学模式，国家先后又出台了推动民办中职教育发展的指导意见，将民办中职教育纳入了国家整体中职教育体系发展规划中，指导意见规定了民办中职教育和公办中职教育享有同等地位的权利和责任，这些措施极大地推动了中国民办职业教育的发展，具体情况如表4—28、表4—29所示。

表4—28　　　　2000—2002年全国民办职业中学概况表[①]　　　单位：万人

年份	2000	2001	2002
学校数（所）	999	1040	1085
在校生数	30.34	38.00	47.05

① 根据《中国教育年鉴》编辑部《中国教育年鉴》2001、2002、2003年鉴以及2000—2002年全国教育事业发展统计公报相关统计数据编制，包括民办职业初中和职业高中。

表 4—29 　　　2003—2010 年全国民办职业教育概况表[①] 　　　单位：人

年份	职业教育类别	学校数（所）	毕（结）业生数	招生数	在校生（注册）数	教职工数	专任教师数
2003	中等职业教育（高中阶段）	1382	185967	388943	793804	62779	36585
	职业初中	53	5339	8709	22786	1253	879
	高等职业学校	155	—	—	—	—	—
2004	中等职业学校（高中阶段）	1633	242349	514513	1099449	77867	46423
	职业初中	24	3962	5377	149449	834	634
	职业技术培训机构	19424	6295595	—	6790535	182896	96291
	高等职业学校	208	—	—	—	—	—
2005	中等职业教育（高中阶段）	2017	336864	731090	1541414	99067	59937
	职业初中	25	3793	4985	14888	728	553
	高等职业学校	217	—	—	—	—	—
2006	中等职业教育（高中阶段）	2559	489464	942965	2026291	127357	78298
	职业初中	11	685	888	3362	310	192
	高等职业学校	241	—	—	—	—	—
2007	中等职业教育（高中阶段）	295	585554	1188060	2575442	156207	96203
	职业初中	6	855	628	2250	225	144
	高等职业学校	259	—	—	—	—	—

[①] 根据《中国教育年鉴》编辑部《中国教育年鉴》2004、2005、2006、2007、2008、2009、2010 年鉴以及 2003—2010 年全国教育事业发展统计公报相关统计数据编制。

续表

年份	职业教育类别	学校数（所）	毕（结）业生数	招生数	在校生（注册）数	教职工数	专任教师数
2008	中等职业教育（高中阶段）	3234	—	—	4013000	—	—
	职业初中	7	—	—	2000	—	—
2009	中等职业教育（高中阶段）	3198	—	—	3181000	—	—
	职业初中	4	—	—	1000	—	—
2010	中等职业教育（高中阶段）	3123	—	809500	3069900	—	—

2000年以来是中国经济社会飞速发展的关键时期，也是推进依法行政、全面建立社会主义法制体系的历史机遇期。21世纪的前10年中，中国各项现代化建设事业进一步发展，教育、科技、经济各个领域都得到了长足发展，构建和谐社会的观念进一步增强，中国职业教育法制建设在这样的大背景下得到进一步深化，职业教育法律法规体系进一步完善，在科学发展观的指导下，在继续坚持"依法治国"基本方略和实施"人才强国"战略的指引下，中国职业教育法制建设不断取得新的进步，依法治教得以更加有效地实施，这一切都将源源不断地为中国改革开放和社会发展提供更多的技能型人才保障。

第五章

中国职业教育法制现代化新阶段的开启与展望

自20世纪90年代《职业教育法》颁布以来，中国职业教育走上了依法治教的发展道路。在法制建设的推动下，中国职业教育取得了显著进步，职业教育的办学规模和办学层次不断提高，接受职业教育的人数和教学质量也得到了不断提升，已经呈现出不断前进、不断充实而且充满勃勃生机的发展态势。进入21世纪后，中共中央第四代领导集体又从全局性和战略性的高度，统领中国职业教育的改革和发展，继续推行了一系列促进职业教育发展的政策和措施，使中国职业教育大踏步前行。21世纪第一个十年，就中等职业教育规模来讲，中国每年接受中等职业教育的人数均保持在千万人的规模，虽然中间一段时期出现过起伏，但是职业教育几乎涵盖了新增劳动力人口的范围，大大提升了社会人口的技能水平和就业能力。

但是，在中国职业教育跨越式发展的背景下，也出现了许多新问题和矛盾，职业教育与职业教育法制建设之间也出现了脱节和不能相互适应的问题，已经严重制约了中国职业教育的进一步提升和发展。在社会各界的强烈呼吁和客观形势的影响下，修订已有的《职业教育法》，进一步健全职业教育法制、运用法制手段推动职业教育的发展成为各方面的共识。在广泛民意的基础上和职业教育发展客观形势的驱动下，《职业教育法》的修订工作提上了国家最高权力机关的立法规划日程，中国职业教育法制现代化进程步入了新的历史阶段。

第一节 中国职业教育法制现代化新阶段的开启

2005年以来，中国经济发展和改革开放的事业呈现了新的趋势和变化，全社会对职业教育有了新的需求和期待，职业教育自身的内外环境也出现了新的演变，中国职业教育的发展面临着更多的机遇和挑战，急需法制的调整和规范；同时在中国职业教育不断发展的过程中，也涌现了不好的方法和发展模式，产生了许多问题和无法用以往传统方式调解的矛盾。在这些因素下，必须对原有的职业教育法制架构进行修订和补充，以应对职业教育发展带来的新变化，从而开启了中国职业教育法制现代化新的历史篇章。

一 《职业教育法》的修法

面对中国职业教育发展的国内外环境、职业教育自身发展中的问题以及社会各界对职业教育法制建设的期盼，《职业教育法》的修法工作逐步提上了国家立法工作的程序之中。

（一）《职业教育法》修订的背景

职业教育和职业教育法制建设之间如何有效地沟通，怎样顺利实现职业教育法制建设推动职业教育发展的目标，发现职业教育法制中的问题和不足等，一直成为学术研究者、职业教育从业者、司法实践等社会各方面关注的焦点，在不断累积共识和分析客观情势的基础上，形成了修法的前提条件。

1. 职业教育发展面临的国内外客观环境对职业教育法制建设提出了要求

环顾当代世界和中国社会经济发展以及基本的社会状况，中国的职业教育发展面临诸多不利因素和挑战。就国际职业教育发展的趋势和环境来讲，进入21世纪以来，世界技术革命和新型产业不断涌现，一方面国际经济、技术联系更加紧密、活动更加频繁；另一方面国家与国家之间的产业升级竞争和国力对抗也不断加深，具体到经济技术领域，每个国家之间的产业矛盾和资源配置、贸易摩擦也不断升级。世界人口急剧膨胀、自然资源日益枯竭，发达国家与发展中国家经济技术的差距明显拉大，各国经济增长和就业、消费等领域也不断涌现比过去更加复杂、更加深刻的矛盾和问题。产业要升级、经济要进步、资源需节约、产品要提高附加值、创造更多就业机会满足人们的生存需要，这些都会产生人才和技术的竞争和碰撞，最终结果越来越取决于劳动者素质。就中国发展的客观形势来讲，过去改革开放 30 多年中，中国主要依靠廉价劳动力和低附加值的产品赢得国际市场，经济发展还是沿用了劳动密集型、资源消耗型、粗放型的经济增长模式，企业和产品技术含量低，对劳动者技能要求不高。经历了过去 30 多年的发展，世界其他发展中国家也开始陆续学习中国经济发展的经验，以亚洲的印度和东盟为例，也开始集中发展劳动密集、依靠低成本劳力，生产初级产品的发展模式，以占领国际市场。中国加入 WTO 以后也面临着市场开放和产业升级的问题，近年来中国与国际贸易摩擦和冲突日益加剧，各种经济发展的态势迫使中国必须走技术创新、增加产品市场竞争能力的道路。而环顾中国现有技术水平和劳动力技能素质，远远不能满足未来中国经济发展的实际需要，工业、农业、服务业、制造业等领域普遍缺乏高技能、能够掌握现代化生产工具和设备的劳动力，这直接导致了中国产品不能从根本上提高质量、增加产品附加值的结果，加之世界市场低端产业和初级产品的竞争加剧，从很大程度上影响了中国经济进一步提升的空间。环顾当代世界发达国家职业教育法制建设状况，也给中国职业教育的发展敲响了警钟。进入 21 世纪以来，西方主要发达国家为了进一步提升本国的经济技术水平，储备更多的生产技术人才，纷纷出台新的职业教育政策和法律法规，推动本国职业教育的开展。这些传统职业教育发达国家的成功经验，也迫使中国不得不通过新的职业教育法制和政策，提高本国兴办职业教育的质量和水平。

2. 学术研究和广泛的民意基础为《职业教育法》的修订提供了保障

据有关统计资料显示，中国职业教育整体规模已经成为世界之最，但是职业教育面临自身矛盾和问题，很难运用已有的法制和行政工具进行解决。有的人认为中国职业教育法制突出问题主要表现为：立法体系不能适应职业教育发展，高职教育得不到应有的关注，职业教育法律法规陈旧而且不能合理配置，急需更新和完善；通过职业培训促进就业立法缺失；职业教育办学体制简单、职业教育经费投入不足；职业教育法制监督和执行力度不大等矛盾和问题。[①]

有的学者建议职业教育修法必须明确职业教育的法律责任，实行中

---

① 刘颖：《浅析我国〈职业教育法〉的不足与完善》，《唯实》2008 年第 5 期。

等职业教育免试免费制度,提高职业教育学历和办学层次,完善职业教育体系,增加企业责任、保障职业培训费用,建立全面的职业准入和资格认证制度,架构出合理的职业教育管理体系。① 有的专家认为修订职教法必须解决职业教育投入问题,提高职业教育法律地位,增强对民办职业教育的管理和规范,加大违反职业教育法律的惩处力度,保障职业教育健康发展。② 社会各界广泛的民意基础也是促使职业教育修法的重要因素。每年"两会"期间,在关于教育和科技改革的话题中,讨论最多的就是职业教育的改革和发展,利用法律手段进一步提升职业教育办学水平的提案或建议等早已成为广泛的共识,这种共识一方面来自职业教育领域工作者,另一部分也来自社会职业教育团体和民主党派,其中最有代表性的是中华职教社,每年都在"两会"期间提交一定数量的提案或建议,要求从国家的长久发展的大局出发,修订新法,以推动职业教育的改革和发展;而更多的是来自基层的民意表达,特别是一线职业教育工作者的呼声,普遍认为老旧的职教法很难适应当代职业教育发展的趋势,职业教育办学出现的种种问题难以用行之有效的法律手段进行妥善解决。

(二)《职业教育法》修法的历程和现状

从 2008 年下半年开始,《职业教育法》的修订工作逐步酝酿,并逐渐推行开来。

2008 年 10 月 29 日,十一届全国人大常委会将《职业教育法》修法列入立法规划之中,从此正式启动了修法工作。《职业教育法》修订工作启动之后,教育部方面成立了以教育部部长周济为组长的修订工作领导小组和教育部职成司等相关部门、职业教育相关专家、学者为成员的《职业教育法》修订起草小组,积极开展工作。起草过程中,起草小组成员主要进行了相关的调研、座谈等活动,还对国外相关职业教育立法进行了研究。2009 年 4 月 22 日,教育部向全国人大常委会提交了关于中国职业教育改革和发展的调研报告。该报告通过调研和走访各级各类职业教育学校、专家以及社会行业、企业等部门,汇总了社会各方

---

① 周洪宇:《需尽快修改〈职业教育法〉》,《教育与职业》2009 年第 10 期。
② 王积建:《对我国〈职业教育法〉的分析与思考》,《职业教育研究》2007 年第 1 期。

面信息，分析了当前中国职业教育发展中存在的主要问题，主要有以下方面（如表5—1所示）。

表5—1　　　　当前中国职业教育发展主要问题汇总表1[①]

序号	涉及的问题	主要表现
1	思想认识	思想上鄙视和看轻职业教育，歧视和存在偏见，职业教育没有被放在突出的地位
2	职业教育措施保障	发展动力不足，职业教育得不到有效的推动；普遍不愿意或不甘心接受职业教育
3	职业教育的管理体制	整体管理体系和手段落后，行业、学校、企业普遍存在不愿意兴办职业教育的情绪
4	职业教育发展现状	农村职业教育发展缓慢、严重滞后；职业教育资金不充裕，教学基础设施和职业教育师资建设薄弱，不能适应职业教育的发展
5	社会实际状态	一线普通劳动者和技术性人才社会地位和收入、社会福利偏低，没有得到应有的尊重和回报
结论	在我国现阶段的教育中，职业教育依然是整体教育中最不能适应经济社会发展的部分，现实需求很强烈	

另外，该报告明确了《职业教育法》修订的初步意见，如表5—2所示。

表5—2　　　　《职业教育法》修订初步意见汇总表[②]

序号	涉及问题	主要措施和意见
1	指导思想	坚持落实科学发展观、实施人才强国战略、建立终身教育体系和推进学习型社会建设

---

① 根据《国务院关于职业教育改革和发展情况的报告》（2009年4月29日）相关统计情况编制，详见《国务院关于职业教育改革和发展情况的报告》，2011年3月18日，中国教育新闻网（http://www.jyb.cn/zyjy/zyjyxw/200904/t20090422_266586.html）。

② 同上。

续表

序号	涉及问题	主要措施和意见
2	职业教育体系	增强职业院校办学的主动性、办学自主性,重视中等职业教育,完善学校、教师、学生、社会等多方面的利益关系
3	实施职业教育责任和义务	明确行业、企业、政府部门、社会以及个人的职业教育义务和责任
4	职业教育管理体制	完善部门、行业、企业与社会各阶层发展职业教育的相关制度
5	职业教育保障机制	增加经费投入,加强基础能力和教师队伍建设,改善办学条件,增强职业教育的吸引力
6	职业教育执法和法律责任	明确职业教育的责、权、利,加强职业教育督导和立法、执法程序,促进职业教育依法管理、依法发展

为配合《职业教育法》的修订,全国人大科教文卫委员会也做了充分准备,主要围绕当前中国职业教育发展中存在的突出问题,进行一系列的调研和走访活动,召开各类座谈会,广泛听取社会各界对职业教育发展的意见,对调查结果进行了认真的分析和研究,最终形成了《关于职业教育改革和发展情况的调研报告》。2009年4月22日,这份报告和前述教育部报告一并提交全国人大常委会审议,听取各位代表和委员的意见。该调研报告在肯定了中国职业教育发展取得的主要成就之外,也对中国职业教育发展的现状提出了意见,主要问题如表5—3所示。

表5—3　　当前中国职业教育发展主要问题汇总表2[①]

序号	涉及问题	主要表现	主要解决措施和对策
1	思想认识	重普教轻职教、重学历轻技能的观念仍然流行于整个社会之上	提高全社会职业教育认识,提高技能型人才的社会地位和收入

---

① 根据谢素芳《〈职业教育法〉修订在即》,《中国人大》2009年第11期和全国人大教科文卫委员会《关于职业教育改革和发展情况的调研报告》等相关内容编制。2012年3月21日,中国人大网(http://www.npc.gov.cn/npc/bmzz/jkww/2009-04/22/content_1499427.html)。

续表

序号	涉及问题	主要表现	主要解决措施和对策
2	职业教育办学条件	职业教育经费紧张，投入不足，办学设施普遍简陋	逐步实行中等职业教育免费制度。保障职业教育的经费投入，拓展融资和办学的渠道。提高职业教育的办学条件，健全职业教育经费保障机制
3	职业教育教师队伍建设	师资严重不足，结构不合理	加强职业教育教师队伍建设，吸引更多的优秀人才到职业学校任教
4	职业教育体系和管理体制	各层次职业教育和普通教育等不能衔接，企业参与程度不高，校企合作流于形式，政出多门，多重治教，不能形成完善合理的职业教育体系	理顺职业教育管理体系，调动社会各方面主动性和积极性，支持各界参与职业教育

2008—2009年，教育部组织全国职业教育专家和学者以及各个行业职业教育从业者代表等分头组织起草修订《职业教育法》，历经几次大规模的修订和座谈、研讨和征询意见，基本形成了《职业教育法（修订草案）》（征求意见稿），2010年12月，教育部下发了相关文件面向全国广大职业教育领域和社会各界广泛征询意见，并在此基础之上又进行了修订和删改。2011年2月，从有关新闻中获悉，目前《职业教育法（草案）》已经形成送审稿，在进一步修订和征求意见后，准备形成方案提交教育部党组审议，随后按照程序，提交国务院法制办，成熟时上报国务院办公会议审议，最终定稿提请全国人大常委会审议并表决。2011年2月29日，教育部举行新闻通气会，介绍中等职业教育的改革和发展情况以及新版《职业教育法（草案）》的修订情况，并对2011年中国职业教育法制建设规划进行了通报。2011年为了配合新版《职业教育法（草案）》的修订和实施，教育部制度建设规划拟有以下几项，如表5—4所示。

表 5—4　　　　2011 年教育部职业教育制度建设规划表①

序号	制定部门	拟制定的规章和文件等名称
1	教育部	中等职业学校生均经费拨款标准的原则意见
2	教育部	关于加快推进职业教育集团化办学的意见
3	教育部	国家示范性集团化职业学校建设的标准
4	教育部	中等职业学校学生顶岗实习管理规定
5	教育部	加快行业指导职业教育发展的意见
6	教育部	农村职业教育和成人教育示范县评估标准
7	教育部	中等职业学校德育大纲
8	教育部	成人教育培训服务国家标准
9	教育部	社区全民学习中心规程

二　新版《职业教育法》基本内容及完善建议

在长久的期盼下，《职业教育法（草案）》（征求意见稿）（以下简称新版职教法）一公布就引发了社会各界、特别是广大职业教育工作者的关注和热议。1996 年《职业教育法》颁布以来，就有不断要求修法的呼声，在千呼万唤中，新版《职业教育法》终于浮出水面，虽然该征求意见稿仍处于草创的阶段，但是新法的轮廓和主体结构已粗具规模，得到了一些职业教育人士的肯定，同时也提出了一些进一步修法的建议，以待下一步的修订和完善。

（一）新版职教法基本内容

与旧版《职业教育法》相比，新版职教法增加了职业教育基本制度、职业教育机构、教育教学、受教育者与教师、经费与扶持、管理与监督、法律责任等章节，法律文本的涵盖由旧版职教法的职业教育体系、职业教育的实施、保障条件扩展为职业教育管理体系、职业教育教学、职业教育教师与学生、监督与法律责任等方面，比较全面地涵盖了

---

① 根据《教育部正加紧修订〈职业教育法〉已形成送审稿》相关内容编制。2012 年 3 月 21 日，中国新闻网（http：//www.chinanews.com/edu/2011/02-28/2873296.shtml）。

过去旧版职教法未涉及的领域和范围,反映了当代职业教育发展变化的特点。

1. 总则

与旧版职教法相比,新版职教法在立法原则和立法指导思想上继承了以往职业教育法制建设的一些有益内容,并适时提出了新的指导思路和方式,增加了建设人力资源强国的战略思想。在职业教育的社会地位和作用方面,新版职教法将职业教育提高到推动经济、改善民生、促进就业的全局高度,要求将职业教育放在社会发展的突出位置,形成全社会支持职业教育发展的局面。在职业教育涵盖区域问题上,新版职教法提出了扶持边远贫困地区和经济欠发达地区职业教育发展的思路。在职业教育管理体系方面,新版职教法明确了中央统领、分级管理、地方为主、政府统筹、社会参与的管理体制以及行业组织参与本行业内职业教育协调和业务的工作思想。对于技能型人才待遇和地位问题,新法规定国家应该支持技能型人才的成长和发展。

2. 职业教育基本制度

新版职教法一方面重申了过去职业教育的成功做法,比如半工(农)半读办学的思想和全日制与非全日制教育模式等;另一方面根据当代世界职业教育发展的趋势,提出了职业教育必须符合经济转变方式和终身教育理念的问题。对于学历教育、继续教育、职业教育学校教育和职业培训等,一直困扰职业教育整体发展的各类教育协调和沟通的问题也做出了规定和澄清。新版职教法将职业学校教育学历提高到中等教育以上水平,符合了当代教育发展的实际情况,也反映了各界对职业教育更高的要求和期待。新法对于用工制度和职业资格证书制度、校企合作办学制度也做出了明确的规定。

3. 职业教育机构

新版职教法加强了示范性职业教育学校、县域职业培训网络建设的规定,增加了促进国际职业教育合作的内容。对于以往职业学校和职业培训机构责任不明、法律地位无法确定的问题做出了修订,对于职业学校的组织结构也做了规定。

4. 教育教学

进一步规范了整体职业教育实施的问题。从职业教育的教学、实习、管理、学籍管理、职业资格认定与证书制度甚至职业技能竞赛等环节一一做了规定。

5. 受教育者与教师

实行高中阶段免试、免费接受职业教育的政策，实施大学本专科生免试回读职业教育的政策，以及高等职业教育学生也可以进入普通高校学习政策。扩大继续教育的涵盖面，提出了新的职业继续教育的概念。推行"双证型"教师队伍建设，加强职业教育师资培养，规定职业教育教师企业实习经历。

6. 经费与扶持

确立政府投入为主，多方面、多渠道增加职业教育经费投入的办法，企业职业培训经费不得低于职工工资总额的1.5%，建立职业教育资金专项转移支付制度。资助家庭困难学生、试行职业教育国家助学金、奖学金制度，支持通过信贷、税收等手段，优先发展职业教育。鼓励捐资助学。

7. 管理与监督

建立职业教育财务、会计、资产管理制度。明确职业教育收费标准和各种费用。建立职业教育督导制度。

8. 法律责任

对违反各种职业教育法律法规和其他教育法律法规规定的行为做出具体规定。

9. 附则

增加了民办职业教育的部分规定，参照《民办教育促进法》执行。

(二) 完善建议

从新版职教法的文本上看，文本布局还是比较合理的，比旧版职教法有了较大的改善和明确，吸收了很多职业教育发展中的成功经验，对以往职业教育立法中未涉及的领域也做出了规定，体现了职业教育的发展态势。笔者从法律文本的角度以及自己对职业教育立法的研究心得，对新版职教法的下一步修订提出自己的拙见，希望抛砖引玉，与广大学术研究者和立法工作者共勉，为加强职业教育法制建设积极建言献策。

1. 新版职教法结构还是不尽合理，文本布局有待提升

虽然新版职教法参照各种通行教育法律文本和其他法律文本的结构，对于以往职教法进行了较大范围的修订和补充，甚至突破了旧版职教法的基本框架，可以看出这次修法的力度和深度还是非常大的，也可以窥见这次修法工作的艰辛和复杂。但是，新版职教法仍然存在着布局不合理，文本规定含糊不清的问题。总则和其他章节给人的印象还是有些凌乱不堪的感觉，这个问题在旧版职教法中就体现得很明显。本身来讲，职业教育就不像义务教育、高等教育那样单一和整体，涉及的范围和领域远远是其他教育领域不能相比的，这本身就给职业教育立法带来了很大的难度，但是不管怎样，必须在新版职教法修订的过程中明确一些基本的法律概念，为职业教育提供法制保障。笔者认为进一步修订时，将总则中职业教育方针和立法来源归为一类，或前提，形成法律文本规范格式。管理体制和管理措施归为一类，强化突出职业教育管理体系。职业教育基本制度、职业教育机构、教育教学三部分合并为一，概括为职业教育制度。对于受教育者与教师的提法，应该把教师放在受教育者前面。

2. 增加对没有涉及职业教育问题的规定、完善相关法律条款

进一步明确职业教育的法律定义是此次修法应该注意的地方。旧版职教法在制定时，就曾经因为职业教育范围和定义发生过激烈的争论。长久以来，职业教育到底是一种什么模式的教育方式，无论实际运用和法律界定都没有给出过明确的答案，这很容易造成各种偏见和适用错误，这次修法应该在总则部分明确什么是职业教育，职业教育到底涵盖教育领域哪些内容。立法思想上突出科学发展观，明确职业教育的适用对象。增加保证残疾人、经济困难家庭、社会弱势群体接受职业教育的条款。加强职业教育科研和学术刊物、教材、出版的相关条款。明确学历教育与非学历教育的界定、普通教育与成人教育、职业教育的界定，以及如何实现各类教育沟通的条款。加强"三证"制度的建设和用人原则的规定，保障受职业教育者的就业。增加农民（村）职业教育的条款，允许更多的国际职业教育合作和交流。明确职业教育学校和职业培训机构的组织原则和构成以及法律责任等。对于经费与扶持政策的部分规定，应该明确每年或定期增加职业教育投入比重的规定，保障职业

教育经费的增长。增加支持民族地区、中西部地区、老少边穷地区、经济欠发达地区发展职业教育或职业培训的条款。在监督和督导制度上，增加监督范围和权限的规定，强化职业教育教育教学督导工作。法律责任部分增加违反职业教育法律规定范围的界定和行政处罚权限的相关规定。进一步明确民办职业教育在整体职业教育中的作用，以及增加扶持民办职业教育政策的规定。

总之，经过紧张的起草工作，新版职教法终于浮出水面，饱含了广大职业教育工作者和立法者的艰辛劳动和真诚付出，希望通过下一步的修订工作，完善和充实新版职教法，为未来中国职业教育法制建设打下基础。

第二节　中国职业教育法制现代化的展望

未来中国职业教育法制现代化的重要走向之一就是按照新版《职业教育法（草案）》进一步修订已有的《职业教育法》，加强《职业教育法》的配套法律法规的建设，按照新版《职业教育法》的规定，重新构建未来中国职业教育法制体系和管理体系，积极推进中国职业教育法制现代化，为未来中国职业教育的发展提供保障，推进中国职业教育的不断改革与前进，为未来中国经济和社会的现代化打下人才基础。

一　中国职业教育法制体系的重构

职业教育涵盖的范围广泛，涉及的法律关系和法律责任往往比普通教育要复杂得多。通过立法和加强法制执行来调节和约束职业教育的发展已经成为当代中国经济社会发展的必然要求。新版《职业教育法》慢慢地提上了中国教育法制建设的议事日程，用法律解决好职业教育涉及的政府、企业、教师、受教育者、职业教育机构等各方面的利益，推动职业教育的可持续发展已经成为未来中国职业教育法制现代化的必然趋势，而原有的中国职业教育法制体系显然不能很好地满足这一趋势的需要，必须重新审视未来中国职业教育法制体系的构建。

(一) 根据新版《职业教育法》的要求,以已有的职业教育法律法规体系为基础,建立新的中国职业教育法制体系

新版《职业教育法》总结了以往《职业教育法》实施的经验和不足,在广泛征求意见的基础之上,对涉及职业教育发展中存在的问题做出了法律上的界定和重新梳理,笔者认为借新版《职业教育法》修订之际,根据已有的职业教育法律法规体系,重新架构中国职业教育法制体系,完善和修订已有的职业教育法制内容成为未来中国职业教育法制现代化进程的首要任务。笔者认为按照宪法和法律效力层级和本书对职业教育法制广义的定义,从上而下地构建未来中国职业教育法制体系,具体构思如图5—1所示。①

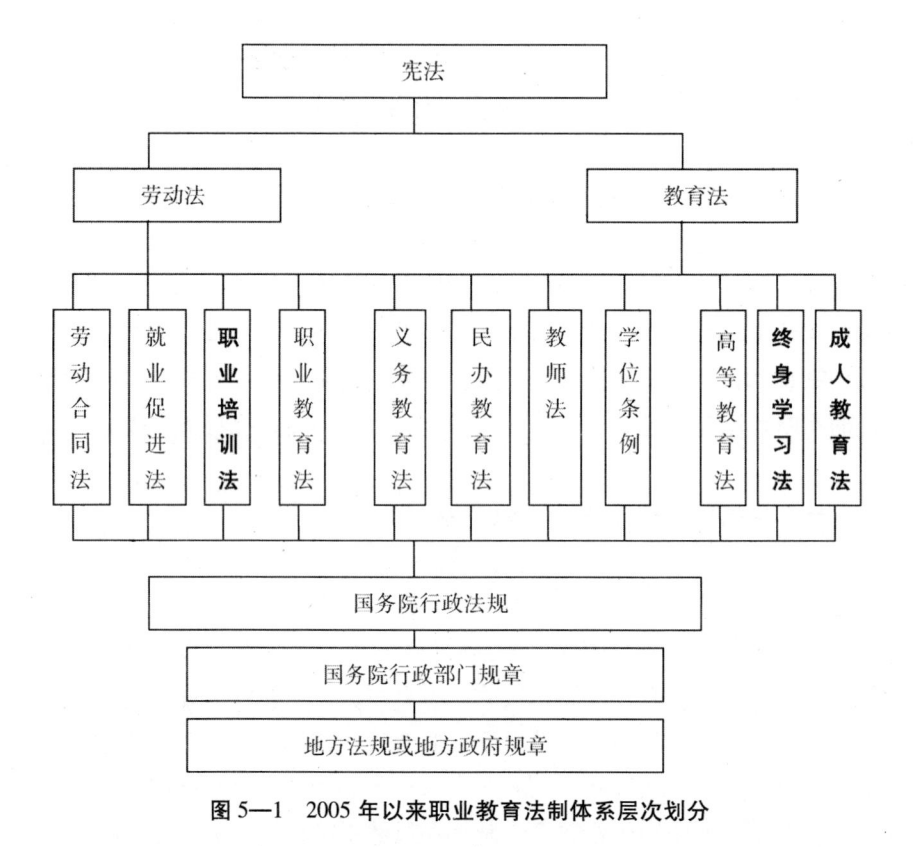

图5—1 2005年以来职业教育法制体系层次划分

---

① 《职业培训法》、《终身教育法》、《成人教育法》是笔者认为应该尽快制定的职业教育相关法律,目前三部法律仍处于立法空白的阶段,故用黑体字标出。

1. 宪法

宪法作为中国一切立法的根本来源，职业教育法制的结构体系也是发端于宪法之中。宪法对中国整体的教育制度（也包含职业教育）做出了相应的规定，从学历教育到非学历教育的整体社会主义教育制度都涵盖在宪法之中，但是作为根本大法的宪法对于各类教育制度的规定是十分笼统和概括的，不是能够具体明确到每一个职业教育环节的，但是宪法中应该明确职业教育的定义和区分学历教育与非学历教育的不同，因为职业教育横跨学历教育和非学历教育的各个方面，远比学历教育中的初等教育、中等教育、高等教育等规定和在职职业培训中的技术教育、技能教育独立成体系的法律规定要复杂和广泛，职业教育不同于其他普通教育和在职教育的特点必须在根本大法中有所体现，才能从根本上确立职业教育的重要地位，为中国职业教育法制现代化发展提供根本的法制保障。另外，随着学习型社会理念的提出以及当代世界职业教育发展的趋势不断向终身学习和终身技能培养的方向发展，宪法也应该明确终身学习和技能培训的定义，为未来中国全面建立全民终身学习制度和终身职业技术培训体系做出根本性规定，明确上述有关职业教育的方针，并在机会允许的情况下写入根本大法，对今后中国职业教育法制现代化有着至关重要的作用。当然，宪法的修改并不是轻而易举和随意的事情，这需要全国性人大代表会议的召开和凝聚大多数中国公民的意志，才有机会进行修订和完善，但是做好关于教育方针的调整和定义工作，可以为今后中国职业教育的发展埋下伏笔，时机成熟的时候可以通过修订宪法的机会落实国家教育的大政方针。

2.《劳动法》和《教育法》

20世纪90年代制定的《劳动法》和《教育法》已经过了十多年的运行和实施，许多地方已经不能适应当前中国社会经济发展的客观需求了。[①] 作为劳动领域和教育领域的根本法律，《劳动法》和《教育法》分别在各自领域负责调解相应的法律关系，在宪法不能够完全厘清职业教育定义和范围的情况下，有必要在修订职业教育法的同时，对《职

---

① 当然，对于这两部法律的修订和完善也有许多学术界和司法实践的意见和建议，但是本书涉及的是职业教育相关的内容，对于上述二法其他方面的内容暂不做评述。

业教育法》立法来源的《劳动法》和《教育法》也做出一定的调整和改变，以达到相应的立法效果，也是完善中国职业教育法制体系的必要结果。笔者认为在《劳动法》涉及职业培训的部分增加或修订职业培训的强制性规定，明确行业企业参与职业培训的义务和责任，突出技能培训在企业中的作用，借鉴西方发达国家企业参与职业教育的成功经验，继续推行以企业为中心和生产实际需要为导向的企业职业培训制度。加强企业职业培训的经费管理和培训体系的完善，保障企业员工的职业培训效果，切实提高生产一线劳动者的文化和技术水平，为企业发展提供长期有效的人力资源保障。《教育法》中明确职业教育的范围和定义，不能再像以往教育法律法规那样，不能区分普通教育、学历教育和职业教育的定义，含糊地以普通教育与职业教育的相互贯通来掩盖职业教育的特殊性，当然这并不意味着各类教育之间存在着无法跨越的鸿沟，恰恰相反，将普通教育和职业教育的相互结合和整合，重新明确各类教育类型的定义和联系，在法律法规中彻底厘清各类教育的名称和适用范围，有助于突出职业教育的重要作用，改变以往重普轻职、重升学率而轻视学生职业能力培养的不足，逐步改善中国职业教育"低人一等"的传统认识，保障各类教育培养人才的质量和效果。

3. 职业教育相关平行法律

按照立法法法律效力原则的规定，笔者认为与《职业教育法》相关的平行法律主要如图5—1所示，现有法律主要包含：《教师法》、《民办教育法》、《高等教育法》、《义务教育法》、《学位条例》、《劳动合同法》、《就业促进法》等。在现有的相关平行法律中，应该伴随着职业教育法的修订和实施，注意调整和衔接相关法律的具体规定，为新版职教法的运行提供其他方面的法律支持。鉴于新版职教法对职业教育教师队伍、民办职业教育、就业培训等部分均已增加内容和规定，笔者认为，在《教师法》、《民办教育法》、《高等教育法》等部分增加相关条款，完善相关法律规定即可。在《劳动合同法》部分应该增加职业培训和就业培训合同的规定，明确企业、受职业教育者、社会等各方面的责任和义务，逐步推进订单式职业教育发展，在大力搞好职业教育的同时，保障受职业教育者就业和劳动收入以及社会保险等环节的问题，综合推动职业教育的发展。对于社会反应比较强烈的职业教育提高学历层次的问题，应该在《学位条例》、《高等教育法》等法律中有所体现，这对职业教育院校提高办学层次和水平有着直接的推动作用。① 另外，对于义务教育阶段的劳动技能课程的教育，一直是普通中小学教育中的薄弱环节，如何加强普通中小学劳动技能课程和职业规划教育，从小培养中小学生的职业素养，也应该是未来中国职业教育法制建设和政策调整的重要方向。对于社会各界一直热议的把义务教育阶段提高到高级中学水平的问题，也应该是未来整个教育结构改革和发展的重要趋势，把职业教育和提高义务教育到高中阶段结合起来，促进中等职业教育的发展，有利于提高受教育者将来从业的能力，促进就业。

对于其他仍处于立法空白的法律应该抓紧时间制定和出台，完善职业教育整体法制体系也是成为中国未来职业教育法制现代化进程中不可或缺的一环。笔者结合多年对职业教育法律法规体系的研究心得，大致认为应该制定的职业教育相关法律有职业培训法、终身学习法和成人教育法等三部法律。尽快制定《职业培训法》，也是未来中国职业教育法制建设的重要方面。一直以来，职业培训具体实施主要依靠法规和规章来调节，虽然有《劳动法》和《职业教育法》以及《就业促进法》等相关法律规定，但是在实践中仍然缺乏有力的法律支撑，往往在实际法律实践中显得"苍白无力"，职业培训工作流于形式的状况比较普遍，完全没有提高到与学校职业教育同等的地位。② 终身学习和成人学习早已成为当代世界教育的发展总趋向，尽快制定涉及终身教育和成人教育的国家立法早已成为教育界和司法实践中的共识，从全国范围内看，个别省市和自治区已经颁布了终身教育相关的地方法规和单行条例，成为终身教育立法的先行者，这些有助于推动全国性相关立法工作的开展。另外，在国家立法中区分成人教育和职业教育也应该是未来中国职业教

---

① 目前中国职业教育学历水平仍然停留在大学专科和中等学历教育上，以国外的经验，增加研究生阶段的职业教育已经成为当代世界职业教育发展的必然趋势，今后提高职业教育办学的学历层次，实现升学与接受职业教育相互的沟通已经成为大势所趋，而在实践中如何操作还需要不断实验和论证，有待广大职业教育工作者和学术研究者审慎研究。

② 从发达国家和地区的职业教育发展的经验上看，制定单独的职业训练法律或就业培训法律已经成为推动在职技术培训和就业前技能培训的重要手段。笔者认为在必要时，可以考虑制定单行本的《职业培训法》，以加强职业技能培训的法律支持，促进职业技能培训的发展，形成终身职业教育的局面，为中国的现代化建设不断培养出高素质的劳动者。

育法制建设中必不可少的部分。新中国成立以来，由于历史习惯和国家立法的缺失，成人教育和职业教育往往混在一起，从国家教育行政机构到社会认知各个方面早已把二者合为一起，造成了职成不分、成人教育即是职业教育的奇怪现象，尽快制定《成人教育法》和《终身学习法》，从国家立法层面澄清职业教育与几种类型教育的法律关系，也是未来中国职业教育法制进程的发展主题之一。①

4. 国务院法规和部门规章

新版《职业教育法》的颁布已经提到议事日程上，除了做好相关法律的修订和完善之外，尽快完善国务院法规和部门规章，细化职业教育法制体系也是未来中国职业教育法制建设的重点工作之一。笔者认为现有国务院法规和部门规章中与职业教育有关的主要有《〈职业教育法〉实施办法》、《教师资格条例》、《教学成果奖励条例》、《中外合作办学条例》、《普通高等学校设置暂行条例》、《扫盲工作条例》等。在上述国务院法规和部门规章中适时增加新版《职业教育法》的相关内容，完善法规和规章体系是促进职业教育法制体系细化的必要工作。同时，为了提高新版《职业教育法》的实施力度，尽快制定一批法规和规章也十分必要。笔者认为这些法规或规章包括：新版《职业教育法》的实施细则或实施办法、农村（民）职业教育单行条例、企业职工或行业职业教育规章、残疾人职业教育发展条例、工人技术等级评价体系、职业资格证书条例、中西部地区职业教育发展条例、少数民族地区职业教育发展办法、职业教育经费管理条例、职业教育教师或生产实习管理条例等。

5. 地方法规或地方政府规章

地方法规或地方政府规章看似在中国整体职业教育法制结构中处于末节，但是可以更有效地贴近本地区客观需求，地方职业教育法制的建设也是中国整体职业教育法制现代化的重要组成部分。作为具体实施职业教育管理的地方政府也必须根据国家立法和国务院法规等的规定，从本地方和本辖区的实际情况出发，对已经有的或已经通过实施的各类职

---

① 《终身学习法》和《成人教育法》的制定已甚嚣尘上近30年的时间，由于国家立法工作的滞后已经严重影响了两类教育的发展，笔者认为在时机适当的时候应该尽快制定相关法律，为终身学习型社会的构建，提供有效的法律保障。

业教育发展条例、法规进行适时的修订和完善，夯实中国职业教育法制的整体体系，这也是未来中国职业教育法制现代化进程重要的一个侧面。地方政府在实施职业教育管理中主要承担着落实国家职业教育法律、法规和政策的具体实施，保障职业教育的正常运行，因此在及时修订本地区职业教育单行条例或办法的同时，也可以根据本地区职业教育发展的客观实际情况，及时制定一批本地方促进职业教育发展的实施办法，也可以及时修订本地区内已有的与职业教育相关的法规或条例、规章，来满足本地区职业教育管理的需要。

（二）提高立法的技术水平、及时规范立法程序和法律法规文本，切实提高职业教育法制建设的质量

提高职业教育立法工作的水平，使职业教育立法建设更能贴近职业教育发展的客观实际需要是未来中国职业教育法制建设的又一个方向。从新版《职业教育法》制定过程来看，现在中国职业教育法制的建设已经有了巨大的进步，除了传统的起草调研、开会座谈之外，更多的聆听广大群众特别是职业教育领域的声音是本次职业教育法修订工作的突出特点之一。众所周知，一部法律的出台是一个漫长而又艰辛的过程，因为作为国家强制推行的法律文本会涉及社会方方面面的关系和利益，一旦通过并实施就会带来各种社会影响，能不能推进社会的公平正义、保障国家社会生活的正常进行是衡量一部法律立法水平的最终标尺。从这次新版《职业教育法（草案）》（征询意见稿）的立法内容和文本布局上看，新版职教法比旧版职教法有了长足的进步，把过去没有厘清的职业教育法律责任、受教育者、职业教育教师等均单独列章、独立成文本，体现了职业教育立法水平的提高，也反映了中国职业教育法制现代化前进的方向。接下来的立法工作，除了进一步完善新版职教法的修订、起草工作外，及时规范职业教育的立法程序和及时补充、完善法律法规的文本，也是未来中国职业教育法制现代化进程中重要的环节。

新中国成立以来，由于行政管理习惯和管理体制的影响，政策性文件在中国各个行政管理部门发挥着特殊的作用。文件成为中国社会意识和日常管理工作中命令的代名词，也成为在中国社会中特有的一种行政文化的代表。在普通中国人认知中，文件有着国家立法之外的一种权力的象征。从中央到地方、大到国家的大政方针、小到百姓日常生活或基

层单位日常工作，随时下个文件成为中国行政管理和政治生活的主要特征。从国家长治久安的角度来看，文件管理职能是一时的权宜之计，不能是管理国家的正常法制手段，更不能代替法律来管理国家。但是，由于历史习惯的影响和行政管理已有体制的存在，短时期改变文件在日常国家行政管理中的作用是十分困难的，涉及职业教育领域的管理，政策性文件或法制性文件也是中国职业教育法制的组成部分。如何规范这一部分政策性文件，界定清楚职业教育法律法规建设与政策性文件之间的关系，提高职业教育法制建设的质量，也成为今后中国职业教育法制发展的一个侧面。

总之，适时完善和调整中国职业教育整体的法制结构，及时更新和完善法律法规的文本，不断提高职业教育法制建设的质量，不仅是保证新版《职业教育法》顺利实施的先决条件，也是未来中国职业教育法制现代化进程的主要发展方向。

二 新版《职业教育法》的实施构想

法制现代化理论之一就是法制精神的现代化，根据法制现代化理论分析当前中国职业教育法制建设中存在的问题，结合新版《职业教育法》的修订和实施，笔者认为未来新版职教法的实施和加强中国职业教育法制的运行机制主要应该注意以下几个方面的问题：

（一）首先树立职业教育法制的精神，提高政府、公民、社会等各方面的职业教育法律意识

改革开放以来，特别是实施依法治国、依法治教的基本国策以来，我国的法制建设和法制意识有了前所未有的发展和飞跃，在中国当代的法制现代化进程中占据了重要的地位。学法、知法、懂法、用法、守法已经形成了社会法制文化的基本内涵，也基本上实现了社会主义法治国家的建设目标，这个历史进步是巨大的、前所未有的，在中国100多年的法制现代化进程中处于历史发展的最好阶段，为实现国家的长治久安和保障现代化建设提供了良好的法制环境。但是，由于中国几千年来封建习惯的影响和传统社会伦理结构、传统社会观念的存在，中国法制建设与其他发达国家相比仍然处于一个落后的状态。这种状况，有历史的动因，也有现实生活的原因，如何实现法制现代化仍然是未来整个中国

法制建设的艰巨任务，这其中首先要解决的是法制现代化的精神问题，构建有效的法治文化环境。虽然中国当代社会已经基本形成了法治文化的大环境，但是具体到职业教育领域来讲几乎还是处于法治文化建设的最边缘和细枝末节的地位，职业教育法制的精神没有得到有效的树立，政府、公民、社会等各个社会层面职业教育法制意识依然缺乏，这就造成了职业教育法制建设的缺失和不足。究其原因多种多样，一时可能也很难达成统一的意见和结果，笔者本人多年研究职业教育法制的心得认为职业教育法制精神之所以缺失，可能有几个方面的动因：一是职业教育虽然被国家和社会高度重视，但是与其他需要资金投入的公益性事业（文化、教育、医疗以及公共服务设施建设等）一样，这需要投入大量的资金和精力，但是又不能像其他赚钱的领域一样，直接快速地看到经济利益，也不能像评价经济发展比重的参数指标一样，迅速快捷地体现一个所谓经济体的发展水平和人的社会地位，具体落实到实际的时候，就会出现这样那样的问题，问题一箩筐，最终还是解决不了，总之还是经济利益的驱使。二是职业教育与其他领域的法制建设相比始终处于弱项，究其原因就四个字：无职无权，结果往往是得不到应有的现实利益却备受诟病，还容易受到社会各方面的侵害和指责。单纯从行政法的方面来讲，与其他领域的法制建设相比，教育本身还没有彻底形成像质检、公安、劳动保障、城管、广播新闻、土地、矿产资源管理甚至是电力、安全生产等部门那样有效实施法制的条件，更何况职业教育还处于整体教育领域的最边缘，被游离于普通教育和学历教育之外。这种状况也是造成职业教育法制缺位的主要动因。今后中国职业教育法制现代化建设的首要目标就是要增强全社会职业教育法制意识的培养，树立职业教育的法制精神，没有这方面的构建，职业教育整体法制建设就无从谈起。令人可喜的是，新版职教法首先突出了职业教育法制意识和法律责任、权利、义务的地位，为中国未来职业教育的发展奠定了法制的措施和精神，更有实质的权力，有了这些方面的规定，再围绕着这些规定切实加强职业教育法制整体建设，最终不断推动中国职业教育的改革和发展。笔者粗浅认为根据新版职教法的责、权、利的规定，可以在加紧法律法规文本修订的同时，逐步建立起职业教育法制运行的机制和执法队伍，保障未来中国职业教育法制的运行，是未来中国职业教育法制发展的首要任务之一。这不仅是树立整体社会职业教育法制环境和法制意识的需要，更是带动职业教育自身发展的客观需求。树立职业教育法制的精神可以与国家的普法教育相结合，利用一切现代化的媒体手段，加强职业教育法制的宣传和教育，使社会各个层面和广大公民普遍形成职业教育法制的观念，让更多人了解和参与到职业教育法制活动中去，切实提高全社会的职业教育发展观念，依法办事、依法而行。在建立起整体社会对职业教育法制认知的基础上，尽快建立职业教育执法相关的制度和队伍，在已有的《教育法》和《教育行政处罚暂行实施办法》的基础上，结合新版职教法的规定，加强职业教育法律责任的区分和权利甄别，从制度上建立起与其他行政部门法制运行一样有效的职业教育法制运行机制，修订已有的职业教育行政处罚实施办法，建立起类似于城管执法、劳动行政仲裁等职业教育行政执法队伍，并配备相关的技术和物质装备，加强教育执法队伍自身建设等，从制度和实践上夯实职业教育法制实施的基础。

（二）采取综合的政策和措施，努力建立促进职业教育发展的社会大环境

借助法制现代化理论来衡量一部法律法规的质量高低，无外乎其社会适应性和接受程度，以及最终的适用性，但是单纯靠一部法律法规就去完成调节社会某一方面的甚至全部矛盾和关系是不可能的，这除了依靠法律法规的执行之外，还要依靠适应该法律法规的社会大环境的形成。中国职业教育在表象上一直受到中央政府和社会各界的高度重视，也做出了长期不懈的努力和探索，但是始终还是徘徊在社会教育等领域的边缘或不靠谱的境地，究其成因也是复杂多样，笔者浅显地认为职业教育始终呈一种"狗肉包子——不成酒席"的状态，主要原因有二：一是将职业教育一直当作某种从属地位的副产品，得不到应有的名分，职业教育始终游离于正规学历教育和普通高等教育之外；职业培训更是被当作可有可无的摆设，甚至还不如小媳妇似的花瓶被随意摆放，整个社会对职业教育的错误认识和偏见根深蒂固，很难在短期内彻底清除或转变。这是一个沉重的历史话题，这个话题已经伴随了中国的职业教育和职业教育法制现代化100多年的发展历程，笔者历数这个大的宏观历史演进过程，深感沉疴难愈的痛楚。众所周知，职业教育在被引入中国

的那一天开始就成了"失业教育"和"珐琅博士"的代名词,虽然历经包括中华职业教育社等职业教育先贤们的艰难努力,旧中国始终还是没有形成重视职业教育的社会大气候。新中国成立之后,中国的职业教育几起几落,受到的波动和激荡也比其他教育领域要深刻得多,除了无法摆脱的社会历史原因之外,职业教育也始终无法融入正规的社会教育的行列,一般的情况是越是大力提倡职业教育的发展,所带来的社会影响越是不被人们重视和接受。二是受职业教育者的生存处境和社会地位被现实的残酷所包围,往往处于被迫接受职业教育的境地,整体的社会用人大环境和生存状态堪忧。中国仍然处于社会转型和经济发展的过渡时期,经济发展和社会保障体系与世界发达国家相比依然处于落后的状态,各类社会矛盾和社会利益分配依然没有建立在公平合理的价值尺度上,这一切还要通过不断地发展国家经济和改善社会分配制度以及社会保障制度等来完成,也并不是在短时期内就能够彻底实现的,这也给职业教育的发展客观上带来了复杂的社会影响,并不是单纯能依靠一部职业教育法那么简单来完成的调节过程。从纠正上述不利因素出发,笔者认为改善中国职业教育发展的客观环境,采取综合政策和措施推动职业教育的改革和发展,也是中国未来职业教育法制现代化进程中重要的一极。首先,必须给职业教育应有的"名分",从根本上转变整个社会对职业教育的成见和错误认识,从国家长远发展的大局出发,深刻并清醒地明确职业教育与国家经济发展和促进就业的联系,真正把中国巨大的劳动力负担转变为人力资源优势,不能仅靠以前人海战术和浪费资源、牺牲环境为代价的经济发展策略,把人的劳动素质的提高作为社会经济发展的第一要务,真正把职业教育提高到关系社会主义现代化建设成败的全局高度去充分提高职业教育的社会地位和重要作用。换句话说,对职业教育的狭隘认识再积重难返,也要下大力气去扭转和调整,不能把沉疴当作是不治之症而束之高阁。这需要长期的、坚持不懈的努力和常抓不懈,需要政府和社会付出巨大努力去创造出有利于职业教育发展的社会整体认识,塑造出有利于职业教育发展的客观条件。其次,采取综合措施和政策,促进职业教育的发展,真正让接受职业教育的从业者取得更多的社会认同和就业机会以及充分的生存条件,建立健全社会的整体保障体系,从利益角度去纠正职业教育尴尬的社会地位。纵观中国教育历史发展的长河,技能教育自古有之、近代西化转型为实业教育、职业教育,但是这种自人类起源起就有的、对社会进步和人类物质生产生活贡献巨大的教育模式始终不能登上中国教育和社会认知的"大雅之堂",教育的根本目的到底是为了什么?接受职业教育为什么就那么难得到社会的认可?这恐怕还是社会地位的取得和实际利益的驱动所致。自古中国就提倡所谓的"学而优则仕"、"劳心者治人、劳力者治于人"的教育和用人观念,这种教育理念和用人机制至今还实实在在地存在于社会各个层面,背后的诱因说穿了就是利益和地位在作怪,所谓金字塔式的精英教育光环下,无非就是吃皇粮、进机关,行政机关和事业单位不仅社会地位高、收入和一切社会福利统统有保证,而且工作环境轻松,人体面,所以才会人人羡慕、个个争先,国考(公务员考试)的热潮一浪高过一浪,不正是这种社会现象的真实折射吗?接受职业教育意味着什么?首先就是从事的职业和所获得的收入、社会福利等统统没有"铁饭碗"来得实在,种种社会用人机制和用人单位的大门都在对名校、高学历伸出热情的双手,受职业教育者却被拒之千里,甚至当作社会垃圾一样被轻视轻贱。必须通过完善社会保障机制和用人机制,逐步提高受职业教育者的社会地位和待遇保障等,从维护国家稳定和长久发展的角度,高度重视社会保障体系的建设和劳动用工制度的建设,从根本上扭转整个社会对受职业教育者的轻视和漠然,让受职业教育者得到更多的、应有的尊重和回报,改善社会劳动阶层的生活和生存条件,以让他们充分享受改革开放和经济发展带来的成果。

(三)改革职业教育自身的管理和办学体系,促进职业教育健康发展,为职业教育法制的实施提供有效的平台

任何一部职业教育法律制定的根本目的就是为了促进职业教育自身的规范和发展,除了建立起职业教育的法制精神和职业教育发展的社会环境之外,推动职业教育本身的健康发展,为职业教育法制的实施提供舞台也是未来中国职业教育法制演化的重要方面。新版职教法不仅对涉及职业教育的社会环境和实施范围进行了重新的定义和规范,更多对职业教育领域存在的问题进行了新的规定和明确。新版职教法对以往争议比较大的职业教育管理体系进行了新的确定:从中央到地方,以教育行政部门为主体,以劳动和社会保障部门为辅助,行业、企业参与,县级

以上政府统筹本辖区内的职业教育综合管理，负责制订职业教育的发展计划和组织实施职业教育活动，改变以往行业、企业几乎将职业教育拒之门外的做法，这里主要参照了国外一些成功的立法经验，让更多的企业、行业参与到职业教育中来，做到从招生、培养、实习、毕业、就业"一条龙"式的发展模式，使受职业教育者不仅没有接受职业教育的后顾之忧，更多的实现教育与就业的对接，提供更多的社会保障机会，让更多的学生和家长接受职业教育，形成先培训、后就业；先具备操作技能、再有实践经验；先拥有学历和证书、再具有实际技能的职业教育培养方式，直接面对社会需求有针对性地开展职业教育。在职技术培训和继续教育方面，新版职教法也做出了相应的规定，扩大了职业培训的范围，让更多的在职人员拥有更多补充新知识、新技能的机会，不断提高在职人员的技术水平和管理经验，也真正带动企业、行业对在职人员的培养和教育。关于理顺职业教育学历和继续升学的问题，也是这次新版职教法修订的一个亮点。旧版职教法一般还是将职业教育的学历定格在中等教育和大学专科的阶段，应该说当时的规定是适合了20世纪90年代中国职业教育发展实际的，随着岁月的推移和社会教育的进步以及社会对教育水平、人员素质越来越高的要求，这种规定显然不能适应当代中国职业教育发展的趋势。理顺学历问题、疏通职业教育与普通教育、成人教育、继续教育之间的关系是今后中国职业教育改革和发展的又一个重要命题。长久以来，由于职业教育一直是普通教育的"附属品"，无论从学校的规模、办学水平、学生来源、教师队伍水平和教育资金投入、教学和实习的软硬件条件、学校管理水平、学校定位、教学质量的评价等均低于同级普通教育。这种低于同级普通教育的设置不是今天才有的，新中国成立以来沿用苏联的职业技术教育模式，职业教育一直低于普通教育的设置，这种历史习惯造成了职业教育先天"二等公民"的尴尬境地，加之对职业教育本身定位的不明确和职业教育涵盖范围的广泛，迫使职业教育面临各种先天性不足因素影响，很难想象这种职业教育办学模式下，如何进一步提升职业教育的办学水平和办学档次？"十二五"计划和未来中国教育、人才两大规划均提出了中国未来职业教育发展的方向，笔者认为其中从职业教育本身来讲最重要的改革方向之一就是不断提升职业教育的办学水平和学校定位，改变以往职业教育办学的思路，大力发展社会需求的职业教育，普通教育应该更多的为职业教育让路，让更多的高质量的学生接受职业教育，打通职业教育与普通教育的界限，从业第一、就业为主，技能第一、证书为凭，文凭加学历、技能加就业，全面建立起客观公正的教育发展模式，加强职业教育的经费投入和资金管理，全面提高职业教育的办学水平和教学质量，解决升学和就业的矛盾，最终提高学生的从业能力，减少教育资源的浪费和所谓的高学历消费假象所造成的错觉，也尽量减少所谓每年高校统计就业率的做法，更多的是从教育自身开始，更新理念，强化改革，真正推动中国教育整体发展，为社会主义现代化建设培养更多的合格的技能型人才，提升全民族的科学文化素质和生产技能水平。

在本节展望的最末，结合当前中国面临着的一些客观社会情况以及中国职业教育发展的趋势和人力资源状况，谈谈自身对未来中国职业教育和职业教育法制发展的看法和认识。从 2013 年初春开始，所谓的用工荒和人力资源短缺的新闻报道就不绝于耳，给人以更多的假象是中国一下子好像没有了人口就业的压力，经济发展和技术水平一夜之间好似赶超了西方发达国家和地区，中国富了、强大了，更多的是我们可以好好享受经济建设和社会发展带来的成果了，中国长期存在的教育和科技落后、生产力水平不高、不能满足人民物质生产和生活需要的年代一去不复返了。笔者认为这是一个伪命题，从中国整体的人口结构和经济发展形势、经济总量和人均 GDP 的数量上看，中国仍处于人口就业压力大、经济发展落后、地区差异加大、经济发展水平不平衡的历史阶段，并且这个问题会长期困扰中国经济和社会发展，正如科学发展观提出的发展目标和认识理论所指出的那样，中国仍然处于世界发展中国家的地位，这种实际国情更让我们清醒地认识到中国与世界的差距，居安思危，集中精力，认真抓好中国的社会现代化建设，不断推动中国教育和科技的进步，提升中国的生产水平和技术水平、装备水平，提高人口素质，促进就业。当然，这一切与职业教育密切相关。中国职业教育发展水平和职业教育法制的建设水平依然落后，不能不紧追世界先进水平，吸收世界成功经验，不断提升自我。我们最终的美好生活还要靠自己去创造，职业教育依然大有可为，职业教育法制现代化的步伐依然沉重，但职业教育高度发达、职业教育法制高度健全、劳动力素质不断提高、人口充分就业、人民生活幸福的美好明天属于未来的中国。

2011年，为了配合《国家中长期教育改革和发展规划纲要（2010—2020）》和"十二五"规划纲要的实施，教育部等职业教育行政主管部门除了在加快修订《职业教育法》的同时，又制定了《关于充分发挥行业指导作用、推进职业教育改革发展的意见》、《关于推进中等和高等职业教育协调发展的指导意见》、《关于推进高等职业教育改革、创新引领职业教育科学发展的若干意见》、《关于加快发展面向农村的职业教育的意见》等规章，分别对2010年代中国中等、高等职业教育和行业、农村职业教育提出了指导意见，进一步推动了职业教育的法制建设。

在中国现代化不断前进的大环境中，展望未来中国职业教育法制现代化的进程，相信在"依法治国、依法治教"思想和"科教兴国"、"人才强国"理论的指导下，坚持不断发展、与时俱进的前进方向，中国的职业教育法制现代化的前景将会更加广阔，中国职业教育法制现代化建设也能够更好地为中国职业教育的发展和社会主义现代化建设提供良好的法制保障。

结 论

中国职业教育作为"舶来品"已经有了100多年的发展历史，中国职业教育法制现代化的脚步也伴随着中国职业教育的发展历经了上百年的风雨，中国职业教育法制现代化的进程也是中国社会经济和法制现代化整体进程的一个缩影。中国职业教育法制100多年现代化的进程是中国不断探索适合自身职业教育发展道路的客观反映，这个进程还要随着中国整体现代化水平的深入而不断持续下去。新中国成立之前中国职业教育法制现代化的步伐蹒跚，不能形成有效推动职业教育发展的局面。新中国成立以来，特别是改革开放30多年来是中国职业教育法制现代化进程中的"黄金"历史时期，中国职业教育法制建设不仅在理论和实践的层面取得了巨大成就，也客观上不断推动了中国职业教育的整体发展，为中国整体实现现代化打下了坚实的人力资源基础。

本书将改革开放以来中国职业教育法制作为主要的研究对象，在梳理改革开放以来中国职业教育法制现代化进程的同时，对未来中国职业教育法制发展方向和运行等问题进行了探讨。通过系统研究，对中国职业教育法制现代化问题得出以下几点认识：

第一，改革开放是中国现代历史上一次伟大的历史变革，标志着中国整体现代化的进程进入了一个全面的崭新阶段，在这场伟大的历史变革中，教育和法制成为现代化进程中重要的组成部分之一，对国家现代化建设的客观认识和指导思想的确立（依法治国、依法治教、科教兴国、人才强国）成为推动中国职业教育法制现代化进程的理论基础。现代化社会最终还是人的现代化，这离不开教育和法制。没有教育，人的素质不可能提高；离开了法制建设，就没有现代社会的正常运行秩序。教育促进现代化、法制提高现代化的整体水平。在长期领导中国革命和建设的实践中，中国共产党充分认识到科学技术和教育对国家发展的重要性。改革开放以来，形成的中国特色社会主义理论中，对教育和科学技术重要性的认识占到了相当重要的地位。职业教育作为科学技术与教育结合、提高劳动技能与就业的教育形式，在国家现代化进程中有着举足轻重的作用和地位。以法制推动职业教育的发展也已经成为世界现代化进程中的一大趋势，在这种认识和趋势的影响下，中国职业教育法制现代化进程大大加快。加强法制建设是改革开放以来中国共产党对建设现代化国家的另一个深刻认识。总结历史发展的经验，特别是"文革"十年对国家法制的破坏，使中国共产党在改革开放以后高度重视国家的法制建设，在短短30多年的时间里，建立了比较完善的社会主义法律体系，走了西方发达国家上百年走过的法制现代化的历程。在建设社会主义现代化的大前提下，中国职业教育法制也随之不断探索和创新，最终形成了比较符合中国实际国情的职业教育法制体系，并不断地完善和发展这个法制体系，从而促使中国职业教育不断发展。

第二，改革开放以来中国职业教育法制现代化进程大大加快，与社会主义市场经济的确立和科学技术的进步密不可分。社会主义市场经济体系的建立是中国实现现代化的必由之路，而科学技术的飞速进步和现代化生产的发展又不断地要求提高劳动者的素质。这些构成了改革开放以来中国职业教育法制现代化进程的社会经济基础。职业教育在国家发展中的作用也是职业教育法制不断发展的客观因素。职业教育对促进就业、提高生产水平、提高劳动效率、创造更多附加值大的产品等都有不言而喻的作用。中国已经成为"世界工厂"，"中国制造"也已经成为中国商品占据世界市场的代名词，但是中国商品仍然是以"量多、质次、价低"来取悦市场和消费者的，"世界工厂"并不意味着是商品制造的强国。科技含量高、附加值高的产品依然是中国经济发展的"软肋"。缺乏高素质的一线劳动者依然是中国职业教育面临的历史课题，这需要健全职业教育法制去推动职业教育的发展。

第三，中国职业教育法制现代化是一个建立职业教育规范化、秩序化的过程，是职业教育实现由人治到法治转变的过程。改革开放30多年的现代化建设的实践，形成并发展了中国特色的职业教育法制理论和体系。但是，总体来讲中国职业教育法制现代化的思想、法律结构、法律运行及司法实践等诸多方面还有需要健全和完善的地方，特别是思想层面上，虽然国家和政府一直大力强调职业教育和法制建设，但是中国职业教育仍然处于低层次、法制建设滞后和受轻视的层面。进入 21 世纪的第二个 10 年时，中国职业教育特别是高等职业教育发展中面临许多新的挑战和问题，一时间对职业教育的种种偏见和错误认识又甚嚣尘上，很多家长和学生始终认为职业教育只不过是垃圾教育和不成气候的游离于"精英教育"的补充教育，职业教育的发展和办学很难在短时间内得到重新的认识和评价，中国职业教育的现代化还需要不断创新和改革，中国职业教育法制现代化的未来还是任重道远的。

总的来说，中国职业教育法制现代化的进程在建设中国特色社会主义理论的指导下，在经济改革和创新的大环境中，在科学技术进步的氛围下，将不断随着中国经济社会的整体现代化水平的提高而不断完善和成熟，一个法制健全、职业教育高度发达的现代化社会属于未来的中国。

附录

中国职业教育法制现代化进程大事记

1949 年

10 月 1 日　毛泽东宣告中华人民共和国成立，将《中国人民政治协商会议共同纲领》作为中央政府施政纲领，新中国职业教育法制现代化进程正式起步。

12 月 23—31 日　新中国第一次全国教育工作会议召开，确立新中国的职业教育方针。

1950 年

6 月 1 日　政务院发布《关于开展职工业余教育的指示》，决定开展全国性的企业职工业余教育。

9 月 20—29 日　教育部、中华全国总工会召开了新中国第一次全国工农教育会议。会议修订《关于开展农民业余教育的指示》、《工农文化补习学校暂行实施办法》、《职工业余教育暂行实施办法》、《各级职工业余教育委员会组织条例》等六个法规，加强全国范围内的工农业余教育。

1951 年

6 月 12—22 日　新中国第一次全国中等技术教育会议召开，修订《关于整顿和发展中等技术教育的指示》、《中等技术学校暂行实施办法》、《关于加强领导私立技术补习教育的指示》、《各级中等技术教育委员会暂行组织条例》等四个法规。

10 月 1 日　政务院发布《关于改革学制的决定》，决定改革全国职业教育学制。

1953 年

7 月 4 日　高等教育部发出《关于中等技术学校（中专学校）设置

专业原则的通知》，决定从 1953 年开始，全国中等专业学校施行新的专业设置。

7 月 31 日　《关于加强高等学校与中等技术学校学生生产实习工作的决定》由政务院审核并颁布，决定加强高等学校与中等技术学校学生生产实习工作。

1954 年

5 月 24 日　中共中央转发教育部党组《关于解决高校和初中毕业生学习与从事生产劳动问题的请示报告》，加强对中小学毕业生学习与从事生产劳动的教育。

8 月 5—16 日　教育部、扫盲工作委员会召开了全国第一次农民业余文化教育会议，会议决定加强农民业余教育工作。

9 月 20 日　1954 年宪法颁布，为职业教育法制提供了宪法保障。

9 月 26 日　政务院发出《关于改进中等专业教育的决定》，决定对全国中等专业教育进行整顿。

11 月 24 日　高等教育部发布了《中等专业学校章程》，将中专教育纳入法制化管理的轨道。

1955 年

3 月 1 日　《中等专业学校学科委员会工作规程》由高教部制定并颁布，年内高等教育部还颁发了《中等专业学校课程设计规程》、《毕业生设计和毕业生设计答辩规程》、《行政和教学辅助人员标准编制》、《校长（副校长）人选办法》、《学校的设置、停办的规定》、《关于中等卫生学校管理办法》等规章制度。

6 月 2 日　国务院发布《关于加强农民业余文化教育的指示》，决定加强农民业余文化教育。

9 月 15 日　国务院转发了劳动部《关于目前技工学校工作的报告》，决定改进技工学校的教学工作，促进技工学校的快速发展。

1956 年

2 月 1 日　《技工学校标准章程（草案）》、《技工学校编制标准定额暂行规定（草案）》由劳动部制定并颁布，技工学校教学等管理纳入规范化轨道。

1958 年

4月4日　中共中央发出《关于高等学校和中等技术学校下放问题的意见》，决定下放中等专业学校管理权限。

8月4日　中共中央、国务院发布《关于教育事业管理权限下放问题的规定》，规定决定下放教育管理权限。

9月19日　中共中央、国务院发布《关于教育工作的指示》，指示开展教育大跃进。

12月22日　中共中央批转教育部党组《关于教育问题的几个建议》，建议强调教学与生产劳动结合。

1959 年

5月24日　中共中央、国务院发布《关于在农村中继续扫除文盲和巩固发展业余教育的通知》和《关于实验改革学制的规定》，加强工农业余教育和实验学制。

1960 年

1月16日　中共中央、国务院决定成立业余教育委员会，加强工农业余教育的领导。

8月3日　中共中央发出《关于加强农村扫盲和业余教育工作的领导和管理的通知》，决定加强农村业余教育。

1961 年

5月15日　劳动部发布《技工学校通则》、《关于技工学校学生的学习、劳动、休息时间的暂行规定》、《技工学校人员编制标准（草案）》等三个文件，加强技工学校的管理。

9月15日　中共中央批准试行《教育部直属高等学校暂行工作条例（草案）》（即"高校六十条"），加强高等学校和中等专业学校管理。

1962 年

5月25日　中共中央批转教育部党组《关于进一步调整教育事业和精减学校教职工的报告》，决定精减学校教职工。

6月18日　财政部、全国总工会联合发出《关于企业职工业余教育经费开支问题的通知》，调整职工业余经费的划分比例。

12月5日　教育部发出《关于农村业余教育工作的通知》，要求加强农村业余教育。

1963年

5月14日　教育部颁发《中等专业学校学生成绩考核和升留（降）级办法（草案）》和《中等专业学校学生学籍管理办法（草案）》，规范中等专业学校的管理。

6月5日　教育部发出《关于制定全日制中等专业学校教学计划的规定（草案）》，规范中等专业学校的教学管理。

6月15日　教育部颁布《中等专业学校专业目录》，规范中等专业学校专业设置。

6月19日　劳动部、教育部、全国总工会联合发出《关于企业职工业余学校专职工作人员配备的暂行规定》，规范职工业余学校专职人员的配备。

7月10日　中共中央宣传部发出《关于调整初级中学和加强农业、工业技术教育的初步意见（草稿）》，加强职业技术教育。

9月20日　教育部、劳动部、财政部联合发布《关于职业学校经费、编制的暂行规定》，确定职业学校的经费和人员编制。

10月28日　国务院批转教育部《关于中等专业学校专业的设置和调整问题的规定》，强调中等专业学校设置专业以教育部颁发的《中等专业学校目录》为准。

1964年

4月2日　国务院发出通知，将技工学校的综合管理权限划归教育部主管。

4月18日　教育部、全国总工会联合发出《关于职工业余高等学校工作的暂行规定（试行草案）》和《关于职工业余学校教师工作的若干规定（试行草案）》，规范职工业余学校工作。

11月17日　中共中央转发江苏省委《关于发展半工（农）半读制度的规划（草案）》，决定推行两种教育制度。

1966年

2月24日　教育部发布《关于巩固提高耕读小学和农业中学的指示》，要求加强农业中小学教育。

6月1日　中共中央、国务院批转了教育部党组《关于改进1966年高等学校招生工作的请示报告》，决定改革高等学校招生制度。

6月13日　中共中央、国务院批转了教育部党组《关于改革高级中学招生办法的请示报告》和《中共中央、国务院关于高等学校招生工作推迟半年进行的通知》，改革高中和高等学校招生制度。

7月24日　中共中央、国务院发布《中共中央、国务院关于改革高等学校招生工作的通知》，改革高校招生制度，实行"推荐与选拔相结合"的招生制度。

1971年

8月13日　中共中央批准《全国教育工作会议纪要》，《纪要》提出的"两个估计"成为压制广大教育工作者和知识分子的"精神枷锁"。

1973年

7月3日　国务院批转国家计委和国务院教科组《关于中等专业学校、技工学校办学中的几个问题的意见》，提出加强职业技术教育，但在"文革"的大环境下，职业技术教育难以开展。

1977年

8月8日　邓小平发表《关于科学和教育工作的几点意见》的讲话，提出"今年下定决心恢复从高中毕业生中直接招考学生，不要再搞群众推荐。"即著名的"八八"讲话，明确恢复统一招生考试制度。

10月12日　国务院批转教育部《关于1977年高等学校招生工作意见》，该意见明确"中等学校招生办法，参照本文件的精神，由各省、市、自治区和国务院有关部委自行制定"，确立了"自愿报名，统一考试，择优录取"的招生考试原则。

1978年

2月11日　教育部、国家劳动总局颁布了《关于全国技工学校综合管理工作由教育部划归国家劳动总局的通知》，决定从1978年起，全国技工学校的综合管理工作由教育部划归国家劳动总局。

11月11日　教育部颁布《关于改变部分中专学校领导体制的报告》，决定改革部分中专学校的领导体制，施行分级管理。

1979年

2月16日　国家劳动总局、教育部发布《关于增设4所技工师范学校的通知》，决定增设吉林、山东、河南、天津4所技工师范学院，为全国技工学校和中等专业学校培养师资。

6月18日　教育部颁布《全日制中等专业学校工作条例（试行）》（征求意见稿），全面调整和规范中等专业学校的管理秩序。

6月28日　教育部颁布《中等专业学校学生学籍管理的暂行规定》，进一步调整和规范中等专业学校的管理秩序。

9月8日　国务院批转教育部《关于举办职工、农民高等院校审批程序的暂行规定》，对举办职工、农民高等院校（包括业余、脱产、半脱产）的审批程序做出了规定。

1980年

4月10—25日　教育部召开全国中等专业教育会议，决定改革中国中等专业技术教育，创建新时期的职业教育制度。

1980年10月7日　国务院批转国家劳动总局《关于中等教育结构改革的报告》，正式开始了中国新时期职业教育改革的探索。

1981年

2月20日　《中共中央、国务院关于加强职工教育工作的决定》颁布，决定加强新时期职工教育。

10月17日　《中共中央、国务院关于广开门路、搞活经济，解决城镇就业问题的若干决定》颁布，决定加强就业前职业技术教育，发展经济，促进城镇就业。

1982年

2月27日　教育部颁布《中等专业学校学生守则》（试行草案），规范中等专业学校学生管理。

6月8日　教育部颁布《职工大学、职工业余大学考试试行办法》，规范职工大学和职工业余大学的教学管理。

6月9日　教育部颁布《县办农民技术学校暂行办法》，规范农民技术学校教育。

9月9日　国务院批转教育部《关于职工中等专业学校的试行办法的通知》，加强职工业余中等技术教育。

11月17日　农牧渔业部发出《关于加强农民技术教育的通知》，要求加强农民技术教育。

12月2日　国务院办公厅转发农牧渔业部《关于迅速加强农业技术培训工作的报告》，要求迅速展开农民技术教育。

12月4日　《中华人民共和国宪法》通过并颁布实施，职业技术教育被写入宪法，职业教育法制现代化建设有了宪法保证和立法的依据。

1983年

1月24日　农牧渔业部、教育部发出《关于编写农民职业技术教育教材的通知》，就组织编写农民职业技术培训教材问题做出了规定。

2月4日　《关于职工大学、职工业余大学、高等学校举办的函授和夜大学毕业生若干问题的通知》发布，规范上述办学模式的管理。

4月25日　劳动人事部颁布《工人技术考核暂行条例（试行）》，对工人技术考核进行了规范。

5月6日　中共中央、国务院发布《关于加强和改革农村学校教育若干问题的通知》，决定改革农村中等教育结构，发展职业技术教育。

5月9日　教育部等部委联合发出《关于改革城市中等教育结构、发展职业技术教育的意见》，决定进一步改革城市中等教育结构，加快发展职业技术教育。

5月30日　教育部颁布《职工大学、职工业余大学学生学籍管理暂行规定》，规范职工大学、职工业余大学学生的管理。

1984年

1月12日　教育部党组发布《关于中等专业学校领导班子调整工作的几点意见》，就调整中等专业学校领导班子提出原则和措施。

4月27日　全国职工教育委员会、国家经委发布《关于加强职工培训提高职工队伍素质的意见》，要求加强职工培训工作，提高职工队伍素质。

12月3日　教育部、国家计委颁布《关于重申中等专业学校改办大专院校审批权限的通知》，规定保持中等专业学校稳定，不宜随意改办大专学校。

1985 年

1 月 29 日　教育部发出《关于政企分开后妥善处理好中专学校从属关系问题的通知》，要求各地妥善安排中专学校的工作，保证中专学校的正常办学。

5 月 27 日　中共中央颁布《关于教育体制改革的决定》，决定的第三部分明确了职业教育体制改革五个方面的内容。

7 月 4 日　国家教委颁布《关于同意试办三所五年制技术专科学校的通知》，同意西安航空工业学校等三所中等技术学校试办大专水平的职业技术教育。

9 月 12 日　国家教委、劳动人事部颁布《全日制普通中等专业学校人员编制标准（试行）》，规范各级中等专业学校编制。

9 月 14 日　劳动人事部制定《关于就业训练若干问题的暂行办法》，对就业训练的有关问题做出规定。

1986 年

5 月 30 日　国家教委成立了由国家教委牵头的职业技术教育委员会，协调全国范围内的职业技术教育工作。

5 月 30 日　农牧渔业部发布《关于改革和加强农民职业技术教育和培训工作的通知》，要求加强农村职业技术教育和培训工作，以促进农村经济发展。

6 月 23 日　国家教育委员会等部委联合颁发《关于经济部门和教育部门加强合作、促进就业前职业技术教育发展的意见》，要求各地努力兴办各种形式的职业技术教育，积极促进就业。

6 月 26 日　国家教委发布《关于加强职业技术学校师资队伍建设的几点意见》，强调职业学校的师资建设，保证教学质量。

6 月 27 日　国家教委、劳动人事部发布《关于职业高中毕业生使用问题的有关问题的通知》，明确职业高中毕业生的安排和使用问题。

7 月 2—6 日　第一次全国职业技术教育会议召开，会议提出了改革职业技术教育的总体设想。

10 月 18 日　国家教委发布《普通中等专业学校设置暂行办法》，规范中等专业学校的办学和管理。

11月11日　劳动人事部、国家教育委员会颁布《技工学校工作条例》，规范技工学校的管理。

1987年

6月2日　国家教委发布《关于三所高等技术专科学校有关问题的通知》，对西安航空工业学校等三所高职院校有关问题做出了规定。

12月25日　国务院批转《国家教育委员会关于改革和发展成人教育的决定》的通知，决定加强成人教育，进行岗位培训。

12月30日　国家教委、农牧渔业部、财政部颁布《乡（镇）农民文化技术学校暂行规定》，对乡（镇）农民技术学校做出了相关规定。

1988年

3月14日　国家教委颁布《普通中等专业学校招生暂行规定》，规范了中专学校的招生考试工作程序。

4月5日　国家教委、农牧渔业部、财政部、国家计委等八部委联合发出《关于农业中等专业学校招收农村青年不包分配班的若干规定》，改革农业中专招生和分配制度。

10月28日　国家教委、农业部发布《关于改革农业广播电视学校管理体制及有关问题的意见》，规范了农业广播电视学校的管理。

1989年

3月17日　国家教委发布《国家教育委员会行政法规、规章发布办法》，对自身依照授权和职权发布的行政法规、部门规章的发布做了六条规定。

7月1日　《关于培养生产实习指导教师的实施办法》颁布，加强生产实习环节教学指导教师培养。

8月17日　国家教委颁布《职业技术教育专业教师任职资格与培训的通知（试行）》，加强职业技术专业教师的管理。

8月20日　农业部等部门成立了农科教统筹与协调指导小组并下发了《关于农科教结合，共同促进农村、林区人才开发与技术进步的意见（试行）》，提出大力提高农村劳动者素质，推广普及科学技术，振兴农业，加速农村"两个文明"建设。

12月27日　国家教委等部门联合发布《关于开展岗位培训若干问题的意见》，推动岗位培训工作的开展。

1990年

3月9日　国家教委发布《关于中等专业学校（含中师）领导体制问题的通知》，要求中等专业学校继续推行校长负责制。

5月4日　劳动部颁布《技工学校学生学籍管理规定》，对技工学校建立健全学生学籍管理制度做出了规定。

5月12日　劳动部颁布《技工学校学生日常行为规范》，对技工学校学生日常行为规范进行了规定。

6月7日　国家教委发布《关于动员农林中专和农村职业中学做好科技兴农工作的通知》，提出了关于农业中专和农村职业中学切实面向农业生产，搞好科技兴农的几点意见。

6月23日　经国务院批准，劳动部发布了《工人考核条例》，明确了国家实行工人考核制度。

8月16日　国家教委发布《省级重点职业高级中学的标准》，对省级重点职业高中的建设提出了标准和要求。

9月3日　劳动部颁布《技工学校招生规定》，对技工学校的招生工作做出了规定。

11月26日　中国农业银行、国家教委发布了《关于支持农、林中专和农村职业中学开展生产经营活动的联合通知》，就支持农、林中专和农村职业中学使用农业贷款发展生产实习基地和从事生产经营活动做出了具体规定。

1991年

1月11日　国家教委发布《关于开展普通中等专业学校教育评估工作的通知》，决定在全国范围内对普通中专教育进行教育评估。

1月18—21日　国家教委、国家计委、劳动部、人事部、财政部在北京联合召开了第二次全国职业技术教育工作会议，会议决定推动职业技术教育的发展。

4月24日　劳动部颁布《关于开展技工学校评估工作的通知》，对技工学校评估工作做出了规定。

6月6日　国家教委发出《关于大力发展乡（镇）、村农民文化技术学校的意见》，提出了农村成人职业教育"八五"发展计划。

6月16日　国家教委印发《关于加强岗位培训管理工作的意见》，要求加强岗位培训工作。

10月17日　国务院颁布《关于大力发展职业技术教育的决定》，对发展职业技术教育做出了部署。

1992年

1月27日　国家教委发布《关于修订中等专业学校专业目录的通知》，对中等专业学校专业目录修订工作做出了安排和布置。

2月12日　国务院发布《关于积极实行农科教结合，推动农村经济发展的通知》，对积极实行农科教结合、推动农业生产和农村经济的发展做出了部署。

2月26日　劳动部颁布了《关于加强工人培训工作的决定》，对加强工人培训工作提出了要求。

3月12日　国家教委颁布《职业高级中学学生学籍管理暂行规定》，规定了职业高中学生学籍管理。

4月8日　国家教委印发《〈关于加强少数民族与民族地区职业技术教育工作的意见〉的通知》，对加强少数民族与民族地区职业技术教育工作做出了规定。

8月27日　劳动部印发《〈关于加强职业培训教材建设的意见〉的通知》，对加强职业培训教材建设提出了意见。

9月11日　劳动部颁布《技工学校校长任职要求（试行）》，要求从校长任职条件、校长主要职责、校长岗位要求等三个方面来规范技工学校校长任职资格和职权、责任等。

11月28日　劳动部颁布《国家级重点技工学校标准的通知》，通知决定于1993年进行国家级重点技工学校的评估工作，同时颁布了《国家级重点技工学校标准》、《国家级重点技工学校评估细则》，以促进重点技工学校的建设。

1993年

1月3日　劳动部办公厅发布《关于就业训练中心、技工学校审批管理问题的复函》，明确劳动部门兴办的就业训练中心、技工学校属于政府部门办学，不属于社会力量办学。

1月10日　国家教委、农业部、林业部颁布《关于加强农村、林区中等职业技术教育和农民中专农、林类专业师资队伍建设的几点意见》,对加强农村、林区中等职业技术教育和农民中专教育专业师资队伍建设提出了要求。

2月23日　中共中央、国务院制定《中国教育改革和发展纲要》,《纲要》的颁布是继1985年《中共中央关于教育体制改革的决定》颁布以后,又一次针对教育改革和发展重大问题的决策。

3月23日　国家教委发布《关于普通中等学校专业设置管理的原则意见》,从专业设置的原则、专业设置的职责分工、专业设置的审批权限等三个方面对中等专业学校专业设置提出了要求。

5月10日　国家教委发布《关于"评选国家级、省部级重点中等专业学校"的通知》,决定推动国家级、省部级重点普通中等学校的评选,使这些学校更好地发挥骨干示范作用。

5月13日　国家教委印发《关于职业技术教育教材规划工作的意见》等文件的通知,通知发布了《关于职业技术教育教材规划工作的意见》、《关于建立两级职业技术教育教材审定组织的意见》、《关于职业技术学校教材选用工作的意见》,要求各地、各个行业结合实际情况贯彻落实。

7月9日　劳动部根据《工人考核条例》,颁布《职业技能鉴定规定》,对加强对职业技能鉴定工作的组织领导,抓紧做好职业技能鉴定社会化管理的各项基础工作等做出了规定。

9月29日　劳动部颁布《关于深化技工学校改革的决定》,按照建立社会主义市场经济体制和劳动制度改革的要求,对现有技工学校教育进行改革。

10月31日　八届全国人大常委会第四次会议通过了正式的《中华人民共和国教师法》,并于1994年1月1日正式实施。

12月28日　国家教委发布《关于发布〈全国职业中学校长主要职责及岗位要求(试行)〉的通知》,要求从校长的主要职责和岗位要求两个方面规范职业中学校长的任用程序和主要的责、权、利等。

1994年

2月22日　劳动部、人事部颁布《关于颁发〈职业资格证书规定〉

的通知》，对职业资格证书的管理做出了具体规定。

3月9日　国家教委发布《关于印发〈关于普通中等专业学校招生与就业制度改革的意见〉的通知》，从招生、毕业生就业制度改革等两个方面对中等专业学校招生和就业制度的改革进行了规定。

4月1日　国家教委颁布《普通中等专业学校学生学籍管理规定》，对普通中等专业学校学生学籍管理进行了规范。

4月21日　劳动部颁发《关于制定〈国家职业技能鉴定规范〉的通知》，对制定《国家职业技能鉴定规范》的有关问题提出了意见。

5月11日　劳动部发布《关于实行职业技能鉴定社会化管理试点工作的通知》，对职业技能鉴定社会化管理试点工作进行了规范和要求。

7月5日　八届全国人大常委会第八次会议通过《中华人民共和国劳动法》，自1995年1月1日起施行。

12月14日　劳动部颁布《职业培训实体管理规定》，对职业培训实体的定义、培训对象、办学形式等做出了具体的管理规定。

1995年

1月26日　国家教委颁布《中外合作办学暂行规定》，在一定程度上保证了中外合作办学活动的有序进行。

3月18日　八届全国人大三次会议表决通过《中华人民共和国教育法》，并于1995年9月1日正式实施。

5月17日　国家教委颁布《关于普通中等专业教育（不含中师）改革和发展的意见》，提出了促进中专教育积极发展，提高教育质量，积极发挥中专在同类职业教育中骨干作用的要求。

5月18日　国家教委印发《关于编写岗位培训教材的原则意见》，规范了岗位培训教材的编写。

7月11日　劳动部颁布《技工学校专业目录》，专业目录包括的169个专业作为技工学校专业设置的依据，规范了技工学校的教学管理。

7月14日　国家教委发布《关于加强在中等专业学校举办专科程度小学教师班和高等职业技术班试点工作管理的通知》，要求任何单位和个人不得越权自行审批试点和扩大试点工作，加强对大学专科阶段小学教师和高职班试点工作的管理。

7月17日　劳动部、国家计委发布《关于申办高级技工学校若干问题的通知》，对申办高级技工学校若干问题做出了详细规定。

8月1日　国家教委发布《关于印发〈示范性乡（镇）成人文化技术学校〉规程的通知》，从整体上规范了乡（镇）成人文化技术学校的设置。

10月6日　国家教委发布《关于推动职业大学改革与建设的意见》，对推动职业大学的改革与建设提出了要求。

10月12日　劳动部发布《关于进一步加强技工学校管理的通知》，对加强技工学校的管理提出了要求。

11月9日　国家教委颁布《关于成人高等学校试办高等职业教育的意见》，允许一部分有条件的成人高等学校现行试办高等职业教育。

1996年

3月27日　国家教委颁布《关于加强社会力量办学管理工作的通知》，对加强社会力量办学管理提出了要求。

4月29日　国家教委、农业部颁布《关于进一步办好农村中等职业学校农业类专业的意见》，就办好农村中等职业学校农业类专业提出了要求。

5月15日　八届全国人大常委会第19次会议通过《中华人民共和国职业教育法》，自1996年9月1日正式实施，中国的职业教育发展有了法律的专门规定，从此走上了依法治教、依法管理的正常轨道。

6月7日　全国人大教科文卫委员会等部门联合发布《关于学习宣传和贯彻〈中华人民共和国职业教育法〉的通知》，就宣传和贯彻《职业教育法》提出了六条建议。

6月17—20日　国家教委、国家经贸委、劳动部联合在北京召开第三次全国职业教育工作会议，落实《职业教育法》，推进职业技术教育的发展。

10月30日　劳动部、国家经贸委发布《关于印发〈企业职工培训规定〉的通知》，正式颁布《企业职工培训规定》。

11月5日　劳动部颁布《关于加强职业技能鉴定质量管理的通知》，对加强职业技能鉴定质量的管理进行了规范。

11月7日　劳动部职业技能开发司、职业技能鉴定中心印发《职业技能鉴定工作规则》，规范了职业技能鉴定工作程序。

12月31日　劳动部发布《关于进行劳动预备制度试点工作的通知》，决定从1997年起实施劳动预备制度试点工作。

1997年

4月7日　国家教委发布《中等专业学校图书馆规程》，规范了全日制普通中等专业学校图书馆的管理。

5月27日　国家教委发布《关于招收应届中等职业学校毕业生举办高等职业教育试点工作的通知》，决定从1997年起开展应届中等职业学校毕业生举办高等职业教育试点工作。

6月9日　国家教委发布《关于加强和改进职业学校德育工作的意见》，对加强和改进职业学校德育工作做出了部署。

7月31日　国务院颁布《社会力量办学条例》，使社会力量办学有了根本性的法规保障。

9月24日　国家教委发布《中等职业学校教师队伍建设的几点意见》，对"九五"期间加强中等职业学校教师队伍建设问题做出了规划。

9月25日　国家教委发布《关于高等职业学校设置的几点意见》，对高等职业学校（包括成人高等学校转制）的有关问题提出了要求。

11月6日　国家教委发布了《关于中等专业学校举办高等学历教育有关问题的意见》，要求各地各部门加强高等学历教育的管理。

12月9日　国务院办公厅转发农业部、国家教委等11个单位《关于进一步办好农业广播学校意见》，强调了提高认识、加强领导，积极推动农广校健康发展。

12月25日　国家教委、国家计委发布《关于普通中等专业学校招生并轨改革的意见》，明确了从1998年到2000年全国中等专业学校招生基本实现并轨改革。

1998年

2月11日　国家教委发布《关于加快中西部地区职业教育改革与

发展的意见》，对加快中西部地区职业教育改革与发展提出了要求。

2月16日　国家教委印发《面向二十一世纪深化职业教育教学改革的原则意见》，要求职业教育要培养直接在生产、服务、技术和管理第一线工作的应用型人才。

3月16日　国家教委、国家经贸委、劳动部联合印发《关于实施〈职业教育法〉发展职业教育的若干意见》，对落实《职业教育法》、加快职业教育发展做出了具体规定。

4月15日　教育部发布《关于动员各类学校大力开展再就业培训的通知》，保证再就业培训工作顺利开展。

6月10日　教育部办公厅发布《关于印发〈关于加强普通中学劳动技术教育管理的若干规定意见〉的通知》，要求普通中学采取切实措施以保证劳动技术课程的顺利实施。

6月11日　全国总工会、教育部、科学技术部、人事部、劳动和社会保障部发布《全国职工自学成才奖励条例》。

8月29日　九届全国人大常委会第四次会议通过了《中华人民共和国高等教育法》，标志着中国根本高等教育法律制度的建立。

1999年

1月11日　教育部、国家计委发布了《试行按新的管理模式和运行机制举办高等职业技术教育的实施意见》，试行与现行办法有所不同的管理模式和运行机制举办高等职业技术教育。

6月27日　国务院办公厅转发劳动保障部、教育部、人事部、国家计委、国家经贸委、国家工商局等部门《关于积极推进劳动预备制度加快提高劳动者素质意见》，就积极推进劳动预备制度，加快提高劳动者素质，提出了相关意见。

7月27日　教育部发布《关于成立全国中等职业教育教学指导委员会的通知》，决定成立全国中等职业教育教学指导委员会，加强中等职业教育教学工作。

9月9日　教育部发布《关于调整中等职业学校布局结构的意见》，决定调整中等职业学校布局结构。

12月2日　教育部颁布《关于加强教育法制建设的意见》，明确21世纪中国依法治教的目标。

2000 年

1月14日　国务院办公厅发布《关于国务院授权省、自治区、直辖市人民政府审批设立高等职业教育学校有关问题的通知》，规范了高等职业教育学校审批程序和高等职业教育学校的管理。

1月17日　教育部发布《关于组织实施〈新世纪高职高专教育人才培养模式和教学内容体系改革与建设项目计划〉的通知》，同时发布《新世纪高职高专教育人才培养模式和教学内容体系改革与建设项目计划》项目目录分为三大类34小类，对高职高专教育人才培养模式和教学内容体系改革与建设进行了规范。

1月27日　教育部颁布《关于加强高职高专教育人才培训工作的意见》，明确了今后一段时期高职高专人才培养工作的基本思路。

3月15日　教育部颁布《高等职业学校设置标准（暂行）》，对加强高等职业学校的规范管理提出了要求。

3月21日　教育部颁布《关于全面推进素质教育、深化中等职业教育改革的意见》，对深化职业教育改革提出了详尽的规范意见。

3月21日　教育部颁布《关于制定中等专业学校教学计划的原则意见》，对制定中等职业教育学校教学计划提出了要求。

8月18日　教育部印发《关于进一步加强中等职业教育师资培养训练基地建设的意见》，对加强职教师资培训基地建设提出了要求。

9月25日　教育部印发《中等职业学校专业目录》和《关于中等职业学校专业设置管理的原则和意见》，规范了新时期中等职业学校的专业设置。

10月19日　教育部发布《关于中等专业学校管理体制调整工作中防止中等职业教育资源流失问题的意见》，强调进一步加强中等职业教育的发展。

2001 年

7月2日　教育部颁布《中等职业学校设置标准（试行）》，规定了中等职业学校办学章程和管理制度的设置。

11月7日　教育部颁布《关于制定中等职业学校学生学籍管理规定的原则意见》，对制定中等职业学校学生学籍管理规定提出了要求。

11月21日　教育部发布《关于"十五"期间加强中等职业学校教师队伍建设的意见》，对加强"十五"期间中等职业学校教师队伍建设提出了要求和措施。

2002年

3月27日　教育部发布《关于进一步办好五年制高等职业技术教育的几点意见》，要求切实加强五年制高职的管理，提高教育教学质量，保障五年制高职的健康发展。

4月4日　共青团中央、教育部发布《关于加强农村青年职业教育和成人教育的意见》，对加强农村青年职业教育和成人教育提出了要求。

5月15日　教育部办公厅发布《关于加强高等职业（高专）院校师资队伍建设的意见》，提出了高职（高专）院校师资队伍建设的目标。

7月28—30日　国务院召开第四次全国职业教育工作会议，会议总结了中国职业教育工作的基本经验，提出了进一步加强职业教育的目标。

8月24日　国务院颁布《关于大力推进职业教育改革与发展的决定》，决定加强职业教育。

10月24日　教育部发布《关于动员各类学校积极开展下岗失业人员再就业培训工作的通知》，要求做好下岗失业人员再就业培训工作。

10月31日　教育部发布《关于加强职业技术学校职业指导工作的意见》，对加强中等职业技术学校职业指导工作提出了要求和目标。

11月21日　教育部发布《关于进一步加强农村成人教育的若干意见》，对加强农村青年成人教育提出了要求。

11月29日　劳动和社会保障部、教育部、人事部联合下发《关于进一步推动职业学校实施职业资格证书制度的意见》，对全面提高职业学校毕业生的综合素质和就业能力，进一步推动职业学校实施职业资格证书制度有关问题提出了要求。

12月2日　教育部、国家经济贸易委员会、劳动和社会保障部联合下发《关于进一步发挥行业、企业在职业教育和培训中的意见》，要求充分依靠行业、企业发展职业教育和培训。

12月28日　九届全国人大常委会第31次会议通过《中华人民共和国民办教育促进法》，自2003年9月1日起开始实施，同时1997年7月31日国务院颁布的《社会力量办学条例》废止。

2003年

2月19日　《中华人民共和国中外合作办学条例》颁布，中外职业教育合作办学走上了法制轨道。

7月17日　教育部颁布《关于加强依法治校工作的若干意见》，加强依法治校工作，强调依法治教。

9月8日　教育部、农业部、国土资源部联合发布《关于加强农村学校劳动实践场所建设的意见》，加强农村学校劳动实践课程。

10月9日　教育部颁布《关于进一步加强职业学校校长培训工作的意见》，决定加强职业学校校长培训。

12月18日　教育部办公厅下发《关于进一步加强中等职业学校实习管理工作的通知》，要求加强中等职业学校学生的实习工作管理。

12月26日　中共中央、国务院颁布《关于进一步加强人才工作的决定》，强调加快专业技术人才的培养。

2004年

4月19日　教育部办公厅发出《关于全面开展高职高专院校人才培养工作水平评估的通知》，决定对全国高职高专院校人才培养工作进行评估，以提高高职高专院校的办学水平。

4月28日　教育部发出《关于做好中等职业教育学校毕业生就业服务工作的通知》，要求加强毕业生服务工作。

4月30日　教育部、财政部发布《关于推进职业教育若干工作的意见》，规定应重视发挥现有教育资源的作用，对技能型和高技能型人才的培养。

6月17—19日　经国务院批准，教育部等七部门联合召开了第五次全国职业教育工作会议，会议强调指出，对发展职业教育的认识要有新高度，工作要上新水平，努力开拓新局面。

7月15日　教育部发布《关于贯彻落实全国职业教育工作会议精神　进一步扩大中等职业学校招生规模的意见》，强调加大中等职业学校的招生。

7月21日　财政部、教育部印发《职业教育实训基地建设专项资金管理暂行办法》，决定加强对建设专项资金的管理。

9月14日　教育部、国家发改委等七部门联合下发《关于进一步加强职业教育工作的若干意见》，贯彻落实全国职业教育工作会议精神和会议提出的各项任务与要求，努力把职业教育工作提高到一个新水平。

10月22日　教育部发出《关于印发〈普通高等学校高职高专教育指导性专业目录（试行）〉的通知》和《关于印发〈普通高等学校高职高专教育专业设置管理办法（试行）〉的通知》，下发《普通高等学校高职高专教育指导性专业目录（试行）》和《普通高等学校高职高专教育专业设置管理办法（试行）》，指导高职高专院校的专业设置。

10月25日　教育部发出《关于印发〈中等职业学校德育大纲〉的通知》，下发《中等职业学校德育大纲》，加强中等职业学校德育工作。

12月1日　教育部发布《关于推进社区教育工作的若干意见》，决定推进社区职业教育，大力开展多层次、多内容、多形式的职业培训活动。

2005年

2月28日　教育部发布《关于加快发展中等职业教育的意见》，决定大力推动中等职业教育快速健康持续发展。

3月17日　教育部发布《关于进一步推进高职高专院校人才培养工作水平评估的若干意见》，决定加强高职高专院校人才培养工作水平评估工作，提高高职高专院校人才培养的质量。

3月17日　教育部发布《关于实施农村实用技术培训计划的意见》，决定组织实施农村实用技术培训计划。

10月28日　国务院发布《关于大力发展职业教育的决定》，决定大力推进职业教育的发展。

11月4日　国务院发出《关于进一步加强就业再就业工作的通知》，要求改进就业服务，强化职业培训，加强就业再就业工作。

11月7—8日　国务院召开了第六次全国职业教育工作会议，会议决定大力发展职业教育。

2006年

3月20日 教育部发布《关于中等职业学校面向未升学高中毕业生开展职业教育与培训的意见》，就中等职业学校面向未升学普通高中毕业生开展职业教育与培训提出意见。

3月30日 教育部发布《关于职业院校试行工学结合、半工半读的意见》，就职业院校试行工学结合、半工半读有关工作提出意见。

4月25日 教育部颁布《关于大力发展中等职业教育的意见》，决定大力推进中等职业教育的发展。

5月17日 教育部颁布《关于教育系统贯彻落实〈国务院关于解决农民工问题的若干意见〉的实施意见》，决定进一步推进农民工职业培训。

6月19日 财政部、教育部等11个部门联合发出《关于企业职工教育经费提取与使用管理的意见》，规范企业职工教育经费的使用。

7月24日 财政部、教育部《中等职业教育国家助学金管理暂行办法》和《关于完善中等职业教育贫困家庭学生资助体系的若干意见》，决定从2006年起中央财政设立中等职业教育国家助学金。

9月28日 教育部发布《关于建立中等职业学校教师到企业实践制度的意见》，决定建立中等职业学校教师到企业定期实践的制度。

10月27日 国家安全生产监督管理总局、教育部等七部门联合发布《关于加强农民工安全生产培训工作的意见》，要求加强对农民工的安全生产培训工作。

10月31日 教育部、财政部发布《关于实施国家示范性高等职业院校建设计划、加快高等职业教育改革与发展的意见》，决定加快高等职业院校的建设，推动高等职业教育的发展。

11月16日 教育部发布《关于全面提高高等职业教育教学质量的意见》，决定采取措施提高高等职业教育的教学质量。

12月26日 教育部、财政部发布《关于实施中等职业学校教师素质提高计划的意见》，决定采取措施，切实提高中等职业学校教师的整体素质，提高中等职业教育教学水平。

2007 年

5月7日　人力资源和社会保障部、教育部发布《关于中等职业学校、普通高中、幼儿园岗位设置管理的意见》，明确中等职业学校的岗位设置。

5月13日　国务院发布《关于建立健全普通本科高校、高等职业学校和中等职业学校家庭经济困难学生资助政策体系的意见》，决定建立健全高等职业教育和中等职业学校家庭经济困难学生资助政策体系。

5月23日　教育部办公厅、财政部办公厅发布《关于组织实施中等职业学校专业骨干教师培训工作的指导意见》，加强中等职业学校的教师培训工作。

6月26日　教育部、财政部发布《中等职业学校学生实习管理办法》，规范中等职业学校学生实习工作。

6月26—27日　教育部、财政部发布《关于认真做好高等学校家庭经济困难学生认定工作的指导意见》、《普通本科高校、高等职业学校国家奖学金管理暂行办法》、《普通本科高校、高等职业学校国家助学金管理暂行办法》、《普通本科高校、高等职业学校国家励志奖学金管理暂行办法》等一系列规章，建立健全高等职业教育国家资助政策体系。

7月4日　教育部、财政部发布《国家示范性高等职业学校建设计划管理暂行办法》，加强国家示范性高等职业学校建设计划的管理。

7月30日　十届全国人大常委会第二十九次会议通过《就业促进法》，规定国家通过职业教育和职业培训促进就业。

2008 年

11月24日　教育部办公厅发布《关于中等职业学校面向返乡农民工开展职业教育培训工作的紧急通知》，加强中等职业学校面向返乡农民工开展职业教育培训工作。

12月13日　教育部发布《关于进一步深化中等职业教育教学改革的若干意见》，对进一步深化中等职业教育教学改革提出了意见。

2009 年

1月6日　教育部发布《关于制订中等职业学校教学计划的原则意

见》，对加强中等职业学校教学工作提出了要求。

2月20日　教育部颁布《关于加快高等职业教育改革、促进高等职业院校毕业生就业的通知》，要求加强高等职业院校毕业生就业工作。

2月20日　教育部发布《关于切实做好返乡农民工职业教育和培训等工作的通知》，要求切实做好返乡农民工职业教育和培训等工作。

4月22日　十一届全国人大常委会第八次会议听取了教育部部长周济代表国务院所做的《关于职业教育改革和发展情况的报告》，《报告》分析了当前中国职业教育发展中存在的主要问题，《报告》明确了《职业教育法》修订的初步意见。

2010年

3月8日　教育部发布《中等职业学校专业目录（2010年修订）》，强调中等职业教育专业设置要服务于社会实际需要。

5月3日　教育部发布《中等职业学校管理规程》，对中等职业学校的管理进行了规范。

5月13日　教育部发布《中等职业学校学生学籍管理办法》，对中等职业学校学生学籍管理进行了规范。

7月6日　教育部下发修订的《中等职业学校设置标准》，对原有的《中等职业学校设置标准》进行了补充和完善。

9月10日　教育部发布《中等职业学校专业设置管理办法（试行）》，对中等职业学校专业设置管理进行了规范。

10月20日　国务院颁布《关于加强职业培训、促进就业的意见》，对加强职业培训工作提出了要求。

12月9日　国务院、中央军委颁布《关于加强退役士兵职业教育和技能培训工作的通知》，要求加强退役士兵职业教育和技能培训工作。

2011年

6月23日　教育部发布《关于充分发挥行业指导作用推进职业教育改革发展的意见》，就充分发挥行业指导作用，推进职业教育改革发展提出意见。

8月30日　教育部发布《关于推进中等和高等职业教育协调发展的指导意见》，就推进中等和高等职业教育协调发展提出指导意见。

9月29日　教育部发布《关于推进高等职业教育改革创新引领职业教育科学发展的若干意见》，就进一步促进高等职业学校办出特色，全面提高高等职业教育质量提出意见。

9月30日　教育部、财政部发布《关于支持高等职业学校提升专业服务产业发展能力的通知》，就提高高等职业教育服务国家经济发展方式转变和现代产业体系建设的能力提出了要求。

10月25日　教育部、国家发展和改革委员会、科学技术部、财政部、人力资源和社会保障部、水利部、农业部、国家林业局、国家粮食局联合发布《关于加快发展面向农村的职业教育的意见》，就加快发展面向农村的职业教育提出意见。

11月8日　教育部、财政部发布《关于实施职业院校教师素质提高计划的意见》，就"十二五"期间加强职业教育师资队伍素质建设提出了意见。

12月24日　教育部发布《关于进一步完善职业教育教师培养培训制度的意见》，就职业教育师资培养制度提出了进一步完善的意见。教育部发布《关于"十二五"期间加强中等职业学校教师队伍建设的意见》，就"十二五"期间中等职业学校教师队伍建设提出了意见。

12月30日　教育部发布《中等职业教育督导评估办法》，加强中等职业教育教学督导工作。

2012年

4月16日　教育部发布《关于推进新疆中等职业教育发展的意见》，就进一步推动新疆少数民族地区中等职业教育的发展提出了意见。

5月4日　教育部发布《关于加快推进职业教育信息化发展的意见》，就推动职业教育信息化建设提出了发展意见。

5月14日　教育部办公厅发布《关于成立中等职业学校专业教学标准制定工作领导小组和专家组的通知》，着手制定中等职业学校专业教学标准，规范中等职业学校的教学。

11月6日　教育部颁布《关于"十二五"职业教育教材建设的若干意见》，明确"十二五"期间全国职业教育教材规划的基本原则和方案。

注：

本表按照编年顺序，记录从新中国成立到2012年这一段历史时期内的中国职业教育法制现代化进程中的重要事件，起止时间：1949年10月—2012年12月。[①]

[①] 本表主要依据中央教育科学研究所编《中华人民共和国教育大事记》（1949—1982），教育科学出版社1983年版；何东昌主编《中华人民共和国重要教育文献》（1949—1975）、（1976—1990）、（1991—1997），海南出版社1998年版；何东昌主编《中华人民共和国重要教育文献汇编》（1999—2002），海南出版社2003年版；何东昌主编《中华人民共和国重要教育文献汇编》（2003—2008），新世纪出版社2010年版；《中国教育年鉴》编辑部《中国教育年鉴》，中国大百科全书出版社1949—1981年版，湖南教育出版社1982—1984（全国卷）、1985—1986年版，人民教育出版社1988、1989、1990、1991、1992、1993、1994、1995、1996、1997、1998、1999、2000、2001、2002、2003、2004、2005、2006、2007、2008、2009、2010年版；国家教育委员会编《中华人民共和国现行教育法规汇编》（1949—1989），人民教育出版社1991年版；国家教育委员会政策法规司编《中华人民共和国现行教育法规汇编》（1990—1995）（上、下卷），人民教育出版社1998年版；教育部政策研究与法制建设司编《中华人民共和国现行教育法规汇编》（1996—2001）（上、下卷），高等教育出版社2002年版；教育部政策研究与法制建设司编《中华人民共和国现行教育法规汇编》（2002—2007）（上、下卷），法律出版社2008年版；以及全国人大网站、国务院法制办网站法律法规查询系统、教育部网站政策法规查询栏、人力资源和社会保障部网站政策法规查询栏等编制。

参考文献

一 法律法规汇编、工具书、文献汇编

1. 国家教育委员会编：《中华人民共和国现行教育法规汇编》（1949—1989），人民教育出版社 1991 年版。

2. 国家教育委员会政策法规司编：《中华人民共和国现行教育法规汇编》（1990—1995）（上、下卷），人民教育出版社 1998 年版。

3. 教育部政策研究与法制建设司编：《中华人民共和国现行教育法规汇编》（1996—2001）（上、下卷），高等教育出版社 2002 年版。

4. 教育部政策研究与法制建设司编：《中华人民共和国现行教育法规汇编》（2002—2007）（上、下卷），法律出版社 2008 年版。

5. 中国法学会、中国法律年鉴编辑部：《中国法律年鉴》，中国法律年鉴出版社 1987、1988、1990、1991、1992、1993、1994、1995、1996、1997、1998、1999、2000、2001、2002、2003、2004、2005、2006、2007、2008、2009、2010 年版。

6. 全国人大教育科学文化卫生委员会教育室编：《中华人民共和国职业教育法及文件汇编 1996—2002》，中华书局 2003 年版。

7. 中华人民共和国教育部编：《大力发展中国特色的职业教育——全国职业教育工作会议文件汇编》，高等教育出版社 2006 年版。

8. 法律出版社法规中心编：《教育法律手册》，法律出版社 2005 年版。

9. 法律出版社法规中心编：《中华人民共和国教育科技法典》，法律出版社 2008 年版。

10. 中华人民共和国教育部高等教育司编：《中国普通高等学校高职高专教育指导性专业目录（建议方案）》，高等教育出版社 2004 年版。

11. 中华人民共和国教育部高等教育司编：《高职高专教育改革与建设 2002—2003 年高职高专教育文件资料汇编》，高等教育出版社 2003 年版。

12. 中华人民共和国教育部编：《大力推进职业教育改革与发展——全国职业教育工作会议文件汇编》，高等教育出版社 2002 年版。

13. 法规性文件汇编：《国务院关于大力发展职业教育的决定》，中国法制出版社 2005 年版。

14. 国务院法制工作办公室编：《新编中华人民共和国常用法律法规全书》，中国法制出版社 2006 年版。

15. 最高人民检察院法律政策研究室编：《中华人民共和国现行法律法规及司法解释大全》（上、下卷），中国方正出版社 1996 年版。

16. 教育部职业教育与成人教育司编：《面向 21 世纪中等职业教育教学改革文件汇编》，高等教育出版社 2000 年版、2001 年重印。

17. 中央教育科学研究所教育史研究室编，宋恩荣、章咸主编：《中华民国教育法规选编（1912—1949）》，江苏教育出版社 1990 年版。

18. 杨金土、罗宏述主编：《部分国家和地区职业技术教育法规选编》，法律出版社 1990 年版。

19. 教育部法制办公室编：《民办教育法律法规与政策选编》，华东师范大学出版社 2008 年版。

20. 法律出版社法规中心编：《劳动法律手册》（2005 年），法律出版社 2005 年版。

21. 劳动和社会保障部法制司编：《劳动和社会保障政策法规汇编》（2007），中国劳动和社会保障出版社 2008 年版。

22. 国家教育行政学院组编：《职业教育法律法规文件选编（1996—2009）》，中央文献出版社 2010 年版。

23. 汉语大字典编辑委员会：《汉语大字典（缩印本）》，湖北辞书出版社、四川辞书出版社 1995 年版。

24. 中国社会科学院语言研究所词典编辑室：《现代汉语词典》，商务印书馆 1983 年第 2 版。

25. 广东、广西、湖南、河南、辞源修订组、商务印书馆编辑部：

《辞源（1—4合订本）》，商务印书馆1989年修订版。

26. 辞海编辑委员会：《辞海（缩印本）》，上海辞书出版社1979年版。

27. 黄勇、张景丽、金昌海主编：《新编中国大百科全书》（A卷·经济教育），延边大学出版社2005年版。

28. 中国大百科全书总编辑委员会：《中国大百科全书·教育》，中国大百科全书出版社1993年版。

29. 顾明远主编：《教育大辞典》（第三卷），上海教育出版社1998年版。

30. 郭家齐主编：《中华人民共和国教育法全书》，北京广播学院出版社1995年版。

31. 中国教育年鉴编辑部：《中国教育年鉴》，中国大百科全书出版社1949—1981；湖南教育出版社1982—1984、1985—1986年版；人民教育出版社1988、1989、1990、1991、1992、1993、1994、1995、1996、1997、1998、1999、2000、2001、2002、2003、2004、2005、2006、2007、2008、2009、2010年版。

32. 何东昌主编：《中华人民共和国重要教育文献》（1949—1975），（1976—1990），（1991—1997），（1998—2002），海南出版社1998年、2003年版。

33. 何东昌主编：《中华人民共和国重要教育文献》（2003—2008），新世界出版社2010年版。

34. 璩鑫圭、唐良炎编：《中国近代教育史资料汇编·学制演变》，上海教育出版社1991年版。

35. 琚鑫圭等编：《中国近代教育史资料汇编·实业教育·师范教育》，上海教育出版社1994年版。

36. 李宗尧主编，中国高等职业技术教育研究会编：《中国高等职业技术教育研究会史料汇编》，高等教育出版社2002年版。

37. 朱有瓛主编：《中国近代学制史料》第一辑（上、下），第二辑（上、下），第三辑（上、下），华东师范大学出版社1987年版。

38. 中共中央文献研究室编：《十一届三中全会以来重要文献选读》（上、中、下），人民出版社1987年版。

39. 中共中央文献研究室编：《十二大以来重要文献选编》（上、中、下），人民出版社 1986—1987 年版。

40. 中共中央文献研究室编：《十三大以来重要文献选编》（上、中、下），人民出版社 1991—1993 年版。

41. 中共中央文献研究室编：《十四大以来重要文献选编》（上、中、下），人民出版社 1996—1997 年版。

42. 中共中央文献研究室编：《十五大以来重要文献选编》（上、中、下），人民出版社 2000—2003 年版。

43. 中共中央文献研究室编：《十六大以来重要文献选编》（上、中、下），人民出版社 2005—2007 年版。

44. 中共中央文献出版社研究室编：《十一届三中全会以来党的历次全国代表大会中央全会重要文件选编》，中央文献出版社 1997 年版。

45. 中共中央文献出版社研究室编：《中共十三届四中全会以来历次全国代表大会中央全会重要文献选编》，中央文献出版社 2002 年版。

46. 中共中央文献研究室编：《十七大以来重要文献选编》（上），中央文献出版社 2009 年版。

47. 《毛泽东文集》（6—8 卷），人民出版社 1999 年版。

48. 中共中央党校党建教研室编：《十一届三中全会以来重要文献选编》，中共中央党校出版社 1981 年版。

49. 《刘少奇选集》（下卷），人民出版社 1981 年版。

50. 《邓小平文选》（第二—三卷），人民出版社 1994 年版。

51. 《江泽民文选》（第一——三卷），人民出版社 2006 年版。

52. 《邓小平论教育》，人民教育出版社 1995 年版。

二　论著、专著、专辑

1. 李柯主编：《职业教育法律手册》，沈阳出版社 2001 年版。

2. 郝维谦、李连宁主编：《各国教育法制的比较研究》，人民教育出版社 1997 年版。

3. 石伟平主编：《职业教育学科建设与理论创新》，中国地质大学出版社 2008 年版。

4. 张秀兰主编：《中国教育发展与政策 30 年》（1978—2008），社会科学文献出版社 2008 年版。

5. 马庆发主编：《中国职业教育研究新进展》（2006—2008），华东师范大学出版社 2008 年版。

6. 袁彦鹏主编：《劳动和社会保障法律政策问答》，中国劳动社会保障出版社 2008 年版。

7. 王清连：《职业教育社会学》，教育科学出版社 2008 年版。

8. 中央教育科学研究所编：《中华人民共和国教育大事记》（1949—1982），教育科学出版社 1983 年版。

9. 马建富主编：《职业教育学》，华东师范大学出版社 2008 年版。

10. 李水山主编：《农村教育史》，广西教育出版社 2007 年版。

11. 王键等：《区域职业教育发展战略》，教育科学出版社 2007 年版。

12. 王为东：《中国近代职业教育法制》，法律出版社 2007 年版。

13. 高家伟主编：《教育行政法》，北京大学出版社 2007 年版。

14. 顾基平主编：《高等教育法规概论》，湖南大学出版社 2005 年版。

15. 郭为禄：《高等教育法制的结构与变迁》，南京大学出版社 2008 年版。

16. 国家教育委员会师范教育司编：《教育法导读》，北京师范大学出版社 1996 年版。

17. 张乐天主编：《教育法规导读》，华东师范大学出版社 2005 年版。

18. 谢志东：《教育法规讲读》，北京大学出版社 1999 年版。

19. 郝铁川主编：《教育法基础》，上海教育出版社 1998 年版。

20. 公丕祥主编：《教育法教程》，高等教育出版社 2000 年版。

21. 翟海魂：《英国中等职业教育发展研究》，高等教育出版社 2005 年版。

22. 许祥云主编：《新世纪职业教育改革探索》，中国地质大学出版社 2004 年版。

23. 陈祝林编著：《职教师资培养的国际比较》，同济大学出版社 2004 年版。

24. 何致瑜主编：《国际教育政策发展报告（2004）》，天津人民出版社 2004 年版。

25. 刘合群主编：《职业教育学》，广东高等教育出版社 2004 年版。

26. 王明伦：《高等职业教育发展论》，教育科学出版社 2004 年版。
27. 张祖明主编：《中国宪法》，华东理工大学出版社 2004 年版。
28. 周光勇编著：《高等职业教育导论》，山东教育出版社 2003 年版。
29. 朱启臻：《中国农民职业技术教育研究》，中国农业出版社 2003 年版。
30. 李国军主编：《职教改革探索与实践》，中国矿业大学出版社 2003 年版。
31. 徐长发：《新乡村职业教育发展预期》，教育科学出版社 2006 年版。
32. 张玉琴：《中日职业教育区域研究》，河北大学出版社 2005 年版。
33. 中国高等职业技术教育研究会编：《20 年回眸：高等职业教育的探索与创新（1985—2005）》，科学出版社 2006 年版。
34. 李海宗编著：《高等职业教育概论》，科学出版社 2009 年版。
35. 王毅等编：《高等职业教育理论探索与实践》，东南大学出版社 2005 年版。
36. 全国人大科教文卫教育室：《〈职业教育法〉学习宣传辅导》，红旗出版社 1996 年版。
37. 国家教委职业技术教育司、政策法规司：《中华人民共和国职业教育法释义》，红旗出版社 1996 年版。
38. 劳动部职业技能开发司：《学习贯彻〈职业教育法〉问题解答》，中国劳动出版社 1996 年版。
39. 陈遇春：《高等职业教育学教程》，西北农林科技大学出版社 2003 年版。
40. 陈祝林等编著：《职教师资培养的国际比较》，同济大学出版社 2004 年版。
41. 纪芝信编著：《职业技术教育学》，福建教育出版社 1995 年版、2000 年重印。
42. 赵延安：《职业教育法教程》，西北农林科技大学出版社 2007 年版。
43. 劳凯声主编：《高等教育法规概论》，北京师范大学出版社 2000 年版、2005 年重印。

44. 王悦群：《教育法制基础（教育部人才培养模式改革和开放教育试点项目教材）》，中央广播电视大学出版社 2001 年版。

45. 朱宗震、徐汇言主编：《黄炎培研究文集（三）》，四川人民出版社 2009 年版。

46. 杜吉泽主编：《社会主义市场经济条件下职业教育研究》，经济科学出版社 2005 年版。

47. 朱小蔓主编：《对策与建议 2004—2005 年度教育热点、难点问题分析》，教育科学出版社 2005 年版。

48. 刘来泉选译：《世界技术与职业教育纵览——来自联合国教科文组织的报告》，高等教育出版社 2002 年版。

49. 张熙编著：《德国双元制职业教育概览》，海南出版社 2000 年版。

50. 朱文富：《日本近代职业教育发展研究》，河北大学出版社 1999 年版。

51. 谷鸿溪主编：《中国职业教育跨世纪走向》，中国铁道出版社 1999 年版。

52. 钱民辉：《职业教育与社会发展研究》，黑龙江教育出版社 1999 年版。

53. 杨银付等编著：《中国教育的改革和发展》，北京大学出版社 1999 年版。

54. 借鉴德国双元制经验促进我国职业技术教育改革的研究与实验课题组：《面向未来的探索"双元制"职业教育在中国的实践》，经济科学出版社 1998 年版。

55. 刘桂林：《中国近代职业教育思想研究》，高等教育出版社 1997 年版。

56. 李蔺田主编：《中国职业技术教育史》，高等教育出版社 1994 年版。

57. 张念宏等主编：《中国职工教育百科全书》，中国国际广播出版社 1993 年版。

58. 罗荣渠：《现代化新论——世界与中国的现代化进程》，北京大学出版社 1993 年版。

59. 罗荣渠：《现代化新论续篇——东亚与中国的现代化进程》，北京大学出版社 1997 年版。

60. 罗荣渠：《现代化新论——世界与中国的现代化进程》，北京大学出版社 2004 年增订版。

61. 公丕祥：《中国法制现代化的进程》（上卷），中国人民公安大学出版社 1991 年版。

62. 公丕祥：《法制现代化的理论逻辑》，中国政法大学出版社 1999 年版。

63. 刘敏：《中国部门法制现代化》，法律出版社 2008 年版。

64. 谢晖：《价值重建与规范选择——中国法制现代化沉思》，山东人民出版社 1998 年版。

65. 刘旺洪主编：《比较法制现代化研究》，法律出版社 2009 年版。

66. 公丕祥主编：《全球化与中国法制现代化》，法律出版社 2008 年版。

67. 公丕祥主编：《法制现代化研究》（第十卷），南京师范大学出版社 2006 年版。

68. 公丕祥：《法制现代化的挑战》，武汉大学出版社 2006 年版。

69. 侯强：《社会转型与近代中国法制现代化：1840—1928》，中国社会科学出版社 2005 年版。

70. 劳凯声主编：《中国教育法制评论》（第 6 辑），教育科学出版社 2009 年版。

71. 劳凯声主编：《中国教育改革 30 年》（政策与法律卷），北京师范大学出版社 2009 年版。

72. 石伟平：《比较职业技术教育》，华东师范大学出版社 2001 年版。

73. 公丕祥主编：《法理学》，复旦大学出版社 2008 年第 2 版。

74. 闻友信、杨金梅：《职业教育史》，海南出版社 2000 年版。

75. 黄嘉树：《中华职业教育社史稿》，陕西人民教育出版社 1987 年版。

76. 日本世界教育史研究会编：《六国技术教育史》，教育科学出版社 1984 年版。

77. 宋士昌主编：《马克思主义中国化的最新成果——以胡锦涛为总书记的党中央战略思想研究》，山东人民出版社 2006 年版。

78. 张雷声、张宇主编：《马克思的发展理论与科学发展观》，经济科学出版社 2006 年版。

79. 中共中央宣传部编：《科学发展观学习读本》，学习出版社 2007 年版。

80. 田汉族：《科教兴国与教育创新——江泽民教育论述学习和研究》，江西教育出版社 2001 年版。

81. 《中国煤炭职业技术教育史》编写组：《中国煤炭职业技术教育史》(1949—1999)，煤炭工业出版社 2006 年版。

82. 顾明远编：《改革开放 30 年中国教育纪实》，人民出版社 2008 年版。

83. 李国钧、王炳照主编：《中国教育制度通史》（第 1—8 卷），山东教育出版社 2000 年版。

84. 周蕖主编：《中外职业技术教育比较》，人民教育出版社 1991 年版。

85. 改革开放以来的教育发展历史性成就和基本经验研究课题组编：《改革开放 30 年中国教育重大历史事件》，教育科学出版社 2008 年版。

86. 廖其发主编：《当代中国重大改革实践专题研究》，重庆出版社 2007 年版。

87. 张正身、郝炳均主编：《中国职业技术教育史》，甘肃教育出版社 1993 年版。

88. 陈英杰：《中国高等职业教育发展史研究》，中州古籍出版社 2007 年版。

89. 韩延龙主编：《中华人民共和国法制通史》（上、下），中共中央党校出版社 1998 年版。

90. 游忠永：《教育法学》，四川人民出版社 1996 年版。

91. 余雅风主编：《新编教育法》，华东师范大学出版社 2008 年版。

92. 李牧主编：《中国行政法学总论》，中国方正出版社 2006 年版。

93. 梁书文、回沪明主编：《劳动法及配套规定新释新解》（上、下），人民法院出版社 2002 年版。

94. 周宁宁：《高等职业教育立法研究》，湘潭大学出版社 2008 年版。

三　中文网站

1. 中华人民共和国国务院法制办公室网站（http：//www. chinalaw. gov. cn）。

2. 中华人民共和国教育部职业教育与成人教育司网站（http：//www. moe. edu. cn/edoas/website18/siju_ zhijiao. jsp）。

3. 中华职业教育社网站（http：//210. 51. 191. 69：8080/index. jsp）。

4. 中国人大网（http：//www. npc. gov. cn/）。

5. 中国高职高专网（http：//www. tech. net. cn）。

6. 中等职业教育教学资源网（http：//sv. hep. com. cn/portal/educationcenter/zhongzhi）。

7. 中国法律信息网（http：//law. law-star. com/html/lawsearch. htm）。

8. 中国法律法规大全（http：//www. chnlaw. net/）。

9. 中国法律篇（http：//www. 86148. com/chinafa/）。

10. 北大法律信息网（http：//vip. chinalawinfo. com/index. asp，2010/04/15）。

11. 百度百科（http：//baike. baidu. com/view）。

12. 中国教育新闻网（http：//paper. jyb. cn/zgjyb/html/2009-12/05/content_ 21941. htm）。

13. 腾讯新闻网（http：//news. qq. com/a/20090422/001742. htm）。

14. 中国网（http：//www. china. com. cn/law/txt/2007-10/14/content_ 9050424. htm）。

15. 觅法网（http：//www. 34law. com/lawfg/catalog _ hmt1. asp? thisid=3563&thisname）。

16. 中国经济信息网（http：//www. cei. gov. cn）。

17. 中华人民共和国人力资源和社会保障部网站（http：//www. mohrss. gov. cn/index. html）。

18. 国务院发展研究中心信息网（http：//www. drcnet. com. cn/DRCNET. Channel. Web）。

19. 中华人民共和国教育部网站（http：//www. moe. edu. cn/）。

20. 人民网（http：//www. people. com. cn/）。

21. 中国职业技术教育网（http：//www.chinazy.org）。

22. 江苏职教网（http：//www.jsve.edu.cn）。

23. 中国高等职业教育网（http：//www.chinagz.org）。

24. 苏州职教网（http：//www.szve.com.cn）。

25. 泰州职业教育信息网（http：//www.tzzj.com/main.asp）。

26. 职业培训教育网（http：//www.chinatet.com）。

27. 江苏职业教育与终身教育研究网（http：//www.jsvler.net）。

28. 河北省职业教育与成人教育网（http：//www.hvae.com.cn/Index.html）。

29. 南京职业教育与社会教育网（http：//www.njzj.net）。

30. 河南省职业教育与成人教育网（http：//www.vae.ha.cn）。

31. 安徽省职业教育与成人教育网（http：//www.ahzcj.gov.cn）。

32. 辽宁省职业教育教研网（http：//www.lnzjjy.cn）。

33. 职业教育论坛（http：//www.zyjyrt.cn）。

34. 新华网（http：//www.xinhuanet.com）。

35. 中国新闻网（http：//www.chinanews.com.cn）。

36. 中华人民共和国中央人民政府网（http：//www.gov.cn）。

37. 中国共产党新闻网（http：//cpc.people.com.cn）。

38. 甘肃省人民政府法制网（http：//www.gsfzb.gov.cn/index.asp）。

39. 中华人民共和国农业部网站（http：//www.moa.gov.cn/）。

四 学位论文

1. 彭志武：《高等职业教育学制研究》，博士学位论文，厦门大学，2007年。

2. 常小勇：《高等职业教育制度创新》，博士学位论文，华东师范大学，2009年。

3. 孙启林：《日本社会转型期的职业技术教育》，博士学位论文，东北师范大学，2006年。

4. 易元祥：《中国高等职业教育的发展研究》，博士学位论文，华中科技大学，2004年。

5. 陈遇春：《21世纪初中国农民职业教育研究》，博士学位论文，西北农林科技大学，2003年。

6. 邵艾群：《英国职业核心能力开发及对我国职业教育的启示》，硕士学位论文，四川师范大学，2009年。

7. 杜永峰：《我国农业职业教育研究》，硕士学位论文，西北农林科技大学，2008年。

8. 赵翠：《建国以来我国农村职业教育政策变迁研究》，硕士学位论文，南京师范大学，2008年。

9. 林一凡：《二十世纪九十年代美国的职业教育改革》，硕士学位论文，内蒙古大学，2008年。

10. 王君丽：《日本现代职业教育立法研究》，硕士学位论文，天津大学，2007年。

11. 张非非：《我国中等职业教育发展研究》，硕士学位论文，电子科技大学，2008年。

12. 牛曼冰：《中德现代职业教育比较研究》，硕士学位论文，天津大学，2007年。

13. 赵敏：《美国职业教育立法研究》，硕士学位论文，苏州大学，2008年。

14. 李爱香：《如何才能办好高等职业教育：德国经验的启示》，硕士学位论文，山东大学，2008年。

15. 陈凯：《我国职业教育基本矛盾研究》，硕士学位论文，湖南农业大学，2008年。

16. 戚兴朋：《改革开放后我国职业教育政策执行力研究——以湖南省为个案》，硕士学位论文，湖南农业大学，2008年。

17. 张慧青：《改革开放以来我国高等职业教育发展研究》，硕士学位论文，首都师范大学，2008年。

18. 张石：《职业教育及其对中国经济社会发展的影响》，硕士学位论文，云南师范大学，2006年。

19. 姜滨：《中韩职业教育比较的研究》，硕士学位论文，吉林农业大学，2006年。

20. 石蔚彬：《当前我国职业教育存在的问题及对策研究》，硕士学位论文，华中师范大学，2006年。

21. 王育仁：《对中等职业教育改革与发展的思考》，硕士学位论文，华中师范大学，2006年。
22. 谢岚：《我国高等职业教育发展中存在的问题及其对策初探》，硕士学位论文，江西师范大学，2004年。
23. 刘凤彪：《借鉴德国"双元制"职业教育模式加速我国职业教育的改革与发展》，硕士学位论文，河北大学，2004年。
24. 邵力：《我国文化传统与职业技术教育》，硕士学位论文，河北大学，2004年。
25. 曾凤春：《瑞士职业教育体系研究》，硕士学位论文，西南师范大学，2005年。
26. 范树花：《改革开放以来我国职业教育政策走向研究》，硕士学位论文，陕西师范大学，2005年。
27. 王春颖：《日本与韩国社会转型期农村职业技术教育比较研究——兼谈我国社会转型期的农村职业技术教育》，硕士学位论文，东北师范大学，2005年。
28. 胡友波：《我国职业教育发展策略研究》，硕士学位论文，东北师范大学，2005年。
29. 张建党：《美国职业教育立法与职业教育》，硕士学位论文，河北大学，2004年。
30. 刘庆斌：《美国高等职业教育法制化研究》，硕士学位论文，西北师范大学，2004年。
31. 陈宝云：《澳门职业技术教育政策发展及其实施问题的探讨》，硕士学位论文，华南师范大学，2003年。
32. 吴志武：《改革开放后中国大陆职业教育复兴的社会根源：基于社会学的分析视角》，硕士学位论文，南京师范大学，2008年。
33. 李万忠：《改革开放以来我国职业教育实施过程中存在的问题及其解决的对策》，硕士学位论文，山西大学，2006年。
34. 杨柳：《我国职业教育法制的问题及完善对策研究》，硕士学位论文，华中师范大学，2007年。
35. 吴玉伦：《清末实业教育制度研究》，博士学位论文，华中师范大学，2006年。

36. 李玉：《晚清实业教育研究》，硕士学位论文，苏州大学，2006年。

37. 李运昌：《晚清实业教育发展研究》，硕士学位论文，河北大学，2003年。

38. 李惠玉：《清末实业教育述论》，硕士学位论文，山东师范大学，2003年。

39. 张珍珍：《民国职业教育研究（1912—1927）》，硕士学位论文，河北大学，2005年。

40. 杨景振：《民国时期职业教育法制研究》，硕士学位论文，河北师范大学，2008年。

41. 张磊：《江泽民现代化指导思想研究》，硕士学位论文，华中师范大学，2008年。

五　学术论文

1. 郭俊朝等：《改革开放30年中国高等职业教育的发展》，《教育理论与实践》2009年第3期。

2. 卢永军：《浅议现行〈职业教育法〉的修订与完善》，《决策管理》2009年第3期。

3. 冯文等：《法治职教：〈职业教育法〉实施进程的回顾与反思》，《江苏技术师范学院学报》2008年第9期。

4. 曾诚、庞利：《对我国〈职业教育法〉的分析与思考》，《职业教育研究》2007年第1期。

5. 张小建：《进一步贯彻〈职业教育法〉加强我国高技能人才建设》，《中国职业技术教育》2006年7月总第204期。

6. 吴启迪：《深入贯彻实施〈职业教育法〉加强依法治教推进职业教育持续健康发展》，《中国职业技术教育》2006年7月总第204期。

7. 王新民：《〈斯密斯—休斯法〉与美国职业教育发展及启示》，《河南职业技术师范学院学报》（职业教育版）2005年第6期。

8. 曾令奇：《美、法、德、日高等教育职业化概况及对我国高教改革的启示》，《中国高教研究》2005年第11期。

9. 姜大源、刘立新译：《（德国）联邦职业教育法（BBiG）》（2005年4月11日版），《中国职业技术教育》2005年12月总第219期。

10. 傅雪映：《从〈职业教育法〉看我国职业资格证书制度的推进》，《职教论坛》2006 年 6 月号上。

11. 姜大源：《德国职业教育改革重大举措——德国新〈职业教育法〉解读》，《中国职业技术教育》2005 年 5 月总第 198 期。

12. 徐佳丽：《关于修改我国现行〈职业教育法〉的建议》，《探索与争鸣》2004 年 11 月号。

13. 许英：《德、法等国职业教育的立法比较》，《职教论坛》2003 年第 9 期。

14. 胡富生：《贯彻实施〈职业教育法〉要解决好的几个问题》，《职教论坛》2004 年 3 月号下。

15. 雷世平、姜群英：《完善我国〈职业教育法〉的几点设想》，《职教通讯》2002 年第 10 期。

16. 石建平：《〈职业教育法〉实施中的问题及建议》，《职教论坛》2002 年第 5 期。

17. 钱景舫：《〈职业教育法〉修改之我见》，《职教论坛》2002 年第 1 期。

18. 来永宝：《职业教育——经济发展的有力杠杆（德、法发展职业（职工）教育的经验及启示）》，《教育与职业》2002 年第 5 期。

19. 陈晓丹、李海浪：《对加强职业院校教育法制建设的思考》，《黑龙江科技信息》2009 年第 29 期。

20. 李福双、邵秀杰：《对我国高等职业教育法制建设的回顾与思考》，《职业教育研究》2006 年第 10 期。

21. 何海彬：《谈国外职业教育法制建设经验的借鉴》，《教育与职业》2005 年第 12 期。

22. 冯哲：《国外职业教育立法及其对我国高职教育法制建设的启示》，《天津市教科院学报》2003 年第 2 期。

23. 黄文德：《营造有利于我国高等职业教育发展的法制环境》，《扬州大学学报》（高教研究版）2002 年第 6 卷第 1 期。

24. 宋国强：《加强高等职业教育法制建设之管见》，《漳州职业大学学报》2001 年第 1 期。

25. 高燕南：《十年来职业教育政策与法规建设探析》，《职业教育研究》2009 年第 11 期。

26. 凡华：《五年"两会"关键词：2005—2009 年职业教育热点关注与政策推进》，《职业技术教育》2009 年第 9 期。

27. 罗红艳：《我国职业教育政策执行失效的多学科分析》，《成人教育》2009 年第 5 期。

28. 罗思杰：《浅析建国以来农村职业教育的政策导向》，《传承》2009 年第 6 期。

29. 和震：《我国职业教育政策三十年回顾》，《教育发展研究》2009 年第 3 期。

30. 茅国华：《政策视角下的我国职业教育改革》，《中国成人教育》2007 年第 2 期。

31. 李建忠：《欧盟职业教育发展的若干政策走向》，《职教论坛》2007 年第 1 期。

32. 王世忠：《我国高等职业教育政策定位分析》，《教育前沿》2006 年第 5 期。

33. 陈亚玲：《改革开放以来中国高等职业技术教育的政策文本分析》，《洛阳师范学院学报》2006 年第 4 期。

34. 孙琳：《社会转型与职业教育政策调整》，《职教论坛》2006 年第 21 期。

35. 和震：《国际组织的职业教育政策：基本范畴及其意义》，《教育发展研究》2006 年第 21 期。

36. 柴彦辉：《论"十一五"期间促进企业参与职业教育的区域政策取向》，《职教通讯》2006 年第 6 期。

37. 胡永：《论我国高等职业教育政策的得与失》，《黑龙江教育（高教研究与评估）》2006 年第 5 期。

38. 徐国庆：《英、德职业教育体系差异的政策分析及启示》，《教育科学》2006 年第 3 期。

39. 庞辉：《20 世纪 70 年代德国职业教育政策探析》，《职业教育研究》2006 年第 7 期。

40. 李雪平：《促进高等职业教育发展的政策建议》，《科学之友（B 版）》2006 年第 5 期。

41. 周志坚:《对高等职业教育发展政策的再认识》,《北京交通管理干部学院学报》2006 年第 1 期。

42. 李孔珍:《近年来我国职业教育政策发展解析》,《教育与职业》2006 年第 12 期。

43. 雷世平:《我国农村职业教育体制政策研究》,《湖南社会科学》2006 年第 2 期。

44. 李少和:《我国高等职业教育政策建设的若干思考》,《经济师》2006 年第 2 期。

45. 朱双荣:《关于我国高等职业技术教育政策建设的若干思考》,《辽宁教育行政学院学报》2005 年第 2 期。

46. 邢金龙:《高等职业教育的立法及配套政策》,《太原大学学报》2005 年第 3 期。

47. 陈宝华:《我国高等职业教育发展历程中的政策法规建设》,《职业教育研究》2005 年第 4 期。

48. 和震:《我国职业教育政策获重大突破》,《教育与职业》2005 年第 34 期。

49. 雷世平:《完善我国农村职业教育体制政策的设想》,《职教论坛》2005 年第 10 期。

50. 国际教育信息跟踪与研究课题组:《韩国的职业教育政策分析》,《天津市教科院学报》2004 年第 2 期。

51. 孙琳:《21 世纪我国职业教育发展的政策取向》,《职教论坛》2004 年第 4 期。

52. 陆迁:《农民职业教育存在的问题、原因及其政策研究》,《天津职业大学学报》2004 年第 1 期。

53. 陆迁:《我国农民职业教育体系构建及其发展政策研究》,《科技导报》2004 年第 2 期。

54. 李均:《我国高等职业教育法规与政策探析》,《职业技术教育》2003 年第 4 期。

55. 李均:《90 年代以来高等职业教育的法规与政策分析》,《理工高教研究》2003 年第 2 期。

56. 张黎宁:《韩国职业教育发展概况及现行政策》,《职教论坛》

2002年第5期。

57. 甘一宏：《职业教育法律实现分析——解构我国职业教育行政执法主体制度》，《法商论丛》2009年第4期。

58. 张辉：《澳大利亚职业教育体系与制度及其对我国职教发展的启示》，《继续教育》2009年第10期。

59. 董仁忠：《职业教育制度的结构和功能探微》，《教育与职业》2007年第9期。

60. 冯永超：《关于职业教育制度创新的几点思考》，《中共银川市委党校学报》2006年第3期。

61. 卢宁：《论日本现代高等职业教育制度及特点》，《教育与职业》2005年第30期。

62. 康由发：《对高职教育实施职业资格认证制度过程中存在问题的探析》，《高等农业教育》2005年第9期。

63. 庄西真：《论现代职业教育制度的构建》，《教育发展研究》2007年第Z1期。

64. 吕建强：《清末癸卯学制中的实业教育制度述评》，《职业教育研究》2010年第2期。

65. 谢长法：《职业教育的渊源：实业教育的引入与倡导》，《职业技术教育》2010年第9期。

66. 王先明、邵璐璐：《清末实业教育述论》，《晋阳学刊》2008年第3期。

67. 吴文华：《战前民国职业教育发展情况综述》，《职业技术教育》2010年第7期。

68. 田刚：《邓小平教育思想与职业教育发展》，《中共贵州省委党校学报》2004年第2期。

69. 王刚：《浅谈邓小平教育思想对新时期中国教育发展的贡献》，《榆林高等专科学校学报》2003年第1期。

70. 尚振东：《学习邓小平教育理论、向教育现代化迈进》，《教育理论与实践》1999年第1期。

71. 曾凯：《试论江泽民教育改革思想》，《经济与社会发展》2006年第4期。

72. 刘建佳：《论江泽民教育思想》，《株洲工学院学报》2006 年第 5 期。

73. 孙粤文：《论江泽民现代化思想》，《上海市经济管理干部学院学报》2003 年第 3 期。

74. 孙粤文：《江泽民现代化思想刍议》，《武警学院学报》2003 年第 4 期。

75. 任斌、赵世荣：《胡锦涛教育思想初探》，《学校党建与思想教育》2009 年第 1 期。

76. 刘红利、刘镇江：《胡锦涛教育伦理思想探析》，《南华大学学报》（社会科学版）2009 年第 1 期。

77. 任剑乔、王毅：《毛泽东、邓小平、江泽民、胡锦涛现代化建设发展观比较研究》，《西南农业大学学报（社会科学版）》2006 年第 3 期。

78. 庞少召：《试梳理晚清职业教育法制萌芽的产生》，《职业教育研究》2009 年第 1 期。

79. 王为东：《近代职业教育法制运行的当代启示》，《职教与经济研究》2007 年第 5 卷第 3 期。

80. 王为东：《我国近代职业教育法制的发展环境刍议》，《郑州航空工业管理学院学报》（社会科学版）2008 年第 27 卷第 2 期。

81. 周宁宁：《我国高等职业教育法制建设探析》，《中国科技创新导刊》2007 年总第 400 期。

82. 李煜、雷俊华：《〈职业教育法〉的边缘化反思与重构》，《甘肃政法学院学报》2011 年 9 月总第 118 期。

83. 刘颖：《浅析我国〈职业教育法〉的不足与完善》，《唯实》2008 年第 5 期。

84. 刘邦祥、程方平：《解读德国新颁〈职业教育法〉及相关法规》，《中国职业技术教育》2008 年 6 月总第 310 期。

85. 朱凯、孙鹏：《荷兰职业教育制度特点及其启示》，《职业教育研究》2011 年第 8 期。

86. 王艳：《英国技术与职业教育制度的启示》，《职业教育研究》2006 年第 7 期。

87. 刘育锋：《论澳大利亚职教法对我国职业教育法修订的借鉴意

义》,《职教论坛》2011 年第 1 期。

88. 李光寒:《对改革开放三十年农村职业教育政策的回顾与思考》,《教育与职业》2009 年 2 月中第 5 期总第 609 期。

89. 何云峰:《1978—2008 农村职业教育政策法规全景扫描与审思》,《山西农业大学学报》(社会科学版) 2010 年第 9 卷第 1 期。

90. 李均:《1996—2006:中国高等职业教育政策评价》,《职教通讯》2007 年第 11 期。

91. 李盖虎、阳桂兰:《改革开放三十年来我国高等职业教育政策的历史进程分析》,《湖南工业职业技术学院学报》2010 年 4 月第 10 卷第 2 期。

92. 申家龙:《新中国建立以来职业教育制度与政策的历史回顾》,《江苏技术师范学院学报》2008 年第 8 期第 23 卷总第 207 期。

六 英文著作

1. Samuels, Christina A. CAO, "Big Jump in Children with Autism Seen", *Education Week*, Vol. 24, 2005.

2. Website Of the Swiss Conference of Cantonal Ministers of Education.

3. Burgan M., "Scholarly ideas and a changing reality", *Academic Questions*, Vol. 10, 1997.

4. Jr. Reutter, E. Edmund, *The Supreme Court's Impact on Public Education*, USA: Phi Delta Kappa and National Organization on Legal Problems Education, 1982.

5. Callincos, A., *Against the Third Way: An Anti-Capitalist Critique*, Cambridge Polity Press, 2001.

后　记

　　学位论文即将杀青、付梓之际，听着《咱们工人有力量》的歌曲，自己不禁热泪盈眶，回顾自己走过的艰辛的学术之路，自己由一个普通的工人子弟，并亲身经历多年一线实际生产的磨炼，最终成长为一名大学老师，不禁感慨万千！

　　首先，我的博士论文选题之所以是职业教育法制方面的内容，这与自己的成长和亲身经历密切相关：作为由工厂走出的一名学子，深深体会到职业教育对于企业和国家生产建设的重要作用，这些有时是不能用言语表达的，只有亲历过实际生产一线，又走到大学校门里求学的人才有刻骨铭心的体会。国家建设必须拥有一大批通过有效的职业教育培养的高素质建设者，才能保证国家发展和社会进步。没有高素质的现代化建设者，现代化是不可能实现的，而没有职业教育法制的保证是很难实现职业教育正常发展的。笔者希望通过研究职业教育法制的问题会为中国职业教育的发展带来裨益。

　　其次，回顾几年艰辛的求学历程，我从内心中诚挚感谢恩师李学智教授。几度春秋，恩师鬓边又添斑斑银丝，深邃的目光时刻浮现眼前。回首几年的谆谆教诲，恩师从做人、做学问等方面都已经成为我精神的楷模和思想的皈依。除了自己论文倾注了恩师巨大的心血之外，恩师严谨的作风、渊博的学识、诚恳的为人都已经完全融入了我的生活之中，恩师的教诲已经成为我今后人生行动的指南，在以后的人生岁月会时时刻刻影响着自己，终生铭记、终生感激，受益无穷。

　　再次，感谢天津师大历史文化学院的诸多先生和师长：侯建新、王亚平、刘景华、田涛、张利民、刘金明、徐悦、肖立军、孙立田等的支持和关怀。感谢同门学长王静、徐达、王纪鹏、郗万富、沈航、王筱宁的支持和鼓励,以及博士同窗吴小伦、陶道强、汪武军、谈家水、田福宁、李磊、刘刚、王婷、谢胜男、李海林、崔敏、杨晓敏、刘中猛、陈静、冉群超、邢秀娟等给我学习提供的帮助。正是由于诸多老师和同学们的帮助和关心,才能使我能够顺利完成学业。

另外,还要感谢我所在工作单位德州学院政法系的诸多领导和同事多年来对我学习和工作的支持和帮助。感谢领导及同事朱秀英、魏训田、张秀琴、田宝华、李正珍、张庆华、段方乐、王俊秋、张福磊、毛振军、陈伟、邵玉东、秦修业、蔡淑燕、徐慧清、赵环秀、王伟、杜峰、刘芳等对我的大力支持和热心帮助,才能使我最终坚持完成学业。

还要感谢我的家人:父母、妻女、兄嫂以及岳父母等多年来对我工作和学习的坚定支持,才使我最终能够顺利完成学业。多年的外出求学不仅使家人担负更多的生活重担,也使亲人们倍感牵挂。在即将结束自己学生生涯的时候,对多年来支持自己的家人深表歉疚和谢意。

此外,对于研究中借鉴前辈学人已有的研究成果之处表示深深的谢忱。同时,由于本人研究视野有限、获取材料所限、写作时限等因素,本书仍然会存在不少不尽如人意之处,也恳请学界专家、同行予以批评指正。

总结近四十不惑的人生,作为对几年博士生活的总结和未来的期望,自己有一联"做人谨言慎行;读书经世致用——行知之道"作为开启未来人生的勉励。自己博士毕业仅仅是人生新起点的开始,我还要在今后的工作和学习中不断努力,争取取得更大的成绩,以期回报培养和帮助过自己的人。

隋亮
2015年3月